U0905646

珍藏本
纪念版

汉译世界学术名著丛书

盎格鲁－撒克逊编年史

寿纪瑜 译

商務印書館
SINCE 1897 The Commercial Press
2017年·北京

THE ANGLO-SAXON CHRONICLE(60B. C. —A. D. 1042)

Translated by Dorothy Whitelock

In Vol. I of *English Historical Documents*

Edited by Dorothy Whitelock

Eyre & Spottiswoode, London, 1955

THE ANGLO-SAXON CHRONICLE(1042—1154)

Translated by S. I. Tucker

In Vol. II of *English Historical Documents*

Edited by David C. Douglas & George W. Greenaway

Eyre & Spottiswoode, London, 1953

根据英国艾尔–斯波蒂斯伍德了版公司《英国历史文献》

第一卷(1955年)和第二卷(1953年)译出

并根据艾尔–梅休因出版公司

第一卷(1979年)和第二卷(1981年)

第二版修订

汉译世界学术名著丛书
（120 年纪念版·珍藏本）
出 版 说 明

2017 年 2 月 11 日，商务印书馆迎来 120 岁的生日。120 年前，商务印书馆前贤怀揣文化救国的理想，抱持“昌明教育，开启民智”的使命，立足本土，放眼寰宇，以出版为津梁，沟通中西，为中国、为世界提供最富智慧的思想文化成果。无论世事白云苍狗，潮流左右激荡，甚至战火硝烟弥漫，始终践行学术报国之志，无改初心。

迻译世界各国学术名著，即其一端。早在 20 世纪初年便出版《原富》《天演论》等影响至今的代表性著作，1950 年代后更致力于外国哲学和社会科学经典的译介，及至 1980 年代，辑为“汉译世界学术名著丛书”，汇涓为流，蔚为大观。丛书自 1981 年开始出版，历时三十余年，迄今已推出七百种，是我国现代出版史上规模最大、最为重要的学术翻译工程。

丛书所选之书，立场观点不囿于一派，学科领域不限于一门，皆为文明开启以来，各时代、各国家、各民族的思想与文化精粹，代表着人类已经到达过的精神境界。丛书系统译介世界学术经典，引领时代思想，为本土原创学术的发展提供丰富的文化滋养，为推动中国现代学术和现代化进程做出了突出的贡献。

为纪念商务印书馆成立 120 周年，我们整体推出“汉译世界学术名著丛书”120 年纪念版的珍藏本，寄望既利于文化积累，又便于研读查考，同时向长期支持丛书出版的译者、编者和读者致以敬意。

两甲子后的今天，商务印书馆又站在了一个新的历史时间节点上。我们不仅要铭记先辈的身影和足迹，更须让我们的步伐充满新的时代精神。这是商务人代代相传的事业，更是与国家和民族的命运始终紧密相连的事业。我们责无旁贷，必须做好我们这代人的传承与创造，让我们的努力和成果不仅凝聚成民族文化的记忆，还能成为后来人可以接续的事业。唯此，才能不负前贤，无愧来者。

商务印书馆编辑部

2017 年 10 月

中译本序言

《盎格鲁-撒克逊编年史》是英国最著名的史书之一，也是中世纪早期西欧最重要的史学著作之一。

日耳曼民族大迁徙的疾风暴雨，使西欧的古典园地出现了百卉凋零的局面。经过一段时间的休养生息，首先复苏的是历史撰述。而在这片当时还是稀稀疏疏的园地里，《盎格鲁-撒克逊编年史》却是成长茁壮的一株。

中世纪的编年史来源于基督教会的复活节表。复活节是基督教的重大节日，但它没有固定的时间，而是定在春分过后月圆之后的第一个星期日，其时间浮动变化于 3 月 21 日至 4 月 25 日之间，因此需要在前一年预先计算安排。这一工作落在修道院的头上。修道院院长根据太阳和月亮的运转周期，根据基督教、犹太教和罗马小纪的纪年，推算出当年复活节的日期，排列成表，是即复活节表。在表的最后留下空格，以待填写本国或当地在本年发生的重要事件。这种纪事逐年积累，遂发展为编年史。

在英格兰，约在 6 世纪末奥古斯丁来到不久，开始形成在复活节表边缘填写纪事的习惯。这种纪事起初十分简短，后来则不断扩充，例如 757（原稿本 755）年关于梅雷顿政变的记载已写成一篇完整的纪事。

《盎格鲁-撒克逊编年史》一书的编写，起始于 9 世纪之末。一位12世纪的编年史家曾指出，英王阿尔弗雷德曾指使用英文写成一部有关当地的事件、法律、战役和有关从事战争的国王的书籍。阿尔弗雷德虽未必直接下令，但此书确实始撰于他在位期间，通常称为《阿尔弗雷德编年史》。

这部编年史的材料来源是多种多样的。它采用从前已经写成的著作，也汲取当代的年代记；它记录政府的露布，也收录国外的事件；它收集文字资料，也采集口头传说以及歌谣史诗之类。正因如此，我们从本书中能够读到古代的世界历史或比德的教会史所记载的某些内容，也能读到西撒克逊的年代记中有关8世纪丹麦人入侵的记载，或者是一些追忆往事的诗歌。编年史所收集到的比较丰富的材料填补了几百年间的历史空白。

为了防止孤本重要文献档案的丧失毁灭，阿尔弗雷德国王下令添置复本分藏各处，这部编年史遂也交由受他护持的教堂和修道院分头保存和续编。续编的内容，一部分来自西撒克逊宫廷，一部分则采自当地。因此各地所编撰的手稿所记内容大同小异，一些主要史实基本一致，而另外一些材料则因撰写人关注不同而各异。

流传下来的《盎格鲁-撒克逊编年史》稿本主要有七部，它们分别被近人编号为A($\bar{A}$)，A^2(A)，B，C，D，E，F本。

A本（盎格鲁-撒克逊史名家普卢默〔C. Plummer〕称之为$\bar{A}$本）由于成稿地点而被称为温切斯特稿本，是七部中最为古老的一部。它所记载的年限为公元前60年至公元1070年，从笔迹看，经过十三四位书手书写而成。其间详略不一，例如关于阿尔弗雷德及其子爱德华的武功记录极详，但对阿塞尔斯坦到埃塞尔雷德的

50 年间的辉煌业绩却记载极简，但总的看来，不失为记录英人抗击丹麦人入侵的一部信史。11 世纪，A 本被移往坎特伯雷的基督教堂，并以其故主坎特伯雷大主教帕克（M. Parker，1559—1575 年在任）之名而通称《帕克编年史》。该本转移到坎特伯雷之后，在当地作了某些增补。为了腾出篇幅，对原有内容略有删减。但在转移之前，该本被誊成一本复本，是为 A^2 本（普卢默称之为 A 本），由于曾归属于罗伯特·科顿爵士（Sir Robert Cotton），通称《科顿编年史》。1731 年，由于收藏地科顿图书馆失火，此本被烧得只剩几页，故亦称科顿残片。幸得起火以前也曾誊录复本，保存下来，并由惠洛克（A. Wheloc）整理、翻译，于 1643 年出版。因此 A^2 本又称为 W 本，亦称 G 本。

B 本与 C 本同称阿宾登稿本。B 本约成稿于 10 世纪后半期，C 本则成稿于 11 世纪中期，后者编撰以前者为蓝本，地点在阿宾登。B 本包括年限为公元前 60 年至公元 977 年，C 本则延伸至 1066 年。盎格鲁-撒克逊史名家普卢默给予 C 本续写部分以很高的评价，认为它是 D 本和 E 本所编这一时期纪事的原本。

D 本为伍斯特稿本，约始撰于 11 世纪中期，所包括年限为公元前 60 年至公元 1079 年。稿本于 16 世纪在伍斯特发现，因而得名，成稿地点可能是伍斯特。这部编年史的撰写不同于其他手稿，不是照录前人而是有所去取，补入一些采自比德《英吉利教会史》和诺森伯里亚与麦西亚的史乘的材料。它对苏格兰宫廷颇感兴趣，1016 年克努特登位后，它对英格兰北部，特别是同斯堪的纳维亚的关系关注尤多。这部稿本之所以具有较浓厚的地方色彩，是因为伍斯特教区与约克教区于 972 年至 1016 年间一度由同一人兼任牧首，两教区关系密切，因而所获得的信息也就更多。

E本以其成稿地点而称彼得伯勒稿本，通常也以其主人坎特伯雷大主教劳德（W. Laud，1633—1645年在任）之名而称《劳德编年史》。1116年彼得伯勒的修道院失火，所藏的书籍均付之一炬。后来从坎特伯雷的圣奥古斯丁修道院借得一部编年史稿加以誊录，并续加编写至1154年，遂成为几部稿本中最后的一部，也是最长的一部，包括年限自公元前60年至公元1154年。在誊录过程中，执笔人补入了与彼得伯勒修道院有关的某些事项、伪造文件以及其他内容，而其续写部分更成为独到之笔，为诺曼王朝的封建混战留下了实录。

F本为坎特伯雷双语概要。诺曼征服以后不久，政府在官方文件中开始停用古英文，但一些修道院在征服后的一个世纪内仍然继续使用。这部编年史稿本大约产生于1100年前后，在坎特伯雷的基督教堂里以E本所依据的底本为基础删节而成，包括年限自公元元年至1058年。使用文字仍为古英文，但每段之后附以拉丁文译文，因此而得双语之名。

由上可知，这七部稿本可以分为四组：除D本外，A（$\bar{A}$）本与A^2（A）本，B本与C本，E本与F本均属姊妹篇。七部虽共同冠有《盎格鲁-撒克逊编年史》之名，但正如普卢默所指出，A（$\bar{A}$），C，D，E四稿本各具特点，可以单独成篇，不必合成一部。然而，正是由于存在差别，可以为后人提供更多的研究材料。

除上述主要稿本外，尚有H本，可能作于温切斯特，现仅存残页，其中所记为1113年至1114年间之事。另有I本，写在一份复活节表（988—1268年）上，可能作于坎特伯雷基督教堂。虽然条目不多，记事又颇简短，它却是现存唯一的一份以复活节为纪年的编年史稿本。

编年史实际上应以5世纪中盎格鲁人来到不列颠为开始，在此之前的材料都是转录自其他史乘有关本岛和欧洲大陆的事情。它写到在5世纪中期不列颠人派人去请盎格鲁人前来协助抵御皮克特人一事。此后盎格鲁人、撒克逊人、朱特人相继移居岛上，建立起七个国家，形成“七国时代”。在长达三四个世纪里，各国争雄，征战不已。到829年，韦塞克斯国王埃格伯特征服麦西亚，统一亨伯河以南之地。编年史称他是第八位“不列颠统治者”，同时还列举了以前的七位国王，勾画出前此列国代兴、交替称霸的局面。

编年史除记载王位继承及篡弑外，极少谈到列国的内政，更不涉及典章制度。然而在其字里行间，人们依然可以捕捉到某些信息。

在盎格鲁-撒克逊时代，王位继承还未形成定制，依然带有军事民主制的残余。国王由御前会议推选，国王无权选立自己的继承人。王位的递传，既有父死子继，也有兄终弟及，还有母后居摄。御前会议也有权罢黜国王，例如757(原稿本755)年韦塞克斯国王西吉伯特因行为非法被御前会议所罢。但到诺曼征服以后，国王有权任命王位继承人，王位世袭制度确立。

盎格鲁-撒克逊王国政府的组织机构还很不完备。朝廷的主要机构是御前会议，有权决定国王废立、对外战和等国家大事。地方划分成许多郡，作为司法和军事单位。书中还出现过百户区字样，是郡以下的区划。

王国的各级官职都由大小贵族担任。编年史称大贵族为郡长，他们在朝廷里是御前会议的组成人员，称议政大臣，在地方是一郡或数郡之长，掌管地方行政和军事权力，战时指挥军队，冲锋陷阵。后来由于郡长工作繁忙，责任重大，管理郡务的工作改由另设的郡守担任。郡的首长之下有一批管事人员协助工作，负责国王的税收等事务。这些管事人员主要由塞恩和格塞思充任，他们是小贵族，一般拥有 5 海德土地。

基督教的传布和教会的发展在编年史中占有很大的篇幅。596 年的纪事写到格雷戈里教皇派遣奥古斯丁偕同修道士多人来到不列颠传教。在此之前，基督教曾经传入过不列颠，但此时业已中断，岛上有基督教异端和异教流行。奥古斯丁及其徒众和后继者以艰苦卓绝的努力，先从列国的社会上层入手，逐步扩大影响，几经反复，屡遭镇压，最后得到全岛的皈依，建立起一套完整的体制。书中略去了标志基督教在不列颠取得胜利的惠特比宗教会议，但是记录下它的敌手科尔曼携其徒众离岛返欧一事。书中还记述了坎特伯雷大主教西奥多为加强教会而采取的措施，列举了大量主教区的设置和主教的任命。与此同时，修道院也在迅速成长。编年史中几次记述国王向彼得伯勒修道院馈赠土地、特权之事，并载录教皇的确认其权益的诏书。这些内容尽管被认为属于彼得伯勒稿本的增补，原编译者对其真实性亦存质疑，却为修道院之享受特权提供了重要参考材料。主教和修道院院长们既是民众的精神领袖，也是国王的左辅右弼，参与国事，甚至带兵出征。

编年史所记的第二件大事是反丹麦人入侵的斗争。835(原稿本 832)年的纪事写道："这年异教徒蹂躏谢佩。"第二年国王埃格伯特率军迎战，是为战争的开始。此后兵连祸结，战事绵延。书中以大量篇幅记录了阿尔弗雷德国王对丹麦人的英勇抵抗和爱德华国王对丹法区的光复；也记述了 10 世纪末丹麦人的卷土重来和巨额丹麦金的勒索：从 991 年的 1 万镑，数年一增，到 1012 年高达 4.8 万镑之多。等到丹麦人入侵势头衰落的时候，编年史也进入了新的时代。

编年史最后部分记的是诺曼人入侵后所建的新王朝。征服者威廉 1066 年在黑斯廷斯战役取得胜利后加冕称王。在这个不足百年的朝代里，几乎充满了战争：有镇压当地贵族反抗的战争，有对付诺曼底的动乱的战争，有王室内部争夺王位的战争，还有抵御北欧人入侵和在欧洲大陆同邻国的战争。为了进行战争，诺曼诸王对岛上居民进行了尽情的搜刮。编年史中多次出现沉重赋税的记载。1083 年的纪事中还提供了每海德土地提供 72 便士的宝贵数字。1085 年朝廷开始进行全国土地调查，编年史作者更写下一段深沉而激昂的评论。作者认为这种刨根问底的做法说起来简直是一种耻辱。编年史末尾部分记录了诺曼王朝末王斯蒂芬统治时期的社会骚乱和民不聊生的景象，为这 19 年的艰难岁月作了概括。

整个编年史结束于 1154 年斯蒂芬逝世和安茹伯爵亨利入主英国。全书包括年代共 1200 余年。

编年史不曾对这一时期的社会制度有所记载，但是在字里行间仍然透露出这方面的信息。在此期间，不列颠正经历着一场封建化过程——封建土地所有制的形成和自由农民的农奴化。编年史中较早地出现了郡长和塞恩的名称。他们是国王的辅弼、侍从和亲兵，都占有大面积的土地。我们知道，每一塞恩占有土地一般至少为5海德，每海德的面积因所在地区的不同而异，少则40英亩、60英亩，多则80英亩、120英亩。因此这种被列为中小贵族的塞恩所占土地数量已十分可观。然而被称作大贵族的郡长，其所占有土地数量之大则更是惊人了。盎格鲁-撒克逊时期的自由农民所占土地约30英亩，有的还不足此数，其经济基础十分薄弱，经不起频繁的天灾人祸，因此逐渐走上对大土地所有者依附的道路。诺曼征服加速了这一进程。编年史记录了大批郡长的被诛杀，由来自诺曼底的封建主加以取代。他们运用在大陆上的一套剥削方式肆行掠夺。本来业已处于困境的农民，在书中一再提到的重税盘剥、战争困扰与自然灾害的侵袭之下，逐渐沦为农奴。从《土地清丈册》统计出来的数字表明，在英格兰，封建化过程业已基本完成了。

对于这部编年史，英国学者喜爱地称之为“古英文史书的基础权威著作”，也称之为“一个西方国家以其自己的语言写成的第一部连贯的本国历史”，还称之为“第一部伟大的英文散文著作”。诚然，这部编年史奠定了英国古史的基础。在中世纪早期的西欧，拉丁文的流风余韵在书籍撰写方面仍然具有很大影响，而这部《盎格鲁-撒克逊编年史》却是以其本民族的语言写成，而且连续不断，即使是在外族入侵和征服的情况下，继续撰写不辍，撰写时间延续200余年，实录岛上史事长达700年有零，的确是值得英人为之骄傲的。

编年史的撰写愈后愈细。从阿尔弗雷德在位时（871—899年）起，书中已很少出现“这年某人逝世”或“天见异象”之类寥寥数语的纪事，而是对某些事情作出较为完整的记载。以后的两个半世纪更逐渐加详，对许多重大事件都能原原本本道出来龙去脉。特别是诺曼征服之后的百余年间，不仅提供许多珍贵史料，而且还有一些针对时事的史官评论反映了民间的看法。一段段长达数百乃至千余字的纪事，读来俨然是一篇引人入胜的故事，或是一篇流畅精美的散文。

书中还出现了一些当时传颂的诗歌，有的或被认为系出于王室告示。这些诗歌，有的是歌颂战功，有的是悼念先王，也有一些是讥讽时政，甚至抨击暴君的。以 937 年的一首歌颂阿塞尔斯坦国王在布朗南堡战胜丹麦王奥拉夫战功的长诗①为例，全诗长达 74 行，记述了这场前此史书所未载的大战，颂扬了国王及王弟的英武，歌颂了军队捍卫国土的勇敢，记录了战斗的惨烈厮杀，读来铿锵有声，犹如身临其境。再以 1087 年讽刺征服者威廉的一首为例，诗中控诉国王搜刮财富，大兴土木，臣民哀怨，只能祈求天主的宽恕。

值得提及的是书中的持论方面。在 1085 年记载威廉一世发动土地清查之后，又加上修史人的看法："他令人调查得如此详尽，乃至没有一海德土地，也没有一维格特土地，……也没有一头公牛、一头母牛、一头猪被遗漏而没有记录在案。"从清查结果的报告中人们可以看到威廉的贪婪之手业已伸进了每个臣民的钱袋。这的确使修史人不能不为之感到羞愧。1087 年威廉死后，在上面提到的那首讽刺诗的后面，紧接着有一段警戒世人的文字："关于他，

① 原为头韵体诗，原编译本中以散文形式出现。

我们写了这些事情，有好有坏，以便好人可以仿效其中的优点而完全避免劣迹，在引导我们通向天国的道路上行进。”在评论斯蒂芬在位期间的长期内战造成生灵涂炭，村落为墟，加以酷刑泛滥，聚敛成风之后，修史人叹为前所未有的灾难，只好沉痛地引用人们公开谈论的一句话进行归纳：“基督和他的圣徒们都睡着了。”这种大胆的评论写于封建时代，出自修道士之手，应该说是极其难能可贵的。

综观以上，无怪乎这部编年史被英人珍同瑰宝，也被世人视为名著。至于书中存在的一些为封建史家所难以避免的糟粕，也就无足轻重了。

早自17世纪起，英国学者就已开始对这部编年史进行整理、研究和从古英文转译为现代英文的工作，成果累累。例如纪年的厘订工作，编年史虽然效法比德《英吉利教会史》的体例，采用耶稣纪元，但在以何时作为一岁之首的问题上，各种记载却显得十分混乱。被采作岁首的有：9月24日，圣诞节（12月25日），圣母领报节（当年或翌年之3月25日）等等。以现时通行的格雷戈里历法核对，编年史所记事件，有的需要溯前或推后多达一年之久。幸得后来学者的厘订，使读者能够获得正确的纪年。至于纪事中的舛错之处，更是经过几代学者的考证，得到订正。这些考订成果已收入注释，随正文一道译出。

至于转译成现代英文的工作，三个半世纪以来，共出版稿本译文达十多种，各种研究成果和注释大量涌现。其中著名的有1823年在伦敦出版，后经数次重印的英格拉姆（J. Ingram）的译本，1861年索普（B. Thorpe）的译本，1865年厄尔（John Earle）的译本和

1892 年、1899 年先后由牛津大学初版的普卢默的上下两卷译本。1953 年，加蒙斯韦(G. N. Garmonsway)的新译本在伦敦问世。该书以普卢默的译本为蓝本，以 Ā 本和 E 本为主，依照原来的排印格式，将几种穿插合编的稿本逐页重译。该书于 1972 年再版，几度重印。译文通俗易读，风行多年，被英国史学界誉为各种译本中之上乘。另一种合编本刊载于道格拉斯(David C. Douglas)主编的《英国历史文献》(*English Historical Documents*)中，由怀特洛克(Dorothy Whitelock，担任约 500—1042 年阶段)和塔克(S. I. Tucker，担任 1042—1154 年阶段)译出，分别于 1955 年和 1953 年在伦敦问世。嗣后合成一部，由怀特洛克领衔署名并与道格拉斯和塔克合作，于 1961 年在伦敦再版。怀特洛克为当代英国史学界名家，对盎格鲁-撒克逊时期的历史深有研究，著述极多。中译本系根据《英国历史文献》中的译本译出。本书的特点是将几种稿本的同年纪事排在同一版面，重复处尽量归并，避免雷同，歧异处予以注明，以示区别。其内容基本一致者作为几种稿本的共同纪事通栏排印，文字则以其中一种为主要依据；其内容不尽相同者左右并列，以资对比。为此，原编译者对所采用的各稿本作了认真核对，并为了兼顾各稿本，又对版面编排作了精心设计，使人一目了然。编年史各年纪事的年代，经原编译者校订，以订正者置于纪事之始，而各稿本原附年代之与此不符者，则放在括弧中。该书文字流畅，便于阅读和对照，注释颇为丰富。但在材料内容方面，则对原稿本后来增补的个别段落，特别是在彼得伯勒补入 E 本的有关彼得伯勒修道院的几段文字，因其有欠真实，未予采用。中译本对这些部分已由译者根据加蒙斯韦编译本译出补上。

最近又出现了斯旺顿(M. J. Swanton)的新译合编本,1996 年在伦敦出版,并于 2000 年再版。根据书中引言所讲,由于考古科学发展和电脑复原技术进步,需要重新翻译,本书即是应此要求而产生,因之增添了一些注释。

本书译者学风严谨,为了减少重复,便于阅览,翻译工作依据怀特洛克和塔克编译本,并参照加蒙斯韦编译本新版进行,历时多年,临到完稿,又见到新面世的斯旺顿编译本,于是再以译稿与此新版本对校,又经半载有余始告完工。2009 年,中译本重印,译者又将《英国历史文献》初版与第二版(第一卷 1979 年,第二卷 1981 年)1998 年重印本中的《盎格鲁-撒克逊编年史》作了核对,对其中修改之处,在中译本中作了相应的修订。从整体看,三种版本取材稿本或有侧重,内容则无甚出入,译文亦基本相符。个别歧异或疑点,由译者予以注明。(注释凡未注明出处者,均指怀特洛克和塔克编译本的原注。)如今读者一册在手,可以兼睹三种版本之优长,实为便利。

戚国淦

1999 年

2009 年略作补充

目　　录

盎格鲁-撒克逊编年史

A本及(可能包括)B本序言[①]

基督诞生后494年,彻迪克及其子金里克率5条船在彻迪克索拉登陆。[②] 彻迪克是埃莱萨的儿子,埃莱萨是埃斯拉的儿子,埃斯拉是杰威斯的儿子,杰威斯是威格的儿子,威格是弗里温的儿子,弗里温是弗里苏加的儿子,弗里苏加是布兰德的儿子,布兰德是拜尔代的儿子,拜尔代是沃登的儿子。

他们登陆6年以后,就征服了西撒克逊人的王国[③],他们是第一批从不列颠人的手中征服西撒克逊人的土地的国王。他[④]掌国16年。他死后,其子金里克继王位,掌国〔26年。他死后,其子查

① 序言部分由原编译者参照β和Sw本的有关资料译出。β本为一脱落的残页,据认为系原B本序言的一部分,普卢默称之为β本。另又发现国王世系残片,后由斯威特(Sweet)收入有关专辑出版,原编译者所称Sw指此。各稿本之间个别细微文字增减此处不一一注明。——译者注

② 此事在正文中各稿本均作495年。据斯旺顿编译本,登陆地点意为"彻迪克之岸"。——译者注

③ 此处的王国意指西撒克逊人建立起来的王国所在之地。——译者注

④ 指彻迪克。——译者注

乌林继位，掌国〕17 年。[①] 他死后，切奥尔继位，掌国 6 年[②]。他死后，他的兄弟切奥尔伍尔夫继位，在位 17 年，他们的世系上溯到彻迪克。其后切奥尔伍尔夫的侄子基内吉尔斯继位，在位 31 年[③]。他是西撒克逊人诸王中第一个接受洗礼的国王。其后琴瓦尔继位，掌国 31 年，琴瓦尔是基内吉尔斯的儿子。其后他的王后塞克斯伯在他之后掌国 1 年。其后埃什温继位，掌国 2 年，他的世系上溯到彻迪克。其后基内吉尔斯的儿子琴特温继位为西撒克逊人的国王，在位 7 年[④]。其后卡德瓦拉继位，掌国 3 年，他的世系上溯到彻迪克。其后伊尼继承了西撒克逊人的王国，掌国 37 年，他的世系上溯到彻迪克。其后埃塞尔赫德继位，掌国 14 年[⑤]，他的世系上溯到彻迪克。其后卡思雷德继位，掌国 17 年，他的世系上溯到彻迪克。其后西吉伯特继位，掌国 1 年，他的世系上溯到彻迪克。其后基内伍尔夫继位，掌国 31 年，他的世系上溯到彻迪克。其后布里特里克继位，掌国 16 年，他的世系上溯到彻迪克。其后埃格伯特继位，[⑥]掌国 37 年零 7 个月。其后他的儿子埃塞尔伍尔夫继位，掌国 18 年半。

埃塞尔伍尔夫是埃格伯特的儿子，埃格伯特是埃尔蒙德的儿子，埃尔蒙德是伊法的儿子，伊法是伊奥帕的儿子，伊奥帕是英吉

① 方括弧中的内容系自 β 本补入。查乌林在位年限，编年史各稿本均以 560 年为其即位之年，而以 592 年为其被逐之年。

② β 本作 5 年。

③ β 本作 20 年。编年史各稿本 611 年纪事均作 31 年。

④ β 本作 9 年。

⑤ β 本作 16 年。

⑥ Sw 本自此开始。

尔德的儿子，英吉尔德是琴雷德的儿子。伊尼是琴雷德的儿子，卡思伯是琴雷德的女儿，昆伯是琴雷德的女儿。[①] 琴雷德是切奥尔沃尔德的儿子，切奥尔沃尔德是卡思伍尔夫的儿子，卡思伍尔夫是卡思温的儿子，卡思温是查乌林的儿子，查乌林是金里克的儿子，金里克是彻迪克的儿子。

其后他[②]的儿子埃塞尔博尔德继位，掌国 5 年。其后他的弟弟[③]埃塞尔伯特继位，掌国 5 年。其后他们的弟弟埃塞尔雷德继位，掌国 5 年。其后他们的弟弟阿尔弗雷德继位。

A(Sw)	**β**
当时他 23 岁。从他的族人自不列颠人手中征服西撒克逊人的土地至此已经历了 396 年。[④]	当时他 23 岁。他掌国的时间比 30 年差 1 年半。其后阿尔弗雷德的儿子爱德华继位，掌国 24 年。他死后，其子阿塞尔斯坦继位，掌国 14 年零 7 个星期又 3 天。其后他的弟弟埃德蒙继位，掌国差 2 天满 6 年半。其后他的弟弟埃德雷德继位，掌国 9 年零 6 个星期。其后埃德蒙国王的儿子埃德威格[⑤]继位，掌国时间比 3 年零 36 个星期只差 2 天。他死后，他的弟弟埃德加继位，掌国 16 年零 8 个星期又 2 天。他死后，爱德华，即埃德加之子继位，掌国……

① 此全句未见于 Sw 本。

② 指埃塞尔伍尔夫。——译者注

③ 埃塞尔博尔德之弟。——译者注

④ 年数有误。阿尔弗雷德即位于 871 年，无论从 500 年征服韦塞克斯算起，或从 449 年盎格鲁-撒克逊人登陆算起，年数均不符合。

⑤ 又作“埃德威”。——译者注

D 本，E 本及 F 本序言[1]

不列颠岛长 800 英里，宽 200 英里。岛上有 5 种语言：英语、不列颠语、苏格兰语[2]、皮克特语和拉丁语。起初岛上的居民是不列颠人，他们来自阿美尼亚[3]，先占领了不列颠南部。后来碰巧皮克特人带着几艘战船从南方来，也就是从西徐亚[4]来。他们先在北爱尔兰登陆。他们请求苏格兰人允许他们在那里住下来，但是苏格兰人不肯答应，因为他们说，他们不能所有的人一起住在那里。然后苏格兰人又说："可是我们能向你们提供建议。我们知道由此往东另有一个岛屿，要是你们愿意的话，你们可以在那里定居。如果有谁抵制你们，我们会帮助你们征服那个地方。"皮克特人于是离去，征服该地北部。我们前面已经讲过，不列颠人据有南部。皮克特人求娶苏格兰人为妻，〔他们得到妻子，〕其条件是他们永远要从女系选择王室世系。此后，他们在一段长时期内一直遵守这个条件。后来，随着岁月的流逝，一部分苏格兰人从爱尔兰来到不列颠，征服部分土地。[5] 他们的首领叫里奥达，他们因他而得名为达尔里亚达人。

① 该序言以比德《英吉利教会史》第 1 卷第 1 章为蓝本。

② 比德的作品和 10 世纪以前的所有文本中，苏格兰人通常指爱尔兰居民，虽然有时也指苏格兰西部的爱尔兰移民。

③ 比德作 Armoricano，即布列塔尼，此处因误读而作阿美尼亚。

④ 比德未指出其地在南方，似指斯堪的纳维亚。

⑤ 其居留地大体相当于今苏格兰西部的阿盖尔。

C(B,A)

基督降生前60年,盖乌斯·尤利乌斯皇帝作为第一个罗马人来到不列颠,一战而击败不列颠人,加以征服。尽管如此,他却未能取得那里的王国。

D(E)

基督诞生前60年,罗马人的皇帝盖乌斯·尤利乌斯率领80艘船来到不列颠。在那里,起先他因残酷的交战而备受折磨,使很大一部分手下的军队毁灭。然后他让军队留在苏格兰人那里,自己南下高卢,在那里集中了600艘船,带回不列颠。第一次刀兵相见,皇帝的军团指挥官就阵亡了,他名叫拉比恩努斯。接着不列颠人据守某河的浅滩,水面下全都布满了又尖又结实的桩子,那条河叫泰晤士河。罗马人发现后,就不从浅滩过河。于是不列颠人逃入荒林地带。皇帝经过多场战斗,占领了许多主要的城镇[①],返回高卢。

C(A,B,D,E)

1　屋大维统治了66年[②],在他统治的第52年[③],基督诞生。

2　三位占星术家从东方来,以便崇拜基督。由于希律迫害基督,伯利恒的孩子们被杀害。

3(4C;2E)　这年希律死,是亲手刺死自己的。他的儿子亚基

① 加蒙斯韦编译本和斯旺顿编译本(下称其他两种编译本)“城镇”均作“要塞”。——译者注

② 加蒙斯韦编译本A本和E本为56年。——译者注

③ B,D,E诸本为第42年,A本改正;G本为第62年。

老继王位。

6(7C;11E)　自世界肇始到这一年已历时 5200 年。

12　腓力和希律[1]将利西亚及犹太划分为四人分治区。

16(15C)　这年提贝里乌斯继位。

26(25C;27A)　这年彼拉多取得对犹太人的统治权。

30(29C)　这年基督受洗，彼得和安德烈皈依，还有雅各、约翰、腓力以及十二使徒。

33　这年基督被钉死在十字架上，距世界肇始 5226 年。

34　这年圣保罗皈依，圣司提反被石头砸死。

35　这年神圣的使徒彼得执掌圣安条克城主教教座。

39　这年盖乌斯[2]继位。

44(45A,D,E)　这年神圣的使徒彼得执掌罗马主教教座。

45(46A,D,E)　这年希律[3]死。他在死去之前一年杀害了雅各。

C(A,B)

47 这年克劳迪乌斯来到不列颠，他是罗马人的诸王当中第二个这样做的人。

D(E)

这年罗马人的君王克劳迪乌斯率军进入不列颠，征服该岛，使所有的皮克特人和不列颠人[4]从属于罗马人的权力。他是在统治的第四年进行这场战争的。那年叙利

① 腓力和希律(即希律・安蒂帕斯)均为希律之子。——译者注

② 指罗马皇帝卡利古拉，即位于 37 年。——译者注

③ 即阿格里帕一世。——译者注

④ 加蒙斯韦编译本作威尔士人。——译者注

他把大部分不列颠收归自己控制，又同样使奥克尼岛①隶属于罗马人的统治。

亚发生大饥荒，这在《使徒行传》中由先知亚迦布②作过预言。后来在克劳迪乌斯之后，尼禄继位。他因怠惰而终于放弃了不列颠岛。

F

47　这年福音书作者马可在埃及开始写福音书。

48　这年饥荒严重。

49　这年尼禄开始统治。

50　这年保罗身系锁链被送往罗马。

C(A,B,D,E)

62　这年主的兄弟雅各殉教。

63　这年福音书作者马可逝世。

69(68D)　这年彼得和保罗殉教。

70　这年韦斯帕芗继位。

71　这年韦斯帕芗的儿子提图斯在耶路撒冷杀死了11万1千名犹太人。

81　这年提图斯继位，他就是那个说一天不做好事就损失了这一天的人。

83(84D,E)　这年提图斯的兄弟多米提安继位。

---

① 其他两种编译本作群岛。——译者注

② 亚迦布见《圣经·使徒行传》第11章，第27、28节。原编译者注称这一句系于11世纪在坎特伯雷抄入A本。——译者注

85(87A,D,E;84F) 这年福音书作者约翰在帕特莫斯岛上写《启示录》。

100(99A①) 这年使徒西门被绞死,②就在那天,福音书作者约翰在以弗所长眠。

101③ 这年克利门特教皇逝世。

110(109C) 这年伊格纳提乌斯④主教殉教。

F

116 这年哈德良皇帝开始统治。

137 这年安托尼努斯开始统治。

C(A,B)	**D(E)**
155	这年马尔库斯·安托尼乌斯和他的兄弟奥雷利阿努斯⑤继位。
167 这年埃卢特里乌斯接受罗马主教之职,荣任此职15年。不列颠王卢西乌斯向他致函,请求让自己	这年埃卢特里乌斯接受罗马主教之职,体面地任职15年。不列颠人的王卢西乌斯派人来到他那里,请求为他施行洗礼。他立即派人去给他施洗。此后,他们一直保持着真诚的信仰,直到戴克里先统治时期。

①③ A本中的有关内容系于坎特伯雷补入。

② 加蒙斯韦编译本E本谓系钉死于十字架上。——译者注

④ 一译依纳爵。——译者注

⑤ E本作奥雷利乌斯。

成为基督教徒。主教实现了他的请求。

189　这年塞维鲁斯继位，他统治了 17 年。他用一道两端通海的堤把不列颠的土地围起来。

这年塞维鲁斯继位，并率军开赴不列颠。他靠打仗征服了岛上很大一部分土地，随后他又造了一道两端通海的草泥墙，墙顶上有栅栏，用来保卫不列颠人。他统治了 17 年，而后死于约克。他的儿子巴西亚努斯继位。他的另一个儿子叫盖塔，他死了。[1]

F

200　这年圣十字架被发现。

E

286　这年圣奥尔本殉教。

F

343　这年圣尼古拉逝世。

C(A,B)　　**E**

379　这年格拉提安继位。

381　这年马克西穆斯皇帝继

(380)　这年马克西穆斯继位。他出生在不列颠土地上。[2]他由那里进入高卢，在那

① D 本至此中断，直至 693 年。

② 马克西穆斯实际上出生于西班牙。——斯旺顿编译本注

位。他出生在不列颠土地上，并由那里进入高卢。	里杀死了格拉提安皇帝，又把他的名叫瓦伦提尼安的弟弟赶出他的国土。瓦伦提尼安又集合一支军队，杀马克西穆斯而继位。那些年月，佩拉吉乌斯[1]异端在全世界兴起。
410(409)　这年哥特人猛攻罗马，罗马人此后再也没有统治不列颠。	(409)　这年罗马被哥特人所毁，时为建城后 1110 年。在此之后，罗马人的君王不再统治不列颠。自盖乌斯·尤利乌斯首先来到该地以来，他们总共在那里统治了 470 年。

418　这年罗马人把不列颠的全部财宝收集起来，有些埋藏在地下，使以后没有人能够发现它们，有些随身带到高卢去了。

C(A,B)	E
423	这年小提奥多西乌斯继位。
430　这年帕拉迪乌斯主教由塞莱斯廷教皇派往苏格兰人那里，以便巩固他们的信仰。	这年帕特里克[2]奉塞莱斯廷教皇的派遣去向苏格兰人布道讲授洗礼。
446[3]	(443)　这年不列颠人派人渡海前往罗马，请求帮助攻打皮克特人。但是他们在罗马一无所获，因为罗马人正在同匈奴国王阿提拉作

① 一译贝拉基。——译者注

② A 本和 F 本作帕拉迪乌斯，A 本在其上方又加上“或帕特里西乌斯”字样。

③ 原译第二版将原 443 年改为 446 年，其他两种编译本均为 443 年。——译者注

战。他们于是派人前往盎格鲁人那里，向英格兰人[①]的首领们提出同样的请求。

F

444　这年圣马丁逝世。

448　这年施洗者约翰在曾是希律住处的地方向两个从东方来到耶路撒冷祈祷的修道士显露头颅。

C(A,B,E)

449　这年莫里提乌斯[②]和瓦伦提努斯继位，统治了7年。

C(A,B)

他们统治期间，亨吉斯特和霍萨受不列颠人的王沃蒂格恩的邀请，来到不列颠的

E

他们统治期间，沃蒂格恩请来了英格兰人[③]。他们乘3艘船来到不列颠的埃布斯弗利特[④]。沃蒂格恩王在这片土地的东南部拨给他们土地，条件是他们向皮克特人作战。于是他们就同皮克特人打仗，所向皆捷。然后他们又派人到盎格尔[⑤]去，要求增援，并且告诉人们不列颠人怯懦，土地又很

① 其他两种编译本作盎格鲁人。——译者注

② 该名称只见于A,B,C本，E本为正确的名称马尔提亚努斯，后来A本又将正确名称加在原有名称上方。（译者按：瓦伦提努斯即瓦伦提尼安三世。）

③ 其他两种编译本作盎格鲁人。——译者注

④ 其地在肯特东部。——斯旺顿编译本注

⑤ 今石勒苏益格。——译者注

叫做埃布斯弗利特的地方，起先是来帮助不列颠人，可是后来又同他们打仗。

优越。对方立即派遣一支更大的队伍来帮助其他的人。那些人来自日耳曼的三个部落，即来自古萨克森人[①]、盎格鲁人和朱特人。肯特和怀特岛的居民，也就是现在居住在怀特岛的部落和韦塞克斯的仍旧称为朱特族的那个种族，来自朱特人。东撒克逊人、南撒克逊人和西撒克逊人来自古萨克森人。东盎格鲁人、中盎格鲁人、麦西亚人和所有的诺森伯里亚人来自地处朱特人和萨克森人居地之间，后来一直荒芜下来的盎格尔。他们的首领是亨吉斯特和霍萨两兄弟，他们是威特吉尔斯的儿子，威特吉尔斯是威塔的儿子，威塔是韦克塔的儿子，韦克塔是沃登的儿子。从沃登传下来我们所有的王族，也传下来索森伯里亚人[②]的王族。

455　这年亨吉斯特和霍萨在称为埃耶尔斯雷普[③]的地方同沃蒂格恩王打仗，他的兄弟霍萨在该地战死。此后，亨吉斯特和他的儿子埃什继承王国。

456(457A)　这年，亨吉斯特和儿子埃什在称为克雷坎福德[④]的地方同不列颠人作战，打死 4000 人[⑤]。不列颠人于是放弃肯特，十分惊恐地逃到伦敦。

---

① 指欧洲大陆上的萨克森人。——译者注

② 加蒙斯韦编译本作“亨伯河以南的居民”。——译者注

③ 可能是肯特郡的艾尔斯福德。——加蒙斯韦编译本注

④ 一般认为即今克雷福德。

⑤ E 本和 F 本作 4 支队伍。

465(461 B,C;466F) 这年亨吉斯特和埃什在威佩兹弗利奥特附近同不列颠人[①]打仗,在那里杀死不列颠首领 12 人。他们自己的一个名叫威佩德的塞恩[②]在那里阵亡。

473 这年亨吉斯特和埃什同不列颠人打仗,掳获无数战利品,不列颠人逃避英格兰人犹如避火。

477 这年埃尔和他的 3 个儿子基门、乌伦金和奇萨率领 3 条船来到不列颠,到达叫做基门索拉[③]的地方,在那里杀死了许多不列颠人,把一些人赶到叫做安德雷兹利[④]的树林里去了。

F

482 这年神圣的修道院院长本尼迪克因造福于这个世界而德高望重,声名显赫,正如同神圣的格雷戈里在《对话集》一书中所叙述的那样。

C(A,B,E)

485 这年埃尔在米尔克雷兹伯纳溪流岸边附近同不列颠人作战。

---

① 其他两种编译本中,本年及下文 473、477、485、495 年纪事中的不列颠人均作威尔士人,加蒙斯韦编译本中 508 年纪事亦作威尔士人。——译者注

② 塞恩从国王那里领有土地,为国王承担军役,并承担筑堡、修桥等义务。原注该词在 B 本和 C 本中略去。——译者注

③ 在塞尔西比尔之南,现已为海水覆盖。(译者按:塞尔西比尔为一海角,在萨塞克斯西南。)

④ 今肯特郡和萨塞克斯郡一带的威尔德地区(The Weald),Weald 意为丛林地带。——译者注

488　这年埃什继位，他当了24年[①]肯特人的国王。

491(490F)　这年埃尔和奇萨包围安德雷兹切斯特[②]，杀死其中所有的人，连一个不列颠人也没有存活下来。

495　这年两个首领，即彻迪克和他的儿子金里克率领5条船来到不列颠，到达叫做彻迪克索拉的地方。当天他们就同不列颠人作战。[③]

501　这年波特和他的两个儿子比达和梅拉率领2条船，来到不列颠的叫做朴次茅斯的地方，[④]在那里杀死一名地位很高的〔年轻的〕[⑤]不列颠人。

508　这年彻迪克和金里克杀死一个不列颠王，他叫纳坦利奥德，随同他被杀的有5000人。后来直到查福德的那片土地就因他而称为内特利。

F

509　这年全体修道士之父、修道院院长圣本尼迪克归天。

---

① E本作34年。——译者注

② 在萨塞克斯东南沿海佩文西附近，罗马安德里达堡垒所在地。

③ 埃塞尔沃德(Æthelweard)在其编年史中有“最终取胜”之语，并称他们于到达之后的第六年征服了现在称为韦塞克斯的不列颠西部。(译者按：埃塞尔沃德为10世纪时人，韦塞克斯王室后裔，曾任西部省区郡长。其编年史用拉丁文写成，其中截至9世纪末之事系以早于《盎格鲁-撒克逊编年史》现存各稿本的一种佚本为依据。此书具有重要史料价值。)

④ E本有“立即据有其地”之语。

⑤ B本和C本无方括弧中语。

C(A,B,E)

514　这年西撒克逊人乘 3 条船在称为彻迪克索拉的地方进入不列颠；斯图夫和威特加同不列颠人作战，把他们赶跑了。

519　这年彻迪克和金里克继承[①]王国，同年他们又在叫做查福德的地方同不列颠人作战。[②]

527　这年彻迪克和金里克在叫做彻迪克斯利[③]的地方同不列颠人作战。

530　这年彻迪克和金里克攻占怀特岛，在威特加拉堡杀死数人[④]。

534　这年彻迪克死；他的儿子金里克统治了 27 年[⑤]。他们把怀特岛赠送给他们的两个亲属[⑥]斯图夫和威特加。

538　这年 2 月 16 日自破晓到上午 9 时出现日食。

540　这年 6 月 20 日出现日食，上午 9 时以后几乎有半小时能见到星。

544　这年威特加死，葬于威特加拉堡。

547　这年伊达继承王位，诺森伯里亚王室就起源于他。

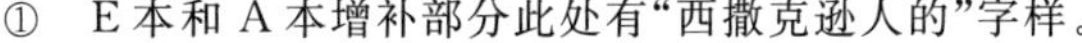

① E 本和 A 本增补部分此处有“西撒克逊人的”字样。

② E 本和 A 本增补部分尚有“西撒克逊人诸王公自此日起实行统治”之语。

③ E 本误作查福德。

④ A(原本)，B，C 本为“数人”，E 本和 A 本增补部分误为“多人”。

⑤ B，C，F 本为 27 年，A 本和 E 本为 26 年。

⑥ 原文为 *nefan*，*nefa* 作“孙子(外孙)”和“侄子(外甥)”解。——加蒙斯韦编译本注

C(B和原本A)

伊达是伊奥帕的儿子，伊奥帕是埃萨的儿子，埃萨是英古伊的儿子，英古伊是安金威特的儿子，安金威特是阿洛克的儿子，阿洛克是本诺克的儿子，本诺克是布兰德的儿子，布兰德是拜尔代的儿子，拜尔代是沃登的儿子，沃登是弗里奥索拉夫[①]的儿子，弗里奥索拉夫是弗里奥索伍尔夫的儿子，弗里奥索伍尔夫是芬的儿子，芬是戈杜尔夫[②]的儿子，戈杜尔夫是吉特的儿子。

E

他统治了12年；他建班堡。它起先是用一道篱笆围起来的，后来围以一道墙。

552 这年金里克在叫做索尔兹伯里[③]的地方同不列颠人作战，赶走不列颠人。[④] 彻迪克是金里克的父亲。彻迪克是埃莱萨的儿子，埃莱萨是埃斯拉的儿子，埃斯拉是杰威斯的儿子，杰威斯是威格的儿子，威格是弗里温的儿子，弗里温是弗里苏加的儿子，弗里苏加是布兰德的儿子，布兰德是拜尔代的儿子，拜尔代是沃登的儿子。

556 这年金里克和查乌林在巴伯里[⑤]同不列颠人作战。

560(559F) 这年查乌林继韦塞克斯王位，埃尔继诺森伯里亚人的国家的王位，

① 即后文之弗里拉夫。——译者注

② 即后文之戈德伍尔夫。——译者注

③ *Searoburh*，原注谓其地当指旧塞勒姆(Old Sarum)，但F本作*Sælesberi*，即索尔兹伯里。两地均在威尔特郡。——译者注

④ E本无以下世系。

⑤ 在威尔特郡。

C(B,原本 A)	E
在位 30 年。埃尔是伊费的儿子,伊费是乌什弗里的儿子,乌什弗里是威尔吉尔斯的儿子,威尔吉尔斯是韦斯特法尔卡的儿子,韦斯特法尔卡是萨富格尔的儿子,萨富格尔是萨博尔德的儿子,萨博尔德是西吉特的儿子,西吉特是斯韦夫代的儿子,斯韦夫代是西加的儿子,西加是韦代的儿子,韦代是沃登的儿子。	伊达已死;他们各统治了 30 年。

C(B,原本 A)

565 这年教士科伦巴自爱尔兰来到不列颠,来教导皮克特人,并在艾奥纳岛上修建了一所修道院。

E

565 这年埃塞尔伯特继肯特王位,掌国 53 年。[①] 他在位期间,格雷戈里给我们送来了洗礼。教士科伦巴来到皮克特人那里,使他们皈依了基督。他们是荒原北边的居民。他们的国王赠送给他名叫艾奥纳的岛屿。据人们说,岛上有 5 海德土地。这位科伦巴在那里修建了一所修道院,他任院长 32 年,77 岁死于该地。他的后嗣仍旧持有那个地方。南皮克特人在很久以前业已领洗,尼尼安主教曾经向他们讲道传授洗礼。他曾在罗马受教育,他的教

① 比德作即位于 560 年,53 年系 56 年之误。

堂和修道院在惠特霍恩，是以圣马丁的名义奉献的。他和许多圣洁人士长眠于此。现今在艾奥纳必须总是要有一位修道院院长，而不是一位主教。苏格兰人所有的主教都必须从属于他，因为科伦巴是一位院长，不是一位主教。

C(A,B,E,F)

568　这年查乌林和卡撒[①]同埃塞尔伯特作战，把他赶得逃进肯特，又在威班顿杀死奥斯拉夫[②]和克内巴两个郡长[③]。

C(A,B,E)

571　这年卡思伍尔夫[④]在比德坎福德同不列颠人作战，占领4镇[⑤]：林伯里、艾尔斯伯里、本辛顿和恩舍姆；同一年他死去。

577　这年卡思温和查乌林同不列颠人作战，在叫做迪勒姆的地方杀死3个王：康梅尔、康迪丹和法林梅尔；攻占了他们的3个城市：格洛斯特、赛伦塞斯特和巴斯。

---

① F本作"查乌林的兄弟卡撒"。

② E本和F本作奥斯拉克。

③ ealdorman，加蒙斯韦编译本译作"王公"。郡长负责一郡的军事、司法及其他政务，后来权力有所扩大，乃至一人兼管数郡，各郡事务遂由郡守(sheriff)掌管。克努特时，郡长一职被伯爵所取代。——译者注

④ E本作卡撒。

⑤ 加蒙斯韦编译本作"村"，参见779年纪事部分注。——译者注

E

583　这年莫里西乌斯继位统治罗马人。[①]

C(A,B,E)

584　这年查乌林和卡撒在叫做费森利[②]的地方同不列颠人作战,卡撒在那里阵亡。查乌林攻占许多村庄,掳获无数战利品,怒气冲冲地返回本土。

588　这年埃尔国王逝世,埃塞尔里克在他之后在位5年。

591　这年切奥尔在位5年。[③]

E

592　这年格雷戈里继任罗马教皇,而且

C(A,B,E)

这年在“沃登古冢”[④]发生了一场大屠杀,查乌林被赶了出去。

593　这年查乌林、奎切尔姆和克里达逝世。埃塞尔弗里思继位(本段以下部分E)于诺森伯里亚,他是埃塞尔里克的儿子,埃塞尔里克是伊达的儿子。

① 其即位之年一般作582年。

② 该地名在12世纪的一份文件中出现,其地在牛津郡东北的斯托克莱因附近。

③ E本作切奥尔里克,在位6年;A本后来也改为此名。

④ 今称亚当墓,在威尔特郡的奥尔顿普赖厄斯。

596[①] 这年格雷戈里教皇派遣奥古斯丁带着许多修道士前来不列颠。他们向英格兰人讲道传布圣经。

597 这年切奥尔伍尔夫开始统治韦塞克斯，他连续同英格兰人，或是不列颠人[②]，或是皮克特人，或是苏格兰人打仗争胜。[③] 他是卡撒的儿子，卡撒是金里克的儿子，金里克是彻迪克的儿子，彻迪克是埃莱萨的儿子，埃莱萨是埃斯拉的儿子，埃斯拉是杰威斯的儿子，杰威斯是威格的儿子，威格是弗里温的儿子，弗里温是弗里苏加的儿子，弗里苏加是布兰德的儿子，布兰德是拜尔代的儿子，拜尔代是沃登的儿子。

601 这年格雷戈里将披肩送到不列颠，交给奥古斯丁大主教，还派来了许多宗教授业教师来协助他；[④]波莱纳斯主教使诺森伯里亚国王埃德温改宗领洗。

C(B,原本 A)	**E**
603 这年在德萨斯坦发生一场战役。	这年苏格兰人的国王埃丹与达尔里亚达人一起在德萨斯坦同诺森伯里亚人的国王埃塞尔弗里思作战，[⑤]他的军队几乎全部被歼。埃塞尔弗里思的兄弟西奥德博尔德及其全军都在那里

① A本将原来的年代抹去而重写为595年。

② 其他两种编译本作威尔士人。——译者注

③ E本无此后的世系。

④ F本此处有“其中包括波莱纳斯”之语。

⑤ 埃丹·麦克加布雷恩为居住在阿盖尔的爱尔兰人(达尔里亚达人)之王。原文误称他与达尔里亚达人作战，此处予以改正。德萨斯坦据认为即利兹代尔的道斯顿，但仍存疑。

被杀。此后苏格兰人的国王没有人敢率军攻打这个国家。是胡萨[①]的儿子赫林把军队带领到那里去的。

604　这年东撒克逊人在萨伯特国王和梅利图斯主教的带领下接受信仰并且领洗。

这年奥古斯丁授任两位主教,即梅利图斯和贾斯图斯。他派梅利图斯向东撒克逊人讲道传授洗礼,那里的国王叫萨伯特,他是埃塞尔伯特的姊妹丽库尔的儿子,是埃塞尔伯特把他安置在那里当国王的。埃塞尔伯特给予梅利图斯伦敦主教的职位,他把罗切斯特主教之职给予贾斯图斯,该地距坎特伯雷 24 英里。

604(606)　这年格雷戈里逝世,时为他给我们送来洗礼之后 10 年。他的父亲叫戈迪亚努斯,母亲叫西尔维亚。

(605)　这年格雷戈里教皇逝世。埃塞尔弗里思率军前往切斯特,[②]在那里杀死无数不列颠人[③]。这就应验了奥古斯丁的预言,他说:“如果不列颠人不愿意与我们保持和平,他们就要灭亡在撒克逊人手下。”被杀的还有 200 名教士,他们是来为不列颠人的军队祈祷的。他们的首领是布罗克梅尔,他和 50 人一起逃走了。[④]

① 伯尼西亚国王。——斯旺顿编译本注

② 比德未记战役日期,战事当发生在 613 年至 616 年之间。

③ 本段中的不列颠人在其他两种编译本中均作威尔士人。——译者注

④ 原文中布罗克梅尔作 Scrocmail(Scromail),此处由原编译者改为比德所用名称。其他两种编译本作“他是逃走的 50 人之一”,而原注则谓在古英语中“50 人之一”意思是“同 49 人一起”,但自 9 世纪起这种用法并不精确,编年史采用了比德的 50 人之数。参见比德《英吉利教会史》第 2 卷第 2 章。——译者注

607　这年切奥尔伍尔夫同南撒克逊人作战。

611　这年基内吉尔斯继韦塞克斯王位，掌国31年。[1] 基内吉尔斯是切奥拉[2]的儿子，切奥拉是卡撒的儿子，卡撒是金里克的儿子。

614　这年基内吉尔斯和奎切尔姆在比恩登作战，杀死2045名不列颠人[3]。

616　这年肯特人的国王埃塞尔伯特逝世，[4]他的儿子埃德博尔德继承王位。(本段以下部分E)他抛弃了基督教的信仰而追随异教的习尚，因此娶父亲的遗孀为妻。当时在肯特任大主教的劳伦斯于是打算南下渡海，抛弃一切。但是夜间使徒彼得来到他的面前，狠狠地训斥他，因为他想就这样遗弃天主的羊群而不顾。彼得吩咐他去面见国王，向国王宣讲真正的信仰。他这样做了，国王听从了，还受了洗礼。这个国王在位期间，继奥古斯丁任肯特大主教的劳伦斯逝世了，2月2日他安葬在奥古斯丁的墓旁。后来在他之后，一直任伦敦主教的梅利图斯继任肯特大主教的职位。随后伦敦——它曾是梅利图斯的主教管区——居民变成信奉异教的人。又过了5年，埃德博尔德在位时，梅利图斯离开人世归向基督。其后贾斯图斯继任大主教之职。他授任罗马努斯为罗切斯特主教，他本人曾是该地的主教。

---

① E本无此后的世系。

② 即切奥尔。——译者注

③ 被杀人数A本和E本为2065名，G本为2046名。(译者按：其他两种编译本不列颠人作威尔士人。)

④ E本尚有“他在位56年”之语。

C(B，原本 A)

616　自世界肇始至这一年已经历了 5800 年①。

E

617　这年诺森伯里亚国王埃塞尔弗里思被东盎格利亚国王雷德沃尔德所杀，埃尔的儿子埃德温继位，他征服了唯独除肯特人以外的整个不列颠，赶走了众王子，也就是埃塞尔弗里思的诸子，即恩弗里思、奥斯瓦尔德、奥斯威、奥斯拉克、奥斯武杜、奥斯拉夫和奥法。

F

619　这年劳伦斯大主教逝世。

	C(A，B)	E
624		这年梅利图斯大主教逝世。
625	这年波莱纳斯由贾斯图斯大主教授任为诺森伯里亚人的主教。	这年贾斯图斯于 7 月 21 日授任波莱纳斯为主教。
626	这年埃德温国王的女儿恩弗莱德在	这年伊奥默从西撒克逊人的国王奎切尔姆那里来，打算刺杀埃德温国王，但

① G 本作 5616 年。

圣灵降临节神圣的前夜接受洗礼。彭达掌国30年,他继位时50岁。[①] 彭达是皮巴的儿子,皮巴是克里奥达的儿子,克里奥达是基内沃尔德的儿子,基内沃尔德是克内巴的儿子,克内巴是伊切尔的儿子,伊切尔是伊奥默的儿子,伊奥默是安格尔休的儿子,安格尔休是奥法的儿子,奥法是沃蒙德的儿子,沃蒙德是威特莱的儿子,威特莱是沃登的儿子。[②]

是他刺死了国王的塞恩利拉,又刺死福瑟尔,而且刺伤国王。当天晚上埃德温的女儿出世,她叫恩弗莱德。国王向波莱纳斯许诺:要是他能通过祈祷而使天主让他得以消灭派去刺客的敌人,他就把女儿献给天主。然后他就带着一支军队进入韦塞克斯,在那里消灭了5个国王,杀死了许多人。波莱纳斯在圣灵降临节为他的女儿和12个人[③]施洗。12个月之内,国王和他的全体臣属在复活节接受洗礼,当时的复活节是4月12日。这件事是在约克举行的,他曾令人在那里用木料建起一座教堂,是以圣彼得的名义奉献的。国王赐给波莱纳斯当地的一个主教职位,后来他又命令在那里用石料修建一座更大的教堂。这年彭达继位,统治了30年。

C(A,B)

627　这年埃德温国王和他的部下在复活节接受洗礼。

---

① 年岁可疑。

② A本删此世系。

③ 加蒙斯韦编译本作11人。原注称此处按字义其女为“12人之一”。斯旺顿编译本中总数亦为12人。——译者注

E

627 这年埃德温国王由波莱纳斯施洗。这同一位波莱纳斯又在林齐宣讲洗礼之道。当地第一个相信的是一个有势力的人，名叫布莱卡，他的全体下属也一起相信了。这时霍诺里乌斯继卜尼法斯之后任教皇，他给波莱纳斯送来披肩。贾斯图斯大主教于11月10日逝世。霍诺里乌斯[①]由波莱纳斯在林肯授予圣职，[②]教皇也把披肩送给这位霍诺里乌斯。他向苏格兰人致函，以便让他们转而采用正确的复活节日期。

C(A,B,E)

628 这年基内吉尔斯和奎切尔姆在赛伦塞斯特同彭达打仗，后来双方又达成了协议。

627—628(632) 这年厄普沃尔德[③]接受洗礼。

C(A,B)

633 这年埃德温被杀，波莱纳斯返回肯特，担任该地罗切斯特主教之职。

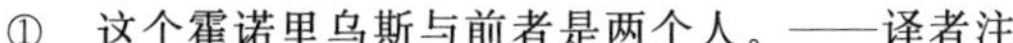

① 这个霍诺里乌斯与前者是两个人。——译者注

② F本尚有“任坎特伯雷大主教”之语。

③ 东盎格利亚国王。

E

633 这年埃德温国王于10月14日在哈特菲尔德[①]被卡德瓦龙和彭达所杀，他统治了7年[②]，他的儿子奥斯弗里思与他同遭杀害。后来卡德瓦龙和彭达向前推进，蹂躏了诺森伯里亚人的全部土地。波莱纳斯见到那种情况，就带着埃德温的遗孀埃塞尔伯乘船离开，前往肯特。埃德博尔德和霍诺里乌斯十分体面地接待他，并且授以罗切斯特主教之职。他在那里一直待到逝世。

C(A,B)

634 这年比林纳斯主教向西撒克逊人传布洗礼之道。

E

634 这年，曾由波莱纳斯施洗的奥斯里克继承德伊勒王位，他是埃德温的叔父埃尔弗里克的儿子。埃塞尔弗里思的儿子恩弗里思继承伯尼西亚[③]王位。再就是比林纳斯主教首次向基内吉尔斯统治下的西撒克逊人传布洗礼之道。这位比林纳斯是由于霍诺里乌斯教皇的建议而来到那里的，他在那里任主教直到终年。也是在这一年，奥斯瓦尔德继承诺森伯里亚王位，统治了9年。第9

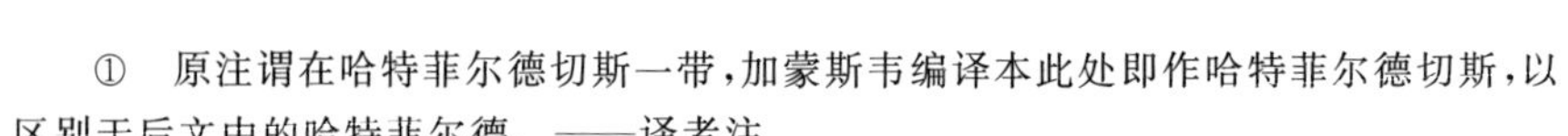

① 原注谓在哈特菲尔德切斯一带，加蒙斯韦编译本此处即作哈特菲尔德切斯，以区别于后文中的哈特菲尔德。——译者注

② 17年之误。

③ 德伊勒在亨伯河和蒂斯河之间，伯尼西亚在其北，在泰恩河和福斯湾之间。后来两者联合为诺森伯里亚王国。——译者注

年也算在他的任内,因为在他和埃德温之间曾经在位一年的那些人[1]奉行异教。

C(A,B,E)

635 这年基内吉尔斯国王在多切斯特由比林纳斯主教施洗,奥斯瓦尔德当他的教父。

636 这年奎切尔姆在多切斯特接受洗礼,当年他就死了。费利克斯主教向东盎格鲁人传布对基督的信仰。[2]

639 这年比林纳斯在多切斯特为卡思雷德国王[3]施洗,并接受他为教子。

C(A,B)

640 这年肯特人的国王埃德博尔德逝世,他统治了25年。

E

(639) 这年肯特人的国王埃德博尔德逝世,他统治了24年。然后他的儿子厄康伯特继位,他毁坏国内所有的偶像,是第一个确立复活节斋戒的英格兰国王。他的女儿叫厄门戈塔[4],是个圣洁的处女和了不起的人,她的母亲是塞克斯伯[5],是东盎格鲁人的国王安纳的女儿。

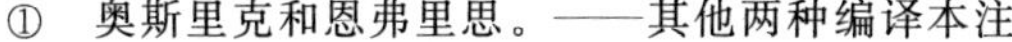

① 奥斯里克和恩弗里思。——其他两种编译本注

② 费利克斯系于630—631年在当地传教。

③ 国王称号只见于B,C,F本。

④ 高卢布里女修道院院长。

⑤ 伊利女修道院院长。

641(642A[①])

这年诺森伯里亚国王奥斯瓦尔德被杀。(643A)琴瓦尔继承西撒克逊人国家的王位,掌国31年。

这年诺森伯里亚人的国王奥斯瓦尔德于8月5日在马瑟费尔德[③]被索森伯里亚人彭达所杀,他的遗体埋葬在巴德尼[④]。他的圣洁和奇迹后来在本岛以多种多样的方式为人所知,他的双手并没有在班堡腐坏。[⑤] 这年琴瓦尔继承西撒克逊人国家的王位,掌国21年。这同一位琴瓦尔令人建造温切斯特教堂,他是基内吉尔斯的儿子。在奥斯瓦尔德被杀的同一年,他的兄弟奥斯威继承诺森伯里亚王位,他在位差两年满30年。

642(643A)

这同一位琴瓦尔令人在温切斯特建造老教堂[②]。

644(643B,C)

这年,曾任约克大主教,后来又任罗切斯特主教的波莱纳斯逝世。

(643) 这年波莱纳斯大主教于10月10日在罗切斯特逝世,他任主教比20年差1年,外加两个月零21天。〔埃德温的〕堂兄弟的儿子,即奥斯里克的儿子奥斯温继承德伊勒王位,统治了7年。

① 由此至650年,A本比其他稿本推后一年。

② 10世纪早期建新的大教堂,B本和C本遂给原有教堂加上“老”字。(译者按:加蒙斯韦注称琴瓦尔可能继位于643年,而建老教堂当在645年之后,因他于该年被逐之前尚奉异教。)

③ 一般认为即奥斯沃斯特里,意即奥斯瓦尔德之树,该地在今什罗普郡西北部。奥斯瓦尔德被杀后,其头颅曾被挂在树上。参见比德《英吉利教会史》第3卷第12、13章。——译者注

④ 在今林肯郡林肯之东。——译者注

⑤ 奥斯瓦尔德被砍下的双手双臂由奥斯威移葬于此,参见前书第3卷第12章。——译者注

C(A,B,E)

645(644B,C,E) 这年琴瓦尔国王被彭达国王驱逐出去。

646(645B,C,E) 这年琴瓦尔接受洗礼。

648(647B,C) 这年琴瓦尔赠给他的亲属卡思雷德阿什当附近的3000海德土地。[①] 这个卡思雷德是奎切尔姆的儿子,奎切尔姆是基内吉尔斯的儿子。

F

648 这年温切斯特的大教堂建造起来,它是琴瓦尔让人建造并以圣彼得的名义奉献的。[②]

C(A,B,E)

650(649B,C,E) 这年,来自高卢的阿吉尔伯特继罗马人比林纳斯主教之后接受韦塞克斯主教之职。

C(A,B)

651 这年奥斯温国王被杀,艾丹主教逝世。

E

(650) 这年奥斯威国王于8月20日令人杀死奥斯温国王,12天以后艾丹主教于8月31日逝世。

① 卡思雷德E本作埃德雷德,海德一词只在B本和C本中插入。E本无下文的世系。

② 648年可能为建教堂的正确年代。——斯旺顿编译本注

652　这年琴瓦尔在埃文河畔的布拉德福德作战。

C(A,B,E)

653(652E)　这年皮达[①]郡长统治下的中盎格鲁人接受真正的信仰。

654(653E)　这年安纳国王被杀，博特伍尔夫开始建造伊坎霍[②]的大教堂。(本段以下部分 653E)这年霍诺里乌斯大主教于 9 月 30 日逝世。

C(A,B)

655　这年彭达死。麦西亚人成为基督教徒。

E

(654)　这年奥斯威在温韦德费尔德杀彭达，并杀死 30 个王公，他们当中有些人是国王，其中之一是埃塞尔西尔，是东盎格鲁人的国王安纳的兄弟。

C(A,B,E)

655(654E)　当时距世界肇始已历时 5850 年[③]，彭达之子皮

---

① 彭达之子。

② 该地并非通常所说的波士顿，或认为在东盎格利亚，可能在萨福克的伊肯。

③ E 本作 5800 年。

达继麦西亚王位。(本年纪事以下部分 654E)[①]在他那个时候,他和奥斯瓦尔德国王的兄弟奥斯威聚到了一起,宣布他们为了基督的荣耀和圣彼得的光荣,愿意兴建一所修道院。他们这样做了,并且将它命名为米兹汉姆斯特德[②],因为那里有一条叫做米兹威尔的泉水。然后他们就开始打地基,在上面盖房子,既而又把这项工作委托给一位叫塞克斯伍尔夫的修道士,他是天主的伟大的朋友,大家都喜爱他。他在世间出身高贵,又有权威。现在他与基督同在,权威就大得多了。

但是那位皮达国王并没有统治多久,因为他在复活节季节被自己的王后所出卖。

E

655　这年罗切斯特主教伊撒马尔于 3 月 26 日授予多斯德迪特坎特伯雷的教职。

C(A,B,E)

657(656E,F)　这年皮达死,[③]彭达之子伍尔夫希尔继麦西亚王位。(本年纪事以下部分 656E)[④]在他那个时候,他的兄弟皮达开始建造的米兹汉姆斯特德修道院变得非常之富裕。国王出于对

① E 本这部分本年纪事的内容系据加蒙斯韦编译本译出,原注谓这部分系于彼得伯勒补入。——译者注

② 即以后的彼得伯勒。

③ E 本谓其被杀。

④ 以下部分系据加蒙斯韦编译本译出。——译者注

其兄弟皮达之爱，出于对其结义兄弟奥斯威之爱，出于对修道院院长塞克斯伍尔夫之爱，对它甚为爱护。他说，他愿意按照他的兄弟埃塞尔雷德和梅雷瓦拉的建议，按照他的姊妹基内伯和基内斯威思的建议，按照名叫多斯德迪特的那位大主教的建议，按照他的领域以内全体教俗两界议政大臣的建议来加以尊崇和敬奉。他是这样做的。

然后国王派人去请院长快速前来。院长马上来了。国王对院长说，"亲爱的塞克斯伍尔夫啊！为了我灵魂的需要，我派人把你请来，我愿意无拘无束地对你谈谈为什么要这样。我的兄弟皮达和我亲爱的朋友奥斯威曾开始建造一所修道院来荣耀基督和圣彼得。可是我的兄弟按天主的意旨已经离开尘世，不过，亲爱的朋友，我想请你叫他们赶快干这项工作，我将给你提供金银、土地、财富和它所需要的一切。"院长回家，干了起来。由于基督赐准，他成功了，几年以后修道院竣工了。国王听说此事，非常高兴。他吩咐把全国的塞恩和那位大主教、众主教和伯爵，以及所有敬爱天主的人都请到他这里来，他并且指定了奉献修道院的日子。

奉献修道院之际，出席者有伍尔夫希尔国王和他的兄弟埃塞尔雷德，他的姊妹基内伯和基内斯威思；坎特伯雷大主教多斯德迪特主持献院仪式，还有罗切斯特主教伊撒马尔、伦敦主教威尼①、麦西亚主教贾鲁曼，以及图达主教；后来当了主教的威尔弗里德神父也出席了，国内所有的塞恩也在场。

① 据比德《英吉利教会史》英译本附录，威尼系于666年任伦敦主教。——译者注

当修道院以圣彼得、圣保罗和圣安德烈的名义奉献之后，国王在全体塞恩面前站起身来，高声说道："为在此举行的典礼感谢全能的天主。我意欲在今日敬奉基督和圣彼得，我愿你们都赞同我的话：

"我，伍尔夫希尔，今天慨然赠给圣彼得和塞克斯伍尔夫院长，以及修道院的众修道士我王国所属的下述土地、水流、池塘、沼泽、堰，以及位于这些地带的全部土地，从而除院长及众修道士之外，没有人在那里享有主权。赠礼如下：从米兹汉姆斯特德到诺斯伯勒，再到叫做福利斯的地方，再到直抵阿森代克的整个沼泽地带，再从阿森代克到叫做费瑟穆德的地方，再沿着大道前进 10 英里，到达库格迪克，再到拉格威尔，再从拉格威尔往前 5 英里，到达通向埃尔姆和威斯贝奇的那条河流[①]，再往前约 3 英里到斯罗肯霍尔特，再从斯罗肯霍尔特径直往前，经过整片沼泽，到达德雷沃德，距离大约有 20 英里，再到格拉特克罗斯，再从格拉特克罗斯经过一条叫做布拉达纳的清澈的溪流[②]，从那里经 6 英里到达帕切拉德，再往前经过所有的靠近亨廷登镇的池塘和沼泽，以及沙尔夫塘和惠特尔西塘，及附近一带的全部池塘、湖泊，包括沙尔夫塘以东的土地和房屋在内，再就是由此到米兹汉姆斯特德沿线的全部沼泽地带，再从米兹汉姆斯特德一路直达旺斯福德，由旺斯福德到金斯克利夫，由此到伊斯顿，由伊斯顿到斯坦福，由斯坦福沿溪流[③]到前述的诺斯伯勒。"

① 据认为即宁河。——加蒙斯韦编译本注

② 据认为即宁河故道。——加蒙斯韦编译本注

③ 或即韦兰河。——加蒙斯韦编译本注

这些就是国王赠给圣彼得修道院的土地和沼泽。

然后国王说道:“这只是一项小小的捐赠,但是我希望他们堂皇而自由地持有它,乃至仅仅除了为修道士所用之外,既不向它征税,也不向它收租。因此我想给这所修道院自主权,使它只从属于罗马,我也希望我们之中所有不能前往罗马的人到这里来参谒圣彼得。”①

在讨论的其他事项中,院长希望国王赐准企望于国王的东西,国王赐准了。“我这儿有敬畏天主的修道士,只要他们知道地点,他们是愿意在隐士的密室里度过一生的。这儿有个叫做安卡里格的岛屿②,我希望我们可以在那里建一所修道院以荣耀圣马利亚,这样,那些愿意过平静生活的人就可以住在那里了。”

然后国王作答,这样说道,“亲爱的塞克斯伍尔夫啊!就这样,我赞同并赐准不只是你所企望的东西,还有就我所知你为了我们主而企望的一切。我要求你们,埃塞尔雷德兄弟和我的姊妹基内伯和基内斯威思,为了你们的灵魂得救,充当见证人,并且用你们的手指写它。③ 我责成我的所有继位者,不论他们是我的儿子,还是我的兄弟,或是继我之后的国王们,要他们使我的捐赠保持不变,因为他们希望共享永生,逃避永罚。谁要是削减我的或其他善人的捐赠,愿天国的守门人在天国里加以贬抑,谁要是增殖这笔捐

① 虽然伍尔夫希尔与教会友善,但有关内容可能多属彼得伯勒方面的意愿。——斯旺顿编译本注

② 意即“隐士之岛”,即索尼岛。——斯旺顿编译本注

③ 即画十字,所谓“写”有时指用墨水在羊皮纸上画一个十字符号,或在抄写员已写就的十字符号上重描一遍。——加蒙斯韦编译本注

赠，愿天国的守门人使他在天国里更其伟大。”

这些就是当场出席的见证人，他们用手指在基督的十字上加以证实，并且口头表示同意。首先由伍尔夫希尔国王始而口头予以确认，继而用手指在基督的十字上加以证明，并且这样说道：我，伍尔夫希尔国王，连同这些国王和伯爵们，军队的首领和塞恩们，我的捐赠的各位见证人，兹在多斯德迪特大主教的面前用一个十字＋予以确认。我，诺森伯里亚国王奥斯威、这所修道院和塞克斯伍尔夫院长的朋友，用一个十字＋予以赞同。我，西格希尔国王，用一个十字＋予以认可。我，塞比国王，用一个十字＋加以签署。我，国王的兄弟埃塞尔雷德，用一个十字＋加以认许。我们，国王的姊妹基内伯和基内斯威思赞同它。我，坎特伯雷大主教多斯德迪特认可它。之后，在场的人全体用十字＋表示同意。他们的名字是：罗切斯特主教伊撒马尔，伦敦主教威尼，麦西亚主教贾鲁曼，图达主教，后来当了主教的威尔弗里德神父，由伍尔夫希尔国王派往怀特岛去传布基督教的伊奥帕神父，塞克斯伍尔夫院长，伊明郡长，埃德伯特郡长，赫里弗里思郡长，威尔伯特郡长，阿博郡长，埃塞尔博尔德，布罗达，威尔伯特，埃尔蒙德，弗里苏吉斯；这些人和许多其他在场的国王随从全体同意。本特许状写于我主降生之后664 年，即伍尔夫希尔国王在位的第 7 年，多斯德迪特大主教在任的第 9 年。然后他们把天主的诅咒，把天主的全体圣徒和所有基督教徒的诅咒加给任何对那里的既成之事加以任何毁弃的人。大家说，诚心所愿，阿门。

这件事结束后，国王派人到罗马去谒见当时在任的教皇维塔利安，希望他以诏书和祝福赐准上述程序。教皇送来诏书，书云：

我，维塔利安教皇，赐予你，伍尔夫希尔国王，赐予多斯德迪特大主教，赐予塞克斯伍尔夫院长你们所要求的一切。除了院长个人以外，我禁止任何国王或任何人在那里享有任何主权；除了罗马教皇和坎特伯雷大主教之外，他不服从于任何人。任何人如若在任何方面破坏这点，愿彼得用他的剑消灭之；任何人如若遵守它，愿彼得用天国的钥匙为他开启天国之门。

米兹汉姆斯特德修道院由此开始，后来它称为"堡"。

其后，另一位大主教来到坎特伯雷，名叫西奥多，是个很好的人，而且明智。他与主教和教士们共同举行宗教会议。随后麦西亚主教温弗里思被剥夺了主教职位，塞克斯伍尔夫院长被选为该地的主教，这所修道院的修道士卡思博尔德被选为院长。这次宗教会议举行于我主降生之后 673 年。

658　这年，琴瓦尔在彭南[①]同不列颠人[②]打仗，赶得他们一直逃到帕雷特河。这一仗是他从东盎格利亚来到后打的，他曾在那里流亡 3 年。彭达曾经把他驱逐出境，并且剥夺了他的王国，因为他遗弃了彭达的姊妹。

660　这年，阿吉尔伯特离开琴瓦尔，威尼执掌主教管区 3 年。[③]这个阿吉尔伯特接受高卢塞纳河畔巴黎人所在地的主教管区。

661　这年，琴瓦尔在复活节在波森茨堡打仗；彭达的儿子伍

① 通常认为即萨默塞特郡的彭瑟伍德，但亦有威尔特郡的彭皮茨等其他地点之说。

② 加蒙斯韦编译本作威尔士人。——译者注

③ 阿吉尔伯特为西撒克逊人的主教。有关内容参见比德《英吉利教会史》第 3 卷第 7 章。——译者注

尔夫希尔侵扰阿什当；[①]奎切尔姆的儿子卡思雷德和琴伯特国王在同一年逝世；彭达的儿子伍尔夫希尔在怀特岛肆扰，把怀特岛上的居民交给了南撒克逊人的国王埃塞尔沃尔德，因为伍尔夫希尔在他接受洗礼时当了他的教父。伊奥帕神父是奉威尔弗里德[②]和伍尔夫希尔国王之命第一个给怀特岛的居民带来洗礼的人。

C(A,B)	E
664　这年发生日食。肯特人的国王厄康伯特逝世。科尔曼偕同他的伙伴返回故土。[③] 同年发生了一场严重的瘟疫。查达和威尔弗里德受任圣职。[④] 这年多斯德迪特逝世。	这年5月3日发生日食。一场严重的瘟疫侵入不列颠岛。在这场瘟疫中图达主教逝世，葬于瓦耶勒[⑤]。肯特人的国王厄康伯特逝世。他的儿子埃格伯特继位。科尔曼偕同他的伙伴返回故土。查达和威尔弗里德受任圣职。同年多斯德迪特大主教逝世。
667	这年奥斯威和埃格伯特派威格赫德神父前往罗马，以便让他受任为大主教。但是他到达那里之后立即身死。
668　这年西奥多受任为大主教。	这年维塔利安教皇授任西奥多为

① B本和C本原文如此，A本作“直到阿什当之地”。

② 诺森伯里亚主教，当时在流放中。

③ 这年在惠特比举行了重要的宗教会议，科尔曼系于会后离去，参见比德《英吉利教会史》第3卷第25、26章，其中查达作查德。——译者注

④ 先后在诺森伯里亚任教职。

⑤ 比德作 *Pægnalaech*，原文开头字母W系P之误。

大主教，把他派到不列颠来。

C(A,B,E)

669　这年埃格伯特国王把里卡尔弗赐给巴斯神父，让他在那里盖一座大教堂。

670　这年诺森伯里亚国王奥斯威逝世，埃格弗里思[①]接替他统治。阿吉尔伯特主教的侄子[②]洛瑟尔接任西撒克逊人住地的主教之职，在任7年。西奥多主教为他举行授任仪式。奥斯威是埃塞尔弗里思的儿子，埃塞尔弗里思是埃塞尔里克的儿子，埃塞尔里克是伊达的儿子，伊达是伊奥帕的儿子。[③]

671　这年鸟大量死亡。

672　这年琴瓦尔逝世，他的王后塞克斯伯在他之后统治了1年。

673　这年肯特国王埃格伯特逝世；同一年在赫特福德举行宗教会议，[④]圣埃塞尔思里思开始创建伊利的修道院。

674　这年埃什温继承韦塞克斯王位。他是琴富斯的儿子，琴富斯是琴弗思的儿子，琴弗思是卡思吉尔斯的儿子，卡思吉尔斯是切奥尔伍尔夫的儿子，切奥尔伍尔夫是金里克的儿子，金里克是彻迪克的儿子。[⑤]

---

① E本谓奥斯威死于2月15日，埃格弗里思为其子。

② nephew，或系外甥。——译者注

③ E本无世系。

④ E本和F本谓西奥多大主教召开宗教会议。

⑤ E本无世系。

675　这年，彭达的儿子伍尔夫希尔同埃什温在比丹希夫德打仗。同一年伍尔夫希尔逝世，埃塞尔雷德继位。[1]（本年纪事以下部分 E）[2]他在位的时候，派威尔弗里德主教到罗马去见当时的名叫阿加托的教皇，向他书面和口头报告他的兄弟皮达和伍尔夫希尔以及塞克斯伍尔夫院长怎样建立起一所称为米兹汉姆斯特德的修道院，以及他们业已豁免了修道院对国王和主教的一切服役，请求他以诏书和祝福予以认可。教皇随后给英格兰送去诏书，书云："我，罗马教皇阿加托，以天主的问候和我本人的祝福，向高贵的麦西亚国王埃塞尔雷德，向坎特伯雷大主教西奥多，向原任院长的麦西亚主教塞克斯伍尔夫，向英格兰所有的修道院院长们深深致意。我已闻悉埃塞尔雷德国王、西奥多大主教、塞克斯伍尔夫主教和卡思博尔德院长的请求，我希望该请求按照你等所言一一得到公认，我并且以天主，以圣彼得，以所有的圣徒和教会的全体显贵人士的名义，责成国王、主教、伯爵或任何人不在彼处享有任何权威，或租赋，或捐税，或军役，任何人亦不得向米兹汉姆斯特德修道院勒索任何形式的服役。再者，我命令该教区的主教不得如此妄自尊大乃至在该修道院内授任圣职，除非院长求之于他；修道院亦无须承担主教的罚金。宗教会议或任何类型的会议在彼处也均不具有任何权威。

"我还希望该修道院院长被认为是罗马派驻全岛的使节；无论

① B本漏掉本年纪事。伍尔夫希尔可能死于674年9月23日之后，因此比德作675年。

② 本年纪事以下部分系据加蒙斯韦编译本译出，内容亦系于彼得伯勒补入。斯旺顿谓教皇诏书系以当地的伪造文件为蓝本。——译者注

哪位院长在那里由众修道士推选产生，都由坎特伯雷大主教予以授任。我希望并赐准，任何人如业已许愿前往罗马朝圣而又不能完成此愿者，无论出于患病，或出于领主的需要，或因贫穷，或因其他紧急事故而致妨碍此行，不论此人系来自英格兰或来自任何其他岛屿，均请其前来米兹汉姆斯特德修道院，并从基督和圣彼得，从院长，从众修道士那里获得如同前往罗马所能获得的同样的宽恕。

“现在我要求你，西奥多兄弟，向全英格兰宣告召开宗教会议，将本诏书宣读并使之得到遵守。我同样命令你，塞克斯伍尔夫主教，正如你愿该修道院享有自由，因之我以基督和他所有圣徒的名义，禁止你和继你之后的所有主教对该修道院享有任何权力，除非在院长允许的范围之内。我今宣布，凡奉守本诏书及本谕令者，愿他在天国里与全能的天主永远同在，凡加以破坏者，愿他被逐出教门，掷入地狱，与犹大和所有魔鬼为伍，除非他改正。阿门。”

阿加托教皇和 125 名主教将此诏书经由约克大主教威尔弗里德送到英格兰。此事完成于我主降生以后 680 年，埃塞尔雷德国王在位的第 6 年。于是国王命令西奥多大主教在哈特菲尔德召开全体议政大臣会议。他们齐集该地以后，他令人宣读教皇送来的诏书，他们一致同意，全部确认。

然后国王说道：“我的兄弟皮达和我的兄弟伍尔夫希尔，以及我的姊妹基内伯和基内斯威思赠赐给圣彼得和院长的一切，我希望它们不受干扰，而且，我希望为了他们的和我的灵魂得救，在我有生之年增殖这份赠赐。今天我赐给圣彼得，他的米兹汉姆斯特德修道院下述土地和土地所属的一切，即：布里登、赫雷平加斯、切德纳克、斯温斯黑德、欣堡、洛德沙克、希夫纳尔、科斯茨福德、斯特拉特福、沃特尔斯伯勒、利泽德、埃塞尔亨尼隆德、巴德尼。这些土地我赠与圣彼得，这些地方与属我掌有时一样不受控制，因此我的后继者均不得从彼处取走任何物件。谁若如此，愿他遭受罗马教皇的诅咒和所有主教及所有在这里的见证人的诅咒。我以一个十字＋予以确认。”

我，坎特伯雷大主教西奥多，是米兹汉姆斯特德的该特许状的见证人，我以我的签署予以确认，凡在任何细节方面加以破坏者，我均将其革除教籍，凡遵行者，我均加以祝福＋。我，约克大主教威尔弗里德，我是该特许状的见证人，我同意同样的诅咒＋。我，塞克斯伍尔夫，先为院长，现为主教，我将我的诅咒以及我所有后任的诅咒加给破坏该特许状的人。我，埃塞尔雷德的王后奥斯思里思予以认可。我，教皇使节阿德里安予以同意。我，罗切斯特主教普塔予以赞同。我，伦敦主教沃尔德希尔予以确认。我，卡思博尔德院长予以同意，从而不论谁破坏它，愿他遭到全体主教和全体基督教徒的咒骂。阿门。

676　这年埃什温逝世，赫迪继任主教①，琴特温继承王位②。琴特温是基内吉尔斯的儿子，基内吉尔斯是切奥尔伍尔夫的儿子。③ 麦西亚国王埃塞尔雷德蹂躏肯特。

---

① 韦塞克斯主教。

② E本作“西撒克逊人王国的王位”。

③ E本无世系。

C(A,B)	E
678　这年出现叫做"彗星"的星。威尔弗里德主教被埃格弗里思国王从主教位置上赶下台。	这年叫做"彗星"的星在8月间出现，每天早上放射光芒达3个月之久，好像一道阳光。威尔弗里德主教被埃格弗里思国王从主教位置上赶下台，两名主教接替他任圣职，博萨任德伊勒主教，伊塔任伯尼西亚主教。埃德赫德受任为林齐人的主教，他是第一任林齐主教。
679　这年埃尔夫温[1]被杀。圣埃塞尔思里思逝世。	这年埃尔夫温在特伦特河附近被杀，埃格弗里思和埃塞尔雷德正在这里打仗。圣埃塞尔思里思逝世。科尔丁厄姆被天火所焚。

680　这年西奥多大主教在哈特菲尔德主持一次宗教会议，因为他想纠正对基督的信条。同年〔惠特比〕[2]女修道院院长希尔达逝世。

E

681　这年特朗伯特受任为赫克瑟姆主教，特朗温受任为皮克特人的主教，因为当时这些地方都从属于这个国家[3]。

① 诺森伯里亚国王埃格弗里思的兄弟。

② A，E，F本。

③ 指诺森伯里亚。

C(A,B,E)

682(683C) 这年琴特温把不列颠人一直赶到了海边。

E

684 这年埃格弗里思派军队侵入爱尔兰,并派他的郡长布里特随同军队前往。他们将天主的教堂惨加破坏烧毁。

C(A,B)

685 这年卡德瓦拉开始争夺王国[①]。卡德瓦拉是琴伯特的儿子,琴伯特是查达的儿子,查达是卡撒的儿子,卡撒是查乌林的儿子,查乌林是金里克的儿子,金里克是彻迪克的儿子;后来在肯特被烧死的穆尔是卡德瓦拉的兄弟。同年埃格弗里思国王被杀。埃格弗里思是奥斯威的儿

E

这年埃格弗里思命令将卡思伯特授任为主教,西奥多大主教就在复活节的第一天[②]在约克授任他为赫克瑟姆主教,[③]因为特朗伯特已被解除当地主教之职。同年,埃格弗里思国王于5月20日在大海[④]以北被杀,与他一起阵亡的还有一大支军队。他当了15年国王,他的兄弟奥尔德弗里思在他之后继位。这年卡德瓦拉开始争夺王国。同年肯特国王洛瑟尔逝世。约翰受任为赫克瑟

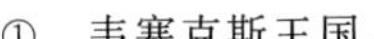

① 韦塞克斯王国。

② 3月26日。

③ 其后他与林迪斯凡主教伊塔交换主教管区。

④ 福斯湾。

子，奥斯威是埃塞尔弗里思的儿子，埃塞尔弗里思是埃塞尔里克的儿子，埃塞尔里克是伊达的儿子，伊达是伊奥帕的儿子。同年洛瑟尔逝世。姆主教，他一直在那里，直到威尔弗里德复职为止。随后约翰继任〔约克〕城的主教，因为博萨主教已经故去。后来他的神父威尔弗里德[①]被授予约克主教之职，约翰到他在德勒伍杜的修道院[②]去了。

F

685　这年不列颠出现血雨，牛奶和黄油都变成了血。

C(A,B,E)

686　这年卡德瓦拉和穆尔[③]蹂躏了肯特和怀特岛。

E

686[④]　这位卡德瓦拉赐给米兹汉姆斯特德的圣彼得修道院称为胡的地方，它位于埃弗利岛上。当时的院长是埃格博尔思，他是继塞克斯伍尔夫之后的第三任院长。西奥多那时在肯特任大主教。

① 威尔弗里德二世。

② 德勒伍杜意为“德伊勒人的丛林”，该修道院在贝弗利。

③ E本此处作“他的兄弟穆尔”。

④ 本段系据加蒙斯韦编译本译出。——译者注

C(A,B,E)

687 这年穆尔在肯特被烧死,有12人与他同归于尽。那年卡德瓦拉再次蹂躏肯特。

C(A,B)

688 这年伊尼继承了西撒克逊人的王国,掌国37年。同年卡德瓦拉前往罗马,由教皇给他施行洗礼,教皇称他为彼得。7天以后他逝世了。伊尼是琴雷德的儿子,琴雷德是切奥尔沃尔德的儿子,切奥尔沃尔德是基内吉尔斯的兄弟,他们两人都是卡思温的儿子,卡思温是查乌林的儿子,查乌林是金里克的儿子,金里克是彻迪克的儿子。

690 这年西奥多大主教逝世,布里特沃尔德继任其职。迄今为止,一直是罗马人任主教,[①]此后的主教是英格兰人。

E

这年卡德瓦拉前往罗马,由塞尔吉乌斯教皇为他施行洗礼,教皇赐名彼得。7天以后,他于4月20日逝世,身上穿着受洗礼时穿的袍子,他埋葬在圣彼得教堂。伊尼在他之后继承了西撒克逊人的王国,他统治了27年[②],然后前往罗马,在那里一直住到他逝世的那一天。

这年西奥多大主教逝世,他任主教已经22年,他埋葬在坎特伯雷。

① 原注称另一种修订本谓布里特沃尔德系在两年后继任,时间正确。斯旺顿注称此处主教实指大主教,而此前之多斯德迪特大主教为本地人。——译者注

② 37年之误。

E

692　这年布里特沃尔德在7月1日被推选为大主教。他曾任里卡尔弗的修道院院长。迄今为止，一直是罗马人任主教，此后的主教是英格兰人。当时肯特有两个国王，威特雷德和斯韦夫赫德[①]。

D(E)

693　这年7月3日，布里特沃尔德由高卢人的主教戈德温[②]授任为大主教。当时吉夫蒙德主教[③]已经逝世，布里特沃尔德授任托拜厄斯来接替他。德赖塞尔姆被护送离开人世。[④]

C(A,B,D,E)

694　这年肯特人同伊尼妥协，付给他3万〔便士〕[⑤]，因为他们烧死了穆尔。威特雷德继承肯特王位，掌国33年。威特雷德是埃格伯特的儿子，埃格伯特是厄康伯特的儿子，厄康伯特是埃德博尔德的儿子，埃德博尔德是埃塞尔伯特的儿子。

---

① E本和F本作韦布赫德。

② 里昂大主教。

③ 罗切斯特主教。

④ 比德《英吉利教会史》第5卷第12章谓此人死后见到冥府幻象，既而复生。E本称他为布里塞尔姆，误。

⑤ 原文只写30千，未写货币单位，原注谓肯定指便士，并指出B本和C本将“千”改为“镑”。加蒙斯韦编译本则注为B本和F本作3万镑，C本作30镑，但实际均指sceattas。伊尼统治时期，在肯特若以4 sceattas合1先令，则3万sceattas合7500先令。——译者注

D(E)

697　这年索森伯里亚人杀奥斯思里思,她是埃塞尔雷德的王后、埃格弗里思的姊妹。

698(699)　这年皮克特人杀郡长布里特[1]。

702(?)　这年琴雷德继位为索森伯里亚人的国王。[2]

C(A,B,D,E)

705(703)　这年赫迪主教逝世,他已执掌温切斯特教职 27 年。[3]

704　这年麦西亚人的国王彭达之子埃塞尔雷德当了修道士,他已掌国 29 年。其后琴雷德继位。

C(A,B)

705　这年诺森伯里亚人的国王奥尔德弗里思逝世,塞克斯伍尔夫主教也逝世。[4]

D(E)

这年诺森伯里亚人的国王奥尔德弗里思于 12 月 14 日在德里菲尔德逝世。其后他的儿子奥斯雷德继位。

① 原文作 Berht,比德称之为伯特雷德。

② 原注称此处内容与 704 年纪事重复,按照普卢默的说法,埃塞尔雷德退位前两人曾共治 2 年。加蒙斯韦编译本此处作“继麦西亚王位”。——译者注

③ 前文称赫迪于 676 年任主教,如在任 27 年,则应死于 703 年,但比德称 705 年赫迪仍在世,因此编年史中其接任的年份或在任年限有误。B 本和 C 本作 37 年。

④ 692 年塞克斯伍尔夫已死。

C(A,B,D,E)

709(708C) 这年树林[1]以西地区的主教奥尔德赫尔姆逝世。早在丹尼尔时期,西撒克逊人的土地分成两个主教管区,而在此前则只有一个。丹尼尔主管一个教区,[2]奥尔德赫尔姆主管另一个教区。福瑟尔继奥尔德赫尔姆为主教。切奥尔雷德继位为麦西亚人的国王。琴雷德赴罗马,奥法[3]随往。(本段以下部分 D[E])琴雷德一直住在罗马,直至寿终。同年,威尔弗里德主教死于昂德尔,遗体运往里彭。他任主教 45 年,埃格弗里思国王以前曾将他赶到罗马。

C(B)

710 这年郡长布里特弗思同皮克特人作战。[4] 伊尼和农纳同格兰特王作战。

D(E)

这年威尔弗里德的神父阿卡继掌威尔弗里德曾经主管的教区。那年郡长布里特弗思在埃文河和卡伦河之间同皮克特人作战。伊尼和他的亲属农同不列颠人的王格兰特作战。同年西格博尔德被杀。

---

① 塞尔伍德,该地为韦塞克斯东西两部分的分界。

② 两个主教管区指温切斯特和舍伯恩,丹尼尔任温切斯特主教。——译者注

③ 埃塞克斯国王。

④ 比德称此事发生于 711 年。

A

710　这年郡长布里特弗思同皮克特人作战。伊尼和他的亲属农同不列颠人的王格兰特作战。①

C(A,B,D,E)

714　这年神圣的古思拉克逝世。

715　这年伊尼和切奥尔雷德在"沃登古冢"交锋。

716(717? C)　这年诺森伯里亚国王奥斯雷德被杀。② 他在奥尔德弗里思之后掌国7年③。其后琴雷德继位，掌国2年。再后是奥斯里克，掌国11年。那年麦西亚国王切奥尔雷德④逝世，遗体安葬在利奇菲尔德，彭达之子埃塞尔雷德的遗体安葬在巴德尼。然后埃塞尔博尔德继麦西亚王位，掌国41年。埃塞尔博尔德是阿尔韦奥的儿子，阿尔韦奥是伊瓦的儿子，伊瓦是皮巴的儿子，皮巴的祖宗世系已见于上文。⑤ 令人尊敬的埃格伯特引导艾奥纳岛上的众修道士按照确切日期举行复活节仪式，并奉行宗教削发式⑥。

---

① 该项原不见于A本，10世纪中期在温切斯特补入。格兰特统治康沃尔的不列颠人。

② D本和E本称被杀于"边界线以南"。(译者按：即诺森伯里亚和麦西亚之间的边界。)

③ D本作8年。

④ B本和C本国王名字误。

⑤ D本和E本无世系。

⑥ D，E，F本作圣彼得削发式。

718 这年伊尼的兄弟英吉尔德逝世。他们的姊妹就是昆伯和卡思伯。卡思伯建立了温伯恩的修道院。她本来已嫁给诺森伯里亚人的国王奥尔德弗里思,但是他们生前就分开了。

721 这年丹尼尔前往罗马。同年伊尼杀基内伍尔夫。(本段以下部分D[E])后者是王子。这年神圣的约翰主教逝世。他任主教33年8个月零13天。他的遗体安葬在贝弗利。

722 这年埃塞尔伯王后拆毁伊尼建造起来的汤顿。被放逐的埃尔德伯特逃进萨里和萨塞克斯。伊尼同南撒克逊人作战。①

C(A,B)	**D(E)**
725 这年肯特人的国王威特雷德逝世。〔伊尼同南撒克逊人作战,并在那里杀死埃尔德伯特。〕②	这年肯特人的国王威特雷德于4月23日逝世。他统治了34年。伊尼同南撒克逊人作战,并在那里杀死他所放逐的埃尔德伯特王子。③

726(728A) 这年伊尼前往罗马。④ 埃塞尔赫德继位为西撒克逊人的国王,在位14年。⑤ 同年,埃塞尔赫德和王子奥斯瓦尔德交战。奥斯瓦尔德是埃塞尔博尔德的儿子,埃塞尔博尔德是基

---

① D,E,F本无末句。

② 此句内容不见于B本和C本,但见于A,D,E本,原本编年史中肯定有之。

③ F本无末句。F本以及A本中坎特伯雷增补部分均有"埃德伯特继威特雷德为王"之语。

④ A本行间插入"死于那里"一语,G本亦有此语。

⑤ E本和F本本年纪事至此为止。

内博尔德的儿子，基内博尔德是卡思温的儿子，卡思温是查乌林的儿子。

D(E)

727　这年罗切斯特主教托拜厄斯逝世，布里特沃尔德大主教授任埃尔德伍尔夫为主教来接替他。

C(A,B)

729　这年出现叫做"彗星"的星，圣埃格伯特逝世。

D(E)

这年出现两颗彗星。同年当了11年国王的奥斯里克逝世，神圣的埃格伯特死于艾奥纳。切奥尔伍尔夫继王位，在位8年。

A(D,E)

730　这年奥斯瓦尔德王子逝世。[①]

C(A,B)

731　这年诺森伯里亚人的国王奥斯里克被杀。[②] 切奥尔伍尔夫继位，在位8年。切奥尔伍尔夫是卡撒的儿子，卡撒是卡思温的儿子，卡思温是利奥德沃尔德的儿子，利奥德沃尔

E(D)

这年布里特沃尔德大主教于1月13日逝世。他任主教37年6个月零14天。同年塔特温被授任为大主教。他曾在麦西

① 同C(A,B)725年部分注。

② 奥斯里克死于729年。

德是埃格沃尔德的儿子，埃格沃尔德是埃尔德赫尔姆的儿子，埃尔德赫尔姆是奥贾的儿子，奥贾是伊达的儿子，伊达是伊奥帕的儿子。布里特沃尔德大主教逝世，同年塔特温被授任为大主教。

亚的布里登任神父。他是于 6 月 10 日由温切斯特主教丹尼尔、伦敦主教英格沃尔德、利奇菲尔德主教埃尔德温和罗切斯特主教埃尔德伍尔夫授任的。

C(A,B,D,E)

733 这年埃塞尔博尔德占领萨默顿。出现日食。[①]（本段以下部分 D[E]）阿卡被赶出他的主教管区。[②]

734 这年月亮看来像是鲜血弥漫，塔特温和比德逝世。（本段以下部分 D[E]）埃格伯特被授任为主教。[③]

D(E)

735 这年埃格伯特主教接受来自罗马的披肩。

C(A,B,D,E)

736 这年诺塞尔姆大主教[④]接受得自罗马主教的披肩。

737 这年福瑟尔主教和弗里索吉思王后[⑤]前往罗马。（本段

① F 本尚有“太阳的整个圆环变得像一块黑色的盾牌”之语。

② 其主教管区为赫克瑟姆。确切年份可能为 731 年。

③ 比德可能死于 735 年。埃格伯特受任于 732 年。

④ 坎特伯雷大主教。

⑤ 韦塞克斯国王埃塞尔赫德之妻。

以下部分 D[E])切奥尔伍尔夫国王接受圣彼得削发式[①],把国家交给叔叔的儿子埃德伯特,埃德伯特在位 21 年。埃塞尔沃尔德主教和阿卡逝世。[②] 基内伍尔夫被授任为主教[③]。同年埃塞尔博尔德国王蹂躏诺森伯里亚。

738 这年埃德伯特——他是伊塔的儿子,伊塔又是利奥德沃尔德的儿子——继位为诺森伯里亚人的国王,在位 21 年。他的兄弟是伊塔的儿子埃格伯特大主教。他们两人都葬在约克城的同一座礼拜堂里。

740(741A) 这年埃塞尔赫德国王逝世,卡思雷德[④]继位为西撒克逊人的国王,在位 16 年[⑤]。他同埃塞尔博尔德国王坚强作战。卡思伯特被授任为大主教,邓恩被授任为罗切斯特主教。

D(E)

741 这年约克被烧成平地。

F

742 这年在克洛费肖召开了一次大型宗教会议,麦西亚国王埃塞尔博尔德以及卡思伯特大主教和许多贤明人士出席。[⑥]

---

① 即举行教士宣誓。

② 埃塞尔沃尔德为林迪斯凡主教。或谓两人均死于 740 年。

③ 林迪斯凡主教。

④ D 本和 E 本作“他的亲属卡思雷德”。

⑤ A, D, E 本为 16 年,B 本和 C 本误为 26 年。

⑥ 这条记载未必可信。

C(A, B, D, E)

743　这年埃塞尔博尔德和卡思雷德同不列颠人[①]作战。

744　这年丹尼尔在温切斯特辞职，亨弗里思继任主教。（本段以下部分 D[E]）流星常现。曾任约克主教的年纪较小的威尔弗里德[②]于 4 月 29 日逝世。他曾任主教 30 年。

745　这年丹尼尔逝世，自他继任主教以来已经过去 43 年[③]。

746　这年塞尔雷德[④]国王被杀。

748(747C)　这年西撒克逊人的一个王子金里克被杀。肯特人的国王埃德伯特逝世。[⑤]

750　这年卡思雷德国王同傲慢的郡长埃塞尔亨作战。

752　这年，也就是卡思雷德在位的第 12 年，他在贝奥福德同埃塞尔博尔德作战。（本段以下部分 D[E]）埃塞尔博尔德是麦西亚人的国王，卡思雷德将他打得逃之夭夭。

753　这年卡思雷德同不列颠人作战。

756(754)[⑥]　这年卡思雷德逝世。基内赫德继亨弗里思之后任温切斯特主教。这年坎特伯雷烧成平地。西吉伯特[⑦]继承西撒

---

① 此处及下文 753、757 诸年纪事中的不列颠人在加蒙斯韦编译本中均作威尔士人。——译者注

② 即威尔弗里德二世，参见 685 年纪事有关脚注。——译者注

③ E 本作 46 年，实际应为 40 年。

④ 东撒克逊人的国王。

⑤ A 本坎特伯雷增补部分有“他由威特雷德国王之子埃塞尔伯特继位”之语。

⑥ 从这年到 845 年，现存各稿本的年份（括弧中者）均比实际年份早两三年，当系所共同依据的原本有误。

⑦ D 本和 E 本均作“他的亲属西吉伯特”。（译者按：指卡思雷德的亲属。）

克逊人的王国，在位 1 年。

757(755) 这年基内伍尔夫和西撒克逊人的议政大臣们剥夺了西吉伯特[①]的王国，只有汉普郡除外，因为他的所作所为有失公正。他保留汉普郡直到他杀死了支持他最久的那个郡长为止，这时基内伍尔夫将他赶进威尔德地区[②]。他一直住在那里，直到一个养猪人在普里维特的溪边将他刺死，这个人是为郡长坎布拉报仇。基内伍尔夫经常同不列颠人大战。当他在位已 31 年[③]时，他想把名字叫基内赫德的王子赶出去，基内赫德就是前面提到的西吉伯特的兄弟。基内赫德发现国王正带着一小支随从人员在梅雷顿看望他的情妇，他到那里去对国王进行突然袭击，伴随国王的那些人还没有发觉他，他就包围了居室。

然后国王觉察到这种情况，走到门口，英勇自卫，直到他看见了那个王子。〔于是他向王子冲去，将他击成重伤。〕[④]接着他们一齐攻打国王，直到将他杀死。然后，由于那个妇女的喊叫，国王的塞恩们知道了这场骚乱，他们各自做好准备随即〔尽快〕[⑤]奔往肇事地点。王子向每个人提出给以金钱，饶其性命，他们没有一个人肯接受，而是继续战斗，直到除了一名不列颠人质以外，全部战死，而这个人质也身受重伤。

后来到了早上，那些留在原地的国王的塞恩们听说国王已经

① D本和E本均作“他的亲属西吉伯特”。（译者按：指卡思雷德的亲属。）

② 参见前文 477 年纪事部分注。——译者注

③ A，B，C本作 31 年，D本作 21 年，E本作 16 年，而《圣尼茨年代记》(*Annals of St. Neots*)中作 29 年，正确。

④ C本无此语。

⑤ B本和C本无此语。

被杀，就骑马前往出事地点，——这些人是：他的郡长奥斯里克，他的塞恩威格弗里思，还有他留下的那些人。——他们发现王子就在被杀的国王躺在那里的堡垒里，——他们已经把大门都锁上，——然后他们去到那里。于是王子提出他们若能许以王国，他就按照他们所提出的条件给以金钱土地，并且告诉他们，他们的亲属跟他在一起，而他们是不会抛弃他的。他们回答说，对他们来说，没有亲属比他们的封君更亲，他们决不给杀他们封君的凶手效劳；他们向自己的亲属提议可以走开，不受伤害。他们的亲属说，同样的建议也曾向跟随在国王身边的他们的伙伴们提出过，而且他们还说，他们对于这个建议不会“比与国王同归于尽的你们的伙伴们”还重视。于是来者走上前去，在大门一带交锋，直至闯了进去，杀死王子和他身边的人，除了那位郡长的教子以外，统统杀掉，这人虽然多次受伤，却保住了性命。基内伍尔夫在位 31 年，遗体葬在温切斯特，王子的遗体葬在阿克斯明斯特。他们的真正祖先上溯到彻迪克。

同年，麦西亚人的国王埃塞尔博尔德在塞金顿被杀，遗体葬在雷普顿。[①] 伯恩雷德继王位，他只在位短短一段时间，处境也很不幸。同年奥法继位[②]，在位 39 年。他的儿子埃格弗里思在位 141 天。奥法是辛弗里思的儿子，[③]辛弗里思是恩伍尔夫的儿子，恩伍尔夫是奥斯莫德的儿子，奥斯莫德是伊瓦的儿子，伊瓦是皮巴的儿子，皮巴是克里奥达的儿子，克里奥达是基内沃尔德的儿子，基内

① D 本和 E 本有“他在位 41 年”之语。

② D 本和 E 本此处作“赶跑伯恩雷德并继位”。

③ D,E,F 本无此后世系。

沃尔德是克内巴的儿子，克内巴是伊切尔的儿子，伊切尔是伊奥默的儿子，伊奥默是安格尔休的儿子，安格尔休是奥法的儿子，奥法是沃蒙德的儿子，沃蒙德是威特莱的儿子，威特莱是沃登的儿子。

D(E)

758(757) 这年诺森伯里亚人的国王埃德伯特接受削发式，他的儿子奥斯伍尔夫继位，在位 1 年。7 月 24 日[①]，他府邸里的人将他杀死。

759 莫尔·埃塞尔沃尔德[②]继位为诺森伯里亚国王，在位 6 年，然后失国。

C(A,B,D,E)

760(758) 这年卡思伯特大主教逝世。[③]

761(759) 这年布雷戈温在米迦勒节[④]被授任为大主教。

762(760) 这年肯特人的国王埃塞尔伯特逝世。(本段以下部分 D[E])切奥尔伍尔夫[⑤]也逝世。

763(762C;761A,D,E,F) 这年出现严冬。

① E 本作 24 日，D 本作 25 日。

② 此人为贵族，但不属于王族血统。原文该段内容续在 761(759)年纪事之末，因实际时间靠前，故移于此。——译者注

③ F 本尚有“他任该教职 18 年”之语。

④ 9 月 29 日。——译者注

⑤ 曾为诺森伯里亚国王，原注谓其卒年不详，加蒙斯韦编译本注为 764 年。——译者注

D(E)

761　诺森伯里亚国王莫尔于8月6日在埃德温斯克利夫杀奥斯温①。

C(A,B,D,E)

765(763A,C;762D,E,F)　这年詹伯特于圣诞节后第40天被授任为大主教。

D(E)

763(762)　惠特霍恩主教弗里苏沃尔德于5月7日逝世,他是在切奥尔伍尔夫在位的第6年于8月15日在城里②被授任教职的,任主教29年。后来佩特温于7月17日在埃尔维特被授任为惠特霍恩主教。

C(A,B)

766(764)　这年詹伯特接受披肩。

---

①　奥斯温为王子,西米恩《列王传》(*History of the Kings*, attributed to Simeon of Durham)谓双方于8月6日交战于艾尔登,3天后的星期日,奥斯温战死。——译者注

②　约克。

D(E)

765　这年阿尔雷德继位为诺森伯里亚国王，他在位 9 年[①]。

766　这年约克大主教埃格伯特于 11 月 19 日逝世，他曾任主教 37 年[②]。赫克瑟姆主教弗里苏伯特也逝世，他曾任主教 34 年[③]。埃塞尔伯特被授予约克教职，阿尔蒙德被授予赫克瑟姆教职。

768　这年伊塔之子埃德伯特于 8 月 20 日逝世。[④]

C(A,B,D,E)

774(772)　这年米尔雷德主教[⑤]逝世。

D(E)

774　这年诺森伯里亚人在复活节将他们的国王阿尔雷德赶出约克，立莫尔的儿子埃塞尔雷德为君，他在位 4 年。

C(A,B,D,E)

776(774C,D,E,F,G;773A)　这年日落以后天空中出现一

① E 本作 8 年。

② E 本作 36 年，但正确年数应为 34 年。（译者按：斯旺顿编译本中埃格伯特死于 11 月 10 日。）

③ E 本作 33 年。（译者按：加蒙斯韦编译本 E 本为 34 年。但其他两种编译本均将本段以下纪事归入 767 年。）

④ 这句系在坎特伯雷补入 A 本，E 本日期作 19 日。

⑤ 伍斯特主教。

个红十字。麦西亚人和肯特人在奥特福德交战。在萨塞克斯，人们见到奇特的蝰蛇。

D(E)

776[①] 这年佩特温主教于9月19日逝世，他任主教14年。

C(A,B,D,E)

779(777) 这年基内伍尔夫和奥法在本辛顿一带交战，奥法攻占该镇。[②]

D(E)

777 同年，埃塞尔伯特于6月15日在约克被授任为惠特霍恩主教。

E

779(777)[③] 这位奥法国王在位期间，米兹汉姆斯特德有个名叫伯恩纳的院长。这位伯恩纳按照修道院里全体修道士的建议，将斯温斯黑德地方的10块田[④]连同牧场、草地以及一切附属设施租给卡思伯特郡长，其条件是卡思伯特为此付给院长50镑，

---

① 西米恩《列王传》作777年。

② 本辛顿在牛津东南，濒临泰晤士河，该地在加蒙斯韦编译本和《韦氏地名新词典》(*Webster's New Geographical Dictionary*)中均为村。——译者注

③ E本这部分内容系据加蒙斯韦编译本译出。——译者注

④ bondeland，每块可能相当于1海德，即农民的正常份地。——加蒙斯韦编译本注

并且每年供给1天的食物或30先令现金；而且在他死后，上述土地应归还修道院。出席作证的有奥法国王、埃格弗里思国王、希格伯特大主教、切奥尔伍尔夫主教和昂沃纳主教、[①]伯恩纳院长，以及许多其他主教、院长和多位其他显要人士。这同一位奥法在位期间，有个名叫布罗达的郡长，他请求国王出于对他的爱顾，免除他的一座名叫沃金的教堂的义务，因为他想将这座教堂赠送给米兹汉姆斯特德、圣彼得和当时的院长，这位院长叫普萨，是伯恩纳的后任，国王非常喜爱他。国王于是免除了沃金教堂对国王、对主教、对伯爵和对所有人的义务，从而除了圣彼得和院长以外，没有人在那里享有权威。这是在弗里奥里克伯纳王室庄园里批准的。

D(E)

778　这年埃塞尔博尔德和赫德伯特于3月22日杀死3名大管事[②]，在科尼斯克利夫杀博萨之子埃德伍尔夫，在赫拉瑟农杀基内伍尔夫和埃贾。后来埃尔夫沃尔德继王位，将埃塞尔雷德赶出国境[③]，他在位10年。

C(A,B,D,E)

782(780A,C;779D,E)　这年居住在故土的萨克森人同法兰

① 后3人的教区分别是利奇菲尔德、林齐和莱斯特。——加蒙斯韦编译本注

② high-reeve，reeve原为王室庄园管事，其中某些人的职权范围超越庄园而在地方上担负一定的职责，称为大管事。——译者注

③ 斯旺顿编译本作“赶至乡间”，西米恩《列王传》谓将其放逐，并将此事列在779年。——译者注

克人作战。

D(E)

779[①] 诺森伯里亚人的众大管事在12月25日[②]将伯恩郡长烧死于塞莱顿。埃塞尔伯特大主教在城里[③]逝世,他的教职原先已经授予恩博尔德。林迪斯凡主教基内伍尔夫辞职。

780[④] 这年赫克瑟姆主教阿尔蒙德于9月7日[⑤]逝世,10月2日蒂尔伯特被授予他的教职。希格博尔德在索克本被授任为林迪斯凡主教。埃尔夫沃尔德国王派人去罗马取披肩,并授任恩博尔德为大主教。

782[⑥] 这年切奥尔雷德的王后沃伯和林迪斯凡主教基内伍尔夫逝世。在阿克利举行了一次宗教会议。

F

784 (拉丁文)这时埃尔蒙德国王统治肯特。(英文)这位埃尔蒙德国王是埃格伯特的父亲,埃格伯特是埃塞尔伍尔夫的父亲。

---

① 西米恩《列王传》作780年。

② E本作12月24日。

③ 约克。

④ 西米恩《列王传》中为781年,而他的《达勒姆教会史》(*History of the Church of Durham*)中为780年。这两年的10月2日均非星期日。

⑤ 其他两种编译本作8日。——译者注

⑥ 西米恩《列王传》中为783年。

C(A,B,D,E)

786(784A,D,E;783C) 这年基内赫德杀基内伍尔夫国王,[①]而他自己也和84人同遭杀害。其后布里特里克继承西撒克逊人的王国,他在位16年,他的遗体葬在韦勒姆;他的真正父系祖先上溯到彻迪克。

D(E)

786?(785) 这年里彭修道院院长博特温逝世。

C(A,B,D,E)

787(785) 这年在切尔西开了一次争争吵吵的宗教会议,詹伯特大主教丧失了一部分他的教省,希格伯特被奥法国王所选定。[②] 埃格弗里思接受涂油成为国王。[③]

D(E)

786(785) 这时,哈德良教皇自罗马向英格兰派来信使,重申曾由圣格雷戈里通过奥古斯丁主教给我们送来的信仰和友谊。他们受到十分尊荣的接待和友好的送行。

---

① 此事见757年纪事。

② 此次会议决定原来坎特伯雷大主教属下的利奇菲尔德主教管区成为大主教管区,奥法选择希格伯特掌管该教区。——译者注

③ 埃格弗里思为奥法之子,奥法请新任大主教或教皇使节为其涂油,以示神圣,父子共同治国。原注称这是英国历史上第一次提到国王登位时的涂油仪式。——译者注

C(A,B,D,E)

789(787)　这年布里特里克国王娶奥法的女儿埃德伯为妻。他在位时,第一次驶来了3条北方人[①]的船,于是管事[②]骑马迎上前去,希望迫使他们前往国王住地,因为他不知道他们是干什么的。他们将他杀死。那些是第一批来到英格兰人土地上的丹麦人的船。

D(E)

787(788)　这年9月2日,在诺森伯里亚的平坎希尔开了一次宗教会议。里彭[③]修道院院长埃尔德伯特逝世。

788(789)　这年诺森伯里亚国王埃尔夫沃尔德在9月23日被西贾所杀。在他被杀之处,时常见到一道天光。他埋葬在赫克瑟姆教堂里。在阿克利开了一次宗教会议。在他之后,阿尔雷德的儿子,也就是埃尔夫沃尔德的侄辈奥斯雷德继位。

C(A,B,D,E)

792(790)　这年詹伯特大主教逝世,同年,修道院院长[④]埃塞尔赫德被选为大主教。

---

① A本无"北方人";D,E,F本谓这些人"来自霍塔兰"(在今挪威),《圣尼茨年代记》中谓这些人在波特兰登陆。

② 埃塞尔沃德记述此人名比杜赫德,当时在多切斯特,他以为来者是买卖人,遂带少数人骑马去港口,结果均被杀。

③ 只有D本提到里彭。

④ F本作劳斯修道院院长。

D(E)

790　诺森伯里亚国王奥斯雷德遭到叛卖，并且从国内被赶了出去，埃塞尔沃尔德的儿子埃塞尔雷德再次继位。

791　这年巴德伍尔夫[①]在7月17日由恩博尔德大主教和埃塞尔伯特主教[②]授任为惠特霍恩主教。

C(A,B,D,E)

794(792)　这年麦西亚人的国王奥法下令将埃塞尔伯特[③]斩首。

D(E)

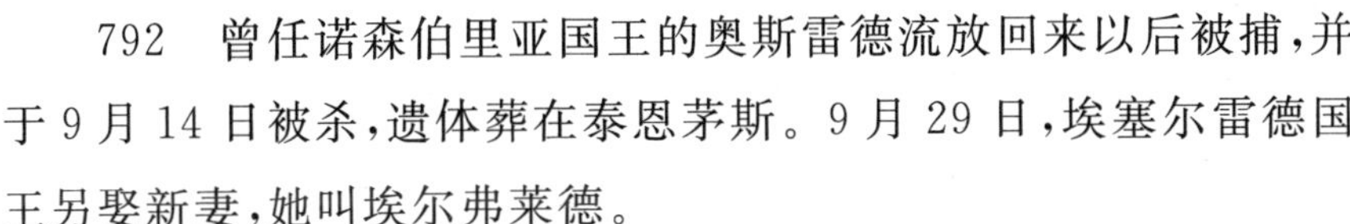

792　曾任诺森伯里亚国王的奥斯雷德流放回来以后被捕，并于9月14日被杀，遗体葬在泰恩茅斯。9月29日，埃塞尔雷德国王另娶新妻，她叫埃尔弗莱德。

793　这年诺森伯里亚出现了可怕的凶兆，把人们吓坏了。它们包括狂猛的旋风[④]和闪电，又看见火龙在空中飞舞。一场严重的灾荒立即继这些朕兆而来。同年不久之后，6月8日，异教徒将林迪斯凡的天主的教堂惨加破坏，又抢又杀。西贾在2月22日逝世。

① 或作鲍尔德伍尔夫。

② 赫克瑟姆主教。

③ 东盎格利亚国王。

④ E本无“旋风”。

C(A,B,D,E)

796(794)　这年哈德良教皇和奥法国王逝世。[①] 诺森伯里亚国王埃塞尔雷德[②]被他自己的臣民所杀。切奥尔伍尔夫主教和埃德博尔德主教[③]离开他们的国家。埃格弗里思继位为麦西亚国王，当年逝世。埃德伯特，别名普兰，继肯特王位。

D(E)

794　埃塞尔赫德郡长于8月1日逝世。异教徒肆扰诺森伯里亚，抢劫唐穆森[④]埃格弗里思的修道院，他们的头目之一就地被杀，还有几条船被风暴打得粉碎。许多人在那里淹死了。有些人活着上了岸，立即在河口被杀。

796(795)　这年3月28日在鸡鸣和黎明之间出现月食。

5月14日，厄德伍尔夫继位为诺森伯里亚国王，然后于5月26日在约克由恩博尔德大主教、埃塞尔伯特、希格博尔德和巴德伍尔夫为其涂油，登基为王。

796　这年麦西亚人的国王奥法于7月29日[⑤]逝世，他在位已40年。同年恩博尔德大主教死于8月10日，遗体葬于约克。也在这同一年，切奥尔伍尔夫主教逝世。8月14日，恩博尔德二

---

① 哈德良死于795年12月25日，奥法死于796年7月29日。

② D本和E本有“于4月19日”之语。

③ 伦敦主教。

④ 意即“唐河河口”，西米恩《达勒姆教会史》中认为其地即贾罗。

⑤ E本误为8月10日。

世受任圣职接替另外那位恩博尔德。

C(A,B,D,E)

798(796)　这年麦西亚人的国王琴伍尔夫蹂躏肯特和沼泽地带的人民,[①]抓住他们的国王普兰,将他套上脚镣带到麦西亚。

F

796[②]……他们将他的双眼弄瞎,双手砍掉。坎特伯雷大主教埃塞尔赫德安排了一次宗教会议,根据利奥教皇的指令,确立并批准了威特雷德国王和其他国王在位期间所制定的一切有关天主修道院的事项。

C(A,B,D,E)

799(797)　这年罗马人割掉了利奥教皇的舌头,弄瞎了他的眼睛,把他赶出他的教区。可是由于天主之助,他旋即看得见又能说话,又像过去那样当了教皇。

D(E)

797[③]　9 月 8 日恩博尔德接受披肩。埃塞尔伯特主教于 10 月 16 日逝世,10 月 30 日赫德雷德被授任为主教来接替他。

① 即拉姆尼沼泽。A 本作“直至沼泽地带”,但其他稿本和埃塞尔沃德所记均如上。

② 其他两种编译本核定为 798 年。——译者注

③ F 本此项作 798 年,该年 10 月 30 日为星期日,797 年则为 29 日。

798　春天4月2日,在诺森伯里亚的沃利发生一场大战,赫德伯特的儿子阿尔里克战死,许多人与他一起阵亡。

F

798　埃尔夫亨主教[①]在萨德伯里逝世,葬于邓尼奇,蒂德弗里思被推举接其后任。东撒克逊人的国王西吉里克前往罗马。同年,在德勒姆发现威特伯的遗体在她离开人世55年之后完好不腐。

C(A,B,D,E)

801(799)　这年埃塞尔赫德大主教和西撒克逊人的主教基内伯特前往罗马。

D(E)

800　这年1月16日前夕[②]的第2时出现月食。

C(A,B,D,E)

802(800)　这年布里特里克国王和沃尔郡长逝世。埃格伯特继承了西撒克逊人的王国。就在那天,埃塞尔蒙德郡长骑马从惠

---

① 邓尼奇主教。

② 斯旺顿编译本作"1月16日之夜"。——译者注

凯人[①]的省区前行，在肯普斯福德越过边境[②]。韦奥斯坦郡长带着威尔特郡的人与他对抗，于是发生一场大战。两个郡长都阵亡了，威尔特郡人取得了胜利。

D

804(801)　这年伯恩莫德被授任为罗切斯特主教。

D(E)

802　这年5月20日黎明出现月食。[③]

803　这年林迪斯凡主教希格博尔德于5月25日[④]逝世，6月11日埃格伯特受任接替其位。

C(A,B,D,E)

804(802)　这年伯恩莫德被授任为罗切斯特主教。

805(803)　这年埃塞尔赫德大主教逝世，伍尔弗雷德被授任为大主教。修道院院长福思雷德逝世。[⑤]

806(804)　这年伍尔弗雷德大主教接受披肩。

807(805)　这年卡思雷德国王在肯特逝世，女修道院院长切

---

① 惠凯人在7世纪时住在今格洛斯特郡、伍斯特郡和西半部的沃里克郡一带，所建国家曾从属于麦西亚，最后为其所并。——译者注

② 即越过泰晤士河上游自格洛斯特郡进入威尔特郡。——斯旺顿编译本注

③ 原文为12月20日，当系笔误，802年的月食实发生于5月21日。

④ 此处原文似亦有误，应为6月24日。（译者按：其他两种编译本E本该年纪事即作6月24日。）

⑤ D,E,F本无末句。

奥尔伯[1]和郡长赫伯特[2]也逝世。

D(E)

806　这年9月1日出现月食。诺森伯里亚国王厄德伍尔夫从他的王国被驱逐出去。[3] 赫克瑟姆主教恩伯特逝世。

F

806　同年6月4日星期三黎明,月亮里显现出十字符号。这年8月30日太阳周围显现出一道奇异的圆环。

809　7月16日,一周的第2天[4],太阳历的第29天,在第5时开始之际出现日食。

C(A,B,D,E)

814(812A,C,D,E;814F)　这年查理国王[5]逝世,他已在位45年。伍尔弗雷德大主教和西撒克逊人的主教威格伯特都去了罗马。

815(813A,C,D,E;815F)　这年伍尔弗雷德大主教带着利奥教皇的祝福回到他的主教管区。该年埃格伯特国王在康沃尔由东向西大肆破坏。

---

① 伯克利女修道院院长。
② D本和E本作赫德伯特。
③ 有些史料以808年为其被逐之年。
④ 加蒙斯韦编译本作星期二。——译者注
⑤ 即查理大帝。——译者注

816(814A,C,D,E;816F)　这年高尚而神圣的利奥教皇逝世，其后由斯蒂芬继任教皇。

817(815E;816A,C,D;817F)　这年斯蒂芬教皇逝世，帕斯卡尔在他之后被授任为教皇。同年罗马的英格兰区[1]被烧成平地。

821(819A,C,D,E;822F)　这年麦西亚人的国王琴伍尔夫逝世，切奥尔伍尔夫继位。郡长埃德伯特逝世。

823(821)　这年切奥尔伍尔夫被夺国。

824(822)　这年伯赫尔姆和穆卡两位郡长被杀。在克洛费肖召开了一次宗教会议。

825(823)　这年不列颠人和德文地方的人在加尔福德交战。同年埃格伯特[2]和麦西亚人的国王伯恩伍尔夫在劳顿[3]交锋，埃格伯特获胜，杀戮惨重。随后他自军中派遣他的儿子埃塞尔伍尔夫、他的主教埃尔斯坦[4]，还有他的郡长伍尔夫赫德率领一支大军前往肯特。他们将贝尔德雷德国王赶得向北逃去，过了泰晤士河。于是肯特人、萨里人[5]、南撒克逊人和东撒克逊人都归顺于他，因为他们过去乃是不公正地被迫离开他的亲属的。同年，东盎格鲁人的国王和当地的人[6]向埃格伯特请和，要求予以保护，因为他们

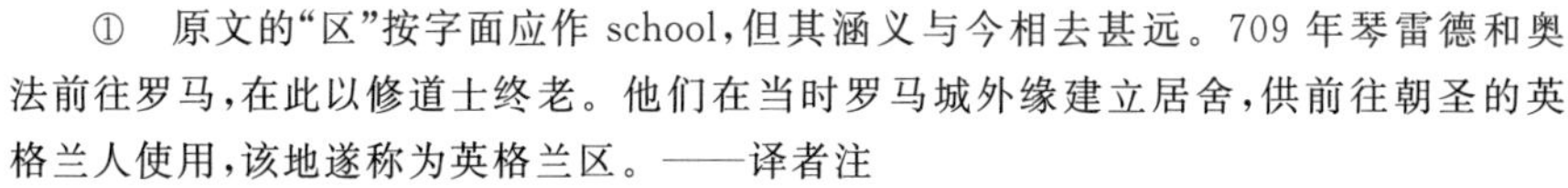

① 原文的“区”按字面应作 school，但其涵义与今相去甚远。709 年琴雷德和奥法前往罗马，在此以修道士终老。他们在当时罗马城外缘建立居舍，供前往朝圣的英格兰人使用，该地遂称为英格兰区。——译者注

② D 本和 E 本作“西撒克逊人的国王埃格伯特”。

③ 原来作埃伦登(*Ellendun*)，今由劳顿这个地名取代。

④ 舍伯恩主教。

⑤ 萨里曾为麦西亚属国。——译者注

⑥ 加蒙斯韦编译本作“朝臣”。——译者注

畏惧麦西亚人。也在这年，东盎格鲁人杀麦西亚国王伯恩伍尔夫。

827(825) 这年麦西亚人的国王卢德卡被杀，他的5名郡长与他同归于尽。威格拉夫继位。

829(827) 这年圣诞节前夜[①]出现月食。那年埃格伯特国王征服麦西亚人的王国和亨伯河以南各地。他是第八位成为“布雷特瓦尔达”[②]的国王。享有如此巨大权威的第一个国王是南撒克逊人的国王埃尔，第二个是西撒克逊人的国王查乌林，第三个是肯特人的国王埃塞尔伯特，第四个是东盎格鲁人的国王雷德沃尔德，第五个是诺森伯里亚人的国王埃德温，第六个是他的后任奥斯瓦尔德，第七个是奥斯瓦尔德的兄弟奥斯威，第八个是西撒克逊人的国王埃格伯特。埃格伯特率军前往多尔[③]，去进攻诺森伯里亚人。他们归顺于他，同他讲和，于是双方各自退去。

830(828) 这年威格拉夫再次得到麦西亚王国。埃塞尔沃尔德主教[④]逝世。同一年，埃格伯特国王率军进入威尔士人居地，使他们全都降服于他。

832(829) 这年伍尔弗雷德大主教逝世。

F

829 4月25日，修道院院长费奥洛吉尔德被推选为继其后

① 原注称月食发生于12月25日凌晨，其他两种编译本注为828年12月25日。——译者注

② Bretwalda，意即“不列颠统治者”，译为“盎格鲁-撒克逊盟主”。——译者注

③ 在北德比郡，当时靠近诺森伯里亚的边界。

④ 利奇菲尔德主教。

任的大主教。他于6月9日星期日被授予圣职，[①]8月30日逝世。

C(A,B,D,E)

833(830) 这年切奥尔诺思被推选为主教[②]，并受任圣职，修道院院长费奥洛吉尔德逝世。

834(831) 这年切奥尔诺思大主教接受披肩。

835(832) 这年异教徒蹂躏谢佩。

836(833) 这年埃格伯特国王在卡汉普顿同35艘船[③]所载的一帮人交战，那里发生了一场大屠杀。丹麦人据有战场。赫里弗里思和威格森两位主教，[④]以及杜达和奥斯莫德两位郡长逝世。

838(835) 这年一大支海上队伍来到西威尔士人[⑤]那里，后者与他们联合起来，前来攻打西撒克逊人的国王埃格伯特。他听说后，率军前往，[⑥]在兴斯顿唐同他们交锋，把威尔士人和丹麦人都赶跑了。

839(836) 这年埃格伯特国王逝世。早些时候，在他即位为王以前，麦西亚人的国王奥法和西撒克逊人的国王布里特里克曾将他从英格兰驱逐到法兰西3年。布里特里克帮助奥法，是因为

① 其他两种编译本核定此事的年代应为832年，原注亦称6月9日在832年为星期日。——译者注

② 其他两种编译本E本译文作“〔大〕主教”。——译者注

③ D，E，F本作25艘。斯旺顿编译本注称卡汉普顿在萨默塞特，为一处王室地产。——译者注

④ 两人先后出现在温切斯特主教的名单上。

⑤ 康沃尔地区的威尔士人。

⑥ 此处系据B本。

他娶奥法的女儿为妻。[①] 埃格伯特在位 37 年零 7 个月。然后埃格伯特之子埃塞尔伍尔夫继位为西撒克逊人的国王，后者又将肯特人的王国以及东撒克逊人[②]、萨里人和南撒克逊人的王国给予他的儿子阿塞尔斯坦[③]。

840(837)　这年伍尔夫赫德郡长在南安普顿同 33 艘船[④]所载的人交战，在那里进行大屠杀，并且取得胜利。伍尔夫赫德就在那一年逝世。同年，埃塞尔赫尔姆郡长率领多塞特人在波特兰同丹麦军队作战，很长时间之内他都打退了丹麦人，[⑤]但是丹麦人占据着战争场地，杀死了郡长。

841(838)[⑥]　这年赫里伯特郡长在沼泽地带[⑦]被异教徒所杀，一起被杀的还有许多人。这年晚些时候，在林齐、东盎格利亚和肯特，许多人被敌人杀害。

842(839)　这年在伦敦、昆塔维克[⑧]和罗切斯特发生了大屠杀。

843?(840A,D,E,F;841C)　这年埃塞尔伍尔夫国王在卡汉普顿同 35 艘船所载的人交战，丹麦人据有战场。

845?[⑨]　这年恩伍尔夫郡长率领萨默塞特人，埃尔斯坦主教

---

① D,E,F 本无此句。

② D，E，F 本漏掉“东撒克逊人”。

③ D，E，F 本误将阿塞尔斯坦作为埃格伯特之另一子。

④ C 本作 34 艘。

⑤ D,E,F 本无此语。

⑥ E 本和 F 本无此年纪事。

⑦ 即拉姆尼沼泽。

⑧ 该地在法国埃塔普勒附近，C 本将其改为坎特伯雷。

⑨ 其他两种编译本注明正确年代为 848 年。——译者注

和奥斯里克郡长率领多塞特人，在帕雷特河口同丹麦军队作战，在那里大肆杀戮，取得胜利。

851(853C)　这年切奥尔郡长率领德文人组成的队伍在威甘堡同异教徒军队作战，英格兰人在那里大杀一阵，取得胜利。异教徒第一次在萨尼特过冬。[1] 同年，350 艘船开进泰晤士河口，猛攻坎特伯雷和伦敦[2]，打得麦西亚国王布里特伍尔夫带着军队逃跑。入侵者南渡泰晤士河，进入萨里。埃塞尔伍尔夫国王和他的儿子埃塞尔博尔德率领西撒克逊人所组成的军队同他们在阿克利交锋。他们〔对异教徒〕的杀戮是我们迄今所听说的最惨重的。他们在那里获得胜利。

同年，阿塞尔斯坦国王和埃尔希尔郡长乘船作战，在肯特的桑威奇杀死了一大批士兵，俘获船只 9 艘[3]，并将其余的船赶走。

E[4]

852　这时，米兹汉姆斯特德的修道院院长切奥尔雷德及众修道士将森普林厄姆的地产出租给伍尔弗雷德，其条件是后者死后上述地产应归还修道院，伍尔弗雷德还应将斯利福德的地产交给米兹汉姆斯特德，并且每年向修道院交纳 60 车木材、12 车灌木、6 车柴、2 满桶清澈的淡色啤酒、2 头用来宰食的牛、600 个面包、10

---

① 加蒙斯韦编译本注明本年纪事本段至此为止系 850 年之事，以下为 851 年之事。——译者注

② D，E，F 本无伦敦。

③ B本和 C 本作 8 艘。

④ 这段内容系据加蒙斯韦编译本译出。——译者注

桶威尔士淡色啤酒，每年还要交纳1匹马、30先令和供一天用的食物。此项交易的有关人士为伯雷德国王[①]、切奥尔诺思大主教[②]、滕伯特主教[③]、切奥尔雷德主教[④]、埃尔亨主教[⑤]、伯特雷德主教[⑥]、威特雷德院长、沃赫德院长、埃塞尔赫德郡长、亨伯特郡长，以及其他多人。

C(A,B)	D(E)
853(854C)　这年麦西亚国王伯雷德及其御前会议请求埃塞尔伍尔夫国王帮助他将威尔士人收归自己统治。然后他就这样干起来，率领军队横越麦西亚，去打威尔士人，使他们全都向他归顺。[⑦]同年，埃塞尔伍尔夫国王将其子阿尔弗雷德送往罗马。利奥大人当时在罗马任教皇，他为阿尔弗雷德举行仪式，使他具有国王身份，[⑧]并在举行坚信礼[⑨]时担任他的教父。	(852E) 这年麦西亚人的国王伯雷德在埃塞尔伍尔夫国王的帮助下，使威尔士人归降于他。

同年，埃尔希尔带着肯特人，赫达带着萨里人，在萨尼特同异教徒军队作战，起先获得胜利[⑩]；双方都有许多人在那里被杀，被淹死，两个郡长都阵亡了。

---

① 麦西亚国王。——译者注

②③④⑤⑥ 分别为坎特伯雷大主教，以及利奇菲尔德、莱斯特、伍斯特、林齐主教。②④原名分别误为切奥尔雷德和琴雷德。——加蒙斯韦编译本注

⑦ A本作“向他们归顺”。——译者注

⑧ 教皇授予他罗马执政官的荣誉称号。——译者注

⑨ 一译“坚振礼”。——译者注

⑩ D本和E本无获胜之语。

C(A,B)	D(E)
后来,复活节之后,埃塞尔伍尔夫国王把女儿嫁给伯雷德国王,把她从韦塞克斯嫁到麦西亚。	麦西亚人的国王伯雷德娶西撒克逊人的国王埃塞尔伍尔夫的女儿为妻。

855—858(855A,D,E;856C,F) 这年异教徒第一次在谢佩过冬。同年,埃塞尔伍尔夫国王立下特许状,将他在全国范围内的土地的十分之一捐献出来,用以赞颂天主,并使他本人的灵魂得救以至永恒。这年他以盛大的排场前往罗马,在那里待了12个月,然后踏上归途。法兰克国王查理[①]把女儿嫁给他为王后。后来他回到自己的臣民那里,他们对此感到欣慰。[②] 他从法兰西回国后两年[③]就逝世了,遗体葬在温切斯特。他在位18年半[④]。埃塞尔伍尔夫是埃格伯特的儿子,埃格伯特是埃尔蒙德的儿子,埃尔蒙德是伊法的儿子,伊法是伊奥帕的儿子,伊奥帕是英吉尔德的儿子。英吉尔德是西撒克逊人的国王伊尼的兄弟。伊尼掌国37年,后来前往圣彼得教堂,终老于此。他们都是琴雷德的儿子。琴雷德是切奥尔沃尔德的儿子,切奥尔沃尔德是卡撒的儿子,卡撒是卡思温的儿子,卡思温是查乌林的儿子,查乌林是金里克的儿子,金里克是克里奥达[⑤]的儿子,克里奥达是彻迪克的儿子。彻迪克是埃莱

① 即秃头查理。——译者注

② D,E,F本无此语,只称“平安回国”。

③ 埃塞尔沃德谓一年。

④ E本作9年,F本作20年。

⑤ A本和埃塞尔沃德编年史中无克里奥达。

萨的儿子，埃莱萨是埃斯拉的儿子，埃斯拉是杰威斯的儿子，杰威斯是威格的儿子，威格是弗里温的儿子，弗里温是弗里苏加的儿子，弗里苏加是布兰德的儿子，布兰德是拜尔代的儿子，拜尔代是沃登的儿子，沃登是弗里拉夫的儿子，弗里拉夫是芬的儿子，芬是戈德伍尔夫的儿子，戈德伍尔夫是吉特的儿子，吉特是塔特瓦的儿子，塔特瓦是博的儿子，博是谢尔德瓦的儿子，谢尔德瓦是赫里莫德的儿子，赫里莫德是伊特蒙的儿子，伊特蒙是哈思拉的儿子，哈思拉是瓦拉的儿子，瓦拉是贝德威格的儿子，贝德威格是希夫的儿子，而希夫则是诺亚的儿子，他出生在诺亚的方舟中。[①] 拉麦，玛土撒拉，以诺，雅列，玛勒列，该南[②]，以挪士，塞特，第一个人亚当和我们的父，即基督。〔阿门。〕

埃塞尔伍尔夫的两个儿子然后继位为王。埃塞尔博尔德继承西撒克逊人的王国，埃塞尔伯特继承肯特人的王国、东撒克逊人的王国、萨里人的王国，以及南撒克逊人的王国。其后埃塞尔博尔德在位 5 年。[③]

860(861C,F)　这年埃塞尔博尔德国王逝世，遗体葬在舍伯恩。然后他的弟弟埃塞尔伯特继承了全部国土。他使全国和谐，

① 本段人名繁多，各稿本或小有出入，弗里拉夫和戈德伍尔夫的名称亦与 547 年部分略异，此处不一一注明。斯旺顿编译本 A 本自沃登以后与此有较多出入。——译者注

② 各种稿本均作卡蒙。

③ 关于埃塞尔伯特所继承的埃塞克斯，系据 A，B 本和 D 本第二稿本，E 本多残缺。埃塞尔博尔德在位年数，《圣尼茨年代记》作前两年半系与其父共治，其后又在位两年半。

安享太平。[1] 他在位时，一大支海上队伍来到内陆，猛攻温切斯特。奥斯里克郡长率领汉普郡人，埃塞尔伍尔夫郡长率领伯克郡人与之作战。他们赶跑这支军队，据有战场。埃塞尔伯特在位5年，遗体葬在舍伯恩。

F

F860　这年圣斯威辛逝世。[2]

C(A,B,D,E)

865(866C)　这年一支异教徒军队在萨尼特扎营，并且同肯特人讲和。为了换取和平，肯特人答应给他们钱。他们趁着讲和及答应给钱的时机，在夜间溜走，潜入内地，蹂躏了整个肯特东部。

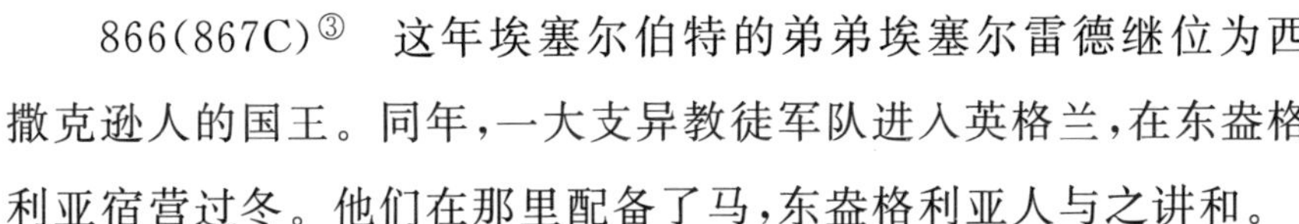

866(867C)[3]　这年埃塞尔伯特的弟弟埃塞尔雷德继位为西撒克逊人的国王。同年，一大支异教徒军队进入英格兰，在东盎格利亚宿营过冬。他们在那里配备了马，东盎格利亚人与之讲和。

867(868C)　这年那支军队从东盎格利亚前往诺森伯里亚，他们渡过亨伯河口的港湾，到达约克城。[4] 当时约克居民内讧十分严重。他们废黜了自己的国王奥斯伯特，把一个没有继承权的

① 据A本。

② 斯威辛为温切斯特主教。此事加蒙斯韦编译本作861年。——译者注

③ 加蒙斯韦编译本将该年纪事的正确年代核定为865年，并注称此处可能以9月24日为一年之始，故作此调整。由866至886年，其中除867后半部分、869、874大部分、875最后一句、877最后一句、878、881、886第二段以外，该译本注明的年代均提早一年。斯旺顿编译本与此大体一致。——译者注

④ 西米恩《达勒姆教会史》谓11月1日占领该城。

人埃拉推上王位。直到那年年底他们才联合起来,足以去抵抗入侵的军队。不过他们还是集合了一支大军,去进攻约克的敌人,[①]突入城内。有些人进了城。诺森伯里亚人遭到残杀,有的死在城里,有的死在城外。两个国王都阵亡了。幸存者同敌人媾和。同年,埃尔斯坦主教逝世,他任舍伯恩主教50年,遗体葬在当地的墓地。

868(869C) 这年那支军队又进入麦西亚,到达诺丁汉,在那里宿营过冬。但是麦西亚人的国王伯雷德以及他的议政大臣请求西撒克逊人的国王埃塞尔雷德和他的弟弟阿尔弗雷德帮助他抵御那支军队。于是他们率领西撒克逊人的军队开入麦西亚,来到诺丁汉,在堡垒那里与敌人遭遇,将他们包围在里面。没有发生激战,麦西亚人同敌人讲和了。

869(870C) 这年入侵的军队回到约克城,在那里待了一年。

870(871C) 这年入侵的军队骑马穿越麦西亚,进入东盎格利亚,在塞特福德宿营过冬。冬天,埃德蒙国王与之作战。丹麦人获胜,杀死国王,征服全部土地。(本段以下部分E)[②]他们摧毁凡是他们到达的各所修道院。与此同时,他们来到米兹汉姆斯特德的修道院,将它烧毁破坏,杀死院长、众修道士和他们发现的所有的人。那曾经十分富庶的基业,遂致化为乌有。

同年,切奥尔诺思大主教逝世。

871(872C) 这年那支军队进入韦塞克斯,来到雷丁。3天之

① 西米恩谓此时为3月21日,其他资料或作3月23日。

② 本段的E本内容系据加蒙斯韦编译本译出,其中核定的年代为869年。——译者注

后，两名丹麦伯爵骑马进一步深入内地。埃塞尔伍尔夫郡长同他们在恩格尔菲尔德[①]遭遇，就地与之交锋，获得胜利。他们当中的一个人被杀，他叫西德罗克。[②] 4天以后，埃塞尔雷德国王和他的弟弟阿尔弗雷德率领一支大军来到雷丁，同那支军队作战。双方都有大批的人被杀。埃塞尔伍尔夫郡长阵亡，丹麦人据有战场。

4天以后，埃塞尔雷德国王和他的弟弟阿尔弗雷德在阿什当同全体丹麦军队作战。丹麦人分成两组：一组包括巴格塞吉和哈夫丹两个异教国王，另一组包括众伯爵。埃塞尔雷德国王同两个国王的部队交战，巴格塞吉国王就地被杀。埃塞尔雷德的弟弟阿尔弗雷德同众伯爵的部队交战，在那里被杀的有老西德罗克伯爵、小西德罗克伯爵、奥斯本伯爵，弗雷纳伯爵和哈罗德伯爵。两支敌军都被赶跑，好几千人被杀。战事一直持续到夜里。

两星期后，埃塞尔雷德国王和他的弟弟阿尔弗雷德同丹麦军队在贝辛作战，丹麦人获胜。过了两个月，埃塞尔雷德国王和他的弟弟阿尔弗雷德又在梅雷顿同他们交战，将分为两组的丹麦军队双双打跑，在那天很长一段时间内，他们都打胜了。双方都有大量杀伤。丹麦人又据有战场。赫蒙德主教[③]和许多重要人物都在那里阵亡。这次战役之后，到了夏季，又有一支大军来到雷丁[④]。后来，复活节[⑤]后，埃塞尔雷德国王逝世。他在位5年，遗体葬在温

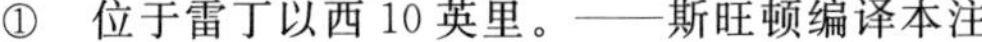

① 位于雷丁以西10英里。——斯旺顿编译本注

② A本，F本和埃塞尔沃德编年史均未提及此事，其他四种稿本所依据的原稿本中的名字或系误加。有的史料虽记其事但无人名。

③ 舍伯恩主教。

④ A本未提雷丁。

⑤ 4月15日。

伯恩修道院的礼拜堂内。[①]

然后他的弟弟、埃塞尔伍尔夫之子阿尔弗雷德继承了西撒克逊人的王国。一个月后，阿尔弗雷德国王率领一小支军队在威尔顿同所有的丹麦军队作战，长时间内打得他们退却逃走。可是丹麦人占据着战场。那年一年之内，在泰晤士河以南的国土上同丹麦人共进行了9次全面交锋；此外，国王的弟弟阿尔弗雷德、郡长们[②]和国王的塞恩们还经常跨马出征，这些出征没有作过统计。那年共有9位[③]丹麦伯爵，1位丹麦国王被杀。西撒克逊人在那年同丹麦人讲和。

872(873C) 这年丹麦军队从雷丁前往伦敦，在那里宿营过冬。后来麦西亚人同他们讲和。

C(A,B)	**D(E)**
873(874C) 这年丹麦军队进入诺森伯里亚，在林齐的托克西宿营过冬。后来麦西亚人与之讲和。	这年丹麦军队在托克西宿营过冬。

874(875C) 这年丹麦军队从林齐前往雷普顿，在那里宿营过冬。在伯雷德国王掌国22年之后，他们把他赶得越海而逃。他们征服他的全部国土；而他则前往罗马，在那里定居下来。他的遗体葬在英格兰区[④]的圣马利亚教堂里。同年，丹麦人把麦西亚王

① C本谓葬于舍伯恩。

② A本作“个别郡长”。

③ 埃塞尔沃德作11位。

④ 见817年纪事部分注。——译者注

国交给切奥尔伍尔夫掌管，他是国王的一名傻头傻脑的塞恩。他向他们宣誓，交了人质，那就是说，不论哪天他们愿意接管，他都要随时将国土交给他们，而他本人和他的所有追随者，都要随时为敌人服役。

875(876C)　这年丹麦军队离开雷普顿。哈夫丹带着一部分队伍进入诺森伯里亚，在泰恩河畔宿营过冬。这支军队征服那片土地，并且经常在皮克特人和斯特拉斯克莱德[1]的不列颠人中间肆扰。古思伦、奥斯基特尔和安文德3位国王率领一支大军从雷普顿来到剑桥，在那里住了一年。那年夏天，阿尔弗雷德国王率领一支海战部队出海，同7艘船上的部众作战，俘获其中1艘，将其余的船赶跑了。

876(877C)　这年敌军[2]绕过西撒克逊人的军队，偷偷溜进韦勒姆。然后国王同敌人讲和。他们向他交了人质，这些人质是军队中仅次于国王的最重要的人物。他们还凭圣环[3]向他宣誓，——这种事情他们以前是不愿为任何国家做的，——说他们要赶快离开他的国家。之后，这支骑兵以此为掩护，在夜间偷偷离开英军，到埃克塞特去了。

那年哈夫丹分取了诺森伯里亚人的土地。他们耕起地来，自谋生计。

877(878C)　这年敌军从韦勒姆来到埃克塞特；〔海上部队沿

① 该国在今苏格兰西南部。——译者注

② 埃塞尔沃德谓系在剑桥的军队。

③ 此环通常置于异教神庙的内殿中，供宣誓用，显要人物集会时戴之。

着海岸向西驶去,〕[①]他们在海上遇到一次大风暴[②],在斯沃尼奇损失了120艘船。阿尔弗雷德国王率领英军骑马尾随这支骑兵,直到埃克塞特,〔但在他们进入为别人力所不及的堡垒之前,〕[③]未能追上他们。在那里,他们向他交了人质,他要多少就交多少;他们并且庄严宣誓,后来也恪守和议。到了收获季节,这支军队离去,进入麦西亚,分了一些土地,还送给切奥尔伍尔夫一些土地。

878(879C) 这年仲冬,过了主显节之夜[④],敌军悄悄来到奇彭纳姆,占据西撒克逊人的土地,定居下来,并且把很大一部分居民赶得越海而逃,把其他大部分居民都征服了。居民向他们屈服,但阿尔弗雷德国王除外。他带着一小支队伍艰难地穿越丛林和难以进入的沼泽地带。

这年冬天,伊瓦尔和哈夫丹的兄弟在西撒克逊人的国家里,〔在德文〕,[⑤]手下有23艘船。他在那里阵亡,与他一起阵亡的还有他的840名[⑥]战士。他们称之为"渡鸦"的旗帜也在那里被缴获。

后来在复活节[⑦],阿尔弗雷德国王率领一小支队伍在阿瑟尔尼建筑了一个要塞。他从要塞出击,带着最靠近要塞的那部分萨

---

① B本和C本无方括弧中语。

② 据A,E,D本。B本和C本作大雾。

③ B本和C本无方括弧中语。

④ Twelfth Night,指主显节(一译显现节)前夕或主显节之夜。——译者注

⑤ B本和C本无方括弧中语。

⑥ 原注B本和C本作860名。另亦有作1200或800名者;其他两种编译本谓840人中有40名为其随从。——译者注

⑦ 3月23日。

默塞特人一起作战，前去攻打敌人。其后，复活节以后的第七周，他骑马到塞尔伍德以东的“埃格伯特之石”。在那里，所有的萨默塞特人和威尔特郡人，以及大海这一边的汉普郡人[①]都来与他会合，他们很高兴见到他。过了一夜，他从当地的营地前往伊利[②]，又过了一夜，去到埃丁顿。在那里，他同全体丹麦军队作战，将他们赶跑，一直追到堡垒[③]那里，他在那里待了两个星期。然后敌人向他交了重要人质，并且庄严宣誓，说他们要离开他的国家；他们还作出许诺，他们的国王要接受洗礼。他们遵守了诺言。三星期后，古思伦国王带着 30 名[④]军中最显要的部下来到阿勒尔[见他]，这地方在阿瑟尔尼附近。古思伦在当地接受洗礼，由国王当他的教父。解去头带的仪式[⑤]是在韦德莫尔举行的。古思伦同国王在一起待了 12 天，国王送给他和他的同伴许多礼物，以示敬意。

879(880C)　这年丹麦军队从奇彭纳姆前往赛伦塞斯特，在那里待了一年。同年，一帮北欧海盗在泰晤士河畔的富勒姆集合，扎营住下。同年，出现一小时的日食。

880(881C)　这年丹麦军队从赛伦塞斯特进入东盎格利亚，在那里定居下来，分享土地。同年，驻扎在富勒姆的军队渡海进入法兰克帝国，来到根特，在那里住了一年。

881(882C)　这年这支军队进一步向法兰克帝国的内地前

① 指南安普顿水道以西的汉普郡人，或谓指未渡海而逃者。

② 即 Iley Oak，原注在威尔特郡，与后文同音之另一“伊利”为两地。——译者注

③ 可能是奇彭纳姆。——其他两种编译本注

④ 原文字面意义为 29 名，参见 604 年纪事部分注。

⑤ 领洗以后 8 天之内，领洗者身穿白袍，并在头部涂圣油以后缠上白带。然后解去此带。

进。法兰克人同他们作战。这场战役之后,丹麦军队配备了马。

882(883C) 这年这支军队沿默兹河进一步深入法兰克帝国,并在所到之地住了一年。同年,阿尔弗雷德国王率领船只出海,同4艘船上的丹麦人作战,俘获其中两艘,杀死船上的人。另两艘船上的人向他投降。他们投降以前,大量伤亡,损失惨重。

883(884C) 这年丹麦军队沿斯海尔德河逆流而上,到达孔代,住了一年。[①] 马里努斯教皇给阿尔弗雷德国王送来耶稣受难的十字架上的木块。同年,西格尔姆和阿塞尔斯坦将〔阿尔弗雷德国王所许诺的〕[②]施舍物送往罗马,还送往印度,奉献给圣多马和圣巴多罗买[③]。国王是在英军扎营抗击驻在伦敦的敌军时许下的愿。由于天主垂恩,许愿以后,他们的祈祷在伦敦如愿以偿。[④]

884(885C) 这年丹麦军队溯索姆河而上,到达亚眠,住了一年。

885(886C) 这年上述军队分成两支,〔一支向东进发,〕[⑤]另一支来到罗切斯特。他们包围这个城市,又在自己周围构筑其他防御工事。然而英格兰人守住了这个城,直到阿尔弗雷德国王带着军队来到。然后敌军上船,放弃了他们的防御工事,他们的马也都在那里丧失了。他们很快就在那年夏天渡海而归。同年,阿尔

① 本段以后部分不见于A本。

② 据D本和E本。

③ 二人均为耶稣使徒,据传说均曾至印度一带传教。——译者注

④ 其他史籍均未提及883年或此前英军抗击伦敦的丹麦人之事。A本以外的其他各稿本可能将以后发生之事误插于此。

⑤ 据A,D,E本。

弗雷德国王派遣一支海战部队从肯特[①]进入东盎格利亚。他们刚一开进斯陶尔河河口，就遇上16艘北欧海盗的船。他们与之交战，俘获所有的船，杀掉船上的人。当他们带着战利品掉头返航时，他们又碰上一大支北欧海盗的船队。他们当天就与之交战。丹麦人胜利了。

同年，圣诞节前，法兰克人的国王查理[②]逝世。他是被一头野猪伤害致死的。他的兄弟[③]也统治过西部王国，并已于头一年逝世。他们都是路易[④]的儿子，这个路易死于发生日食的那一年，他是查理[⑤]之子，西撒克逊人的埃塞尔伍尔夫国王就是娶查理之女为妻的。[⑥] 同年，一大支船队聚集在故土上的萨克森人住地，这年发生两次大战，萨克森人获胜，弗里西亚人与他们共同作战。

同年，查理[⑦]继承了西部王国，还继承了地中海这一边和大海那边的整个王国，就像他的曾祖父[⑧]曾经统治过的那样，只有布列塔尼除外。这个查理是路易[⑨]的儿子，这个路易是查理的哥哥，而后一个查理是埃塞尔伍尔夫国王娶为妻子的朱迪思之父。他们[⑩]

① A本无“从肯特”。

② 应作卡洛曼，死于884年。

③ 路易三世，死于882年。

④ 路易二世，死于879年。

⑤ 秃头查理。

⑥ E本无此后部分及整个下一段。

⑦ 胖子查理。

⑧ 查理大帝。

⑨ 日耳曼人路易。

⑩ 日耳曼人路易和秃头查理。——译者注

是路易[1]的儿子，路易是老查理的儿子，而老查理是丕平的儿子。

同年，好教皇马里努斯逝世。[2] 他曾按照[西撒克逊人的][3]国王阿尔弗雷德的要求，免除了英格兰区[4]的赋税。他还送给国王厚礼，包括基督受难的十字架的零块。

同年，东盎格利亚的丹麦军队[5]破坏了他们同阿尔弗雷德国王的和议。

886(887C) 这年，曾经向东进发的丹麦军队又复西行，继而溯塞纳河而上，在巴黎城宿营过冬。

同年，阿尔弗雷德国王占领伦敦，于是所有不曾屈从于丹麦人的英格兰人都归顺于他。他随后委托埃塞尔雷德郡长[6]掌管该城。

887(888C) 这年丹麦军队溯流而上，经过巴黎的那座桥，然后沿塞纳河到马恩河，又上溯马恩河，直抵谢济，在谢济和约讷河地区住了下来，在那两个地方过了两个冬季[7]。

同年，法兰克人的国王查理逝世，他逝世前6周，他兄弟的儿子阿尔努尔夫已将他的王国剥夺。[8] 然后这个王国一分为五，授予5个国王分掌。可是这种做法是经阿尔努尔夫同意的，他们说，

① 虔诚者路易。

② 死于884年5月15日。

③ 据A，D，E本。

④ 见817年纪事部分注。——译者注

⑤ E本谓丹麦人进入东盎格利亚，并破坏和议。

⑥ 阿尔弗雷德之婿，麦西亚的长官。

⑦ 886到887年之间及887到888年之间的冬季。

⑧ 查理即胖子查理，于887年11月11日退位，死于888年1月。

他们将作为他的下属掌有国家，因为他们之中没有一个人是生来的男系后裔，唯独他除外。此后阿尔努尔夫住在莱茵河以东的地区，鲁道夫[①]继承中间的王国，奥多[②]继承西边的王国；贝伦加尔和吉多[③]继承伦巴第和阿尔卑斯山那边的土地；他们掌管其地，彼此十分不和，打了两次大仗，一次次地糟蹋那片土地，各方都一再把对方驱逐出去。

就在丹麦军队溯流而上，过了巴黎桥的同一年，埃塞尔赫尔姆郡长将阿尔弗雷德国王和西撒克逊人的施舍物送往罗马。

888(889C)　这年贝奥卡郡长将西撒克逊人和阿尔弗雷德国王的施舍物送往罗马。阿尔弗雷德国王的姐姐埃塞尔斯威思王后逝世，[④]遗体葬在帕维亚。同年，埃塞尔雷德大主教和埃塞尔沃尔德郡长在同一个月里逝世。

889(890C)　这年没有赴罗马的远行，可是阿尔弗雷德国王派遣两名信使赍信前往。

890(891C)　这年修道院院长伯恩赫尔姆将西撒克逊人和阿尔弗雷德国王的施舍物送往罗马。北方的古思伦国王逝世，他的洗礼名字是阿塞尔斯坦。他是阿尔弗雷德国王的教子。他住在东盎格利亚，是第一个在那块土地上定居的人。[⑤]

---

① 上勃艮第伯爵。

② 巴黎伯爵。

③ 贝伦加尔是弗留利侯爵，吉多是斯波莱托公爵。

④ 埃塞尔斯威思为麦西亚国王伯雷德的王后，E本谓她与贝奥卡同赴罗马，F本谓她死于途中。——译者注

⑤ 指丹麦人而言。

同年，丹麦军队从塞纳河到达圣洛，[①]这个地方在布列塔尼和法兰西之间。布列塔尼人抵御他们，获得胜利，把他们赶进一条河里，使许多人都淹死了。

F

890　这年普莱格蒙德被天主和所有的人选为坎特伯雷大主教。

C(A,B,D,F)

891(891A,F;892C,D)　这年丹麦军队东进，阿尔努尔夫国王率领东法兰克人、萨克森人和巴伐利亚人在船队抵达之前就同这支骑兵交战，将之赶跑。

三个苏格兰人乘一艘无桨的小船自爱尔兰来到阿尔弗雷德国王那里，他们是偷偷离开爱尔兰的，因为他们愿意为了敬爱天主而置身异域，至于什么地方，他们并不在乎。他们所乘的那条船是用两张半皮革制成的，他们随身带着够7天之用的食物。7天之后，他们在康沃尔登陆，立即去到阿尔弗雷德国王那里。[②] 他们的名字如下：达布斯兰、麦克贝苏和梅林蒙。

苏格兰最大的学者斯威夫内逝世。

(892A)　同年复活节后，祈祷日[③]期间或早些时候，出现了拉丁语称之为“彗星”的那种星。有人说，英语称之为长发星，因为从

---

① 其他两种编译本将到达圣洛的时间核定为889年。——译者注

② 埃塞尔沃德称他们继而向罗马的方向进发，准备去耶路撒冷。

③ 该年5月10—12日。（译者按：祈祷日或译连祷，指耶稣升天节前的3天。）

星上发射出一道长长的光线，有时发自一边，有时发自周围。

C(A,B,D,E,F)

892(892A,E,F;893C,D)　这年，我们前面讲到的那支丹麦大军从[1]东部的王国向西折返，来到布洛涅。在那里他们配备了船，因此他们连人带马一起渡海而来，随即驾着200[-50][2]艘船进入利姆河口的港湾。这个港湾在东肯特，在那片我们称之为安德雷德的大树林[3]的东端。这片大树林东西长120英里或更长些，宽30英里。我们刚才所讲的那条河就是发源于威尔德的。他们划船溯流而上，直到距离港湾入口4英里的威尔德。他们在那里猛袭了一座堡垒[4]。堡垒里有几个农民，它只造了一半。

紧接着，黑斯滕率领80艘船开进泰晤士河口的港湾，在米尔顿[5]造了一座堡垒，另一支军队在阿普尔多尔又造了一座。[6]

C(A,B,D)

893(894C,D)　这年，也就是丹麦人在东部王国建筑堡垒12个月之后，诺森伯里亚人和东盎格利亚人[7]已向阿尔弗雷德国王起誓，东盎格利亚人并且交了6名重要人质。但是，与他们的保证

---

① “从”字在C本中作“进入”。

② 即250艘。B,C,D本无“50”。《圣尼茨年代记》作350艘。

③ 即威尔德地区，见477年纪事部分注。——译者注

④ A, E, F本作“沼泽地里的堡垒”。

⑤ 米尔顿罗亚尔，在肯特。

⑥ 由此后开始至900(901)年，E本空缺。

⑦ 当指两地的丹麦人。——译者注

相反,每当其他丹麦军队全军出击的时候,他们不是跟随而去,就是予以配合[①]。于是阿尔弗雷德国王集合他的军队,向前进发,把阵地设置在两支敌军之间,这个地点对树林里的堡垒和水边的堡垒来说,都处于最近便的地位。[②] 因此,丹麦军队若是进入空旷地带,哪一支他都打得着。然后对方分成小股和一队队骑兵沿威尔德地区前进,哪一边没有英军防卫,他们就沿着哪一边行进。他们几乎每天,不管是白天还是黑夜,都受到其他小队的搜索,这些队伍来自英军和堡垒两方面。国王已将他的军队分成两支,因此总是有一半人留在家里,一半人在服役,另外还有守卫堡垒的人。敌军全体走出那些野营不超过两次,一次是在英军集合之前他们刚登陆的时候,一次是他们想撤离野营。他们然后虏获了许多战利品,[③]想往北运,渡泰晤士河到埃塞克斯,去与他们的船会合。英军加以截击,在法纳姆与之作战,将其驱逐,收复了掳获物。丹麦人从泰晤士河上的无法涉渡之处逃渡泰晤士河,然后他们沿科恩河而上,到达一个小岛[④]。其后英军加以围困,直到他们的粮食已经无以为继。可是此时英军服役期限已满,粮食又已吃光。当时国王正带着手下的现役部队前来。当他正在途中,而另一支部队正在返回,丹麦人仍留在原地——因为他们的国王在交战时受了伤,无法将他运走——之际,住在诺森伯里亚和东盎格利亚的丹麦

① 原意不甚明确。此处解释为他们或加入侵略军,或进行袭击以协助他们。也有学者作“自行出击”解。

② 原文一般作如是解,但也可理解为:他处于能得到树林和河水保护的最近便的位置。(译者按:两座堡垒即在米尔顿和阿普尔多尔所建者。)

③ 其他两种编译本作“他们当时已经掳获了许多战利品”。——译者注

④ 埃塞尔沃德谓即索尼岛。

人集合了大约100艘船，这些船沿着海岸向南驶去，〔还有大约40艘船沿着海岸向北行驶，〕[①]包围了德文北海岸的一座堡垒，[②]而向南行驶的船包围了埃克塞特。

国王闻讯之后，带领全军转而向西，向埃克塞特进发，只有无足轻重的一小部分人继续东行。他们一路进军直抵伦敦，然后偕同城市居民和自西而来的援军一道东进，到达本弗利特。当时，黑斯滕已经带着原来在米尔顿的军队来到这里，而原来在利姆河口港湾的阿普尔多尔的那支大军也已抵达该地。黑斯滕事先已建筑了本弗利特的那座堡垒。当时他正外出袭击，而那支大军则留在当地。英军前往该地，赶跑敌人，轰击堡垒，其中一切，连财物带妇女儿童，悉加俘获，一并带往伦敦。他们将所有的船只或毁或烧，或运往伦敦或罗切斯特。黑斯滕的妻子和两个儿子被带到国王面前，国王将他们还给黑斯滕，因为其中一个孩子是他的教子，而另一个是埃塞尔雷德郡长的教子。他们在黑斯滕来到本弗利特之前就当了他们的教父，而且黑斯滕还曾向国王宣誓，并且交过人质；国王也曾慨赠给他金钱。他交还孩子和那妇人时，也同样送了钱。可是丹麦军队刚一来到本弗利特，造了那座堡垒，黑斯滕就蹂躏他的王国，也就是他儿子的教父埃塞尔雷德所管辖的那个省份，而他的堡垒遭到轰击时，他又正在第二次袭击那部分国土。

我在前面已经讲到，国王已经率领部队转而西进，向埃克塞特进发，这时丹麦军队已经包围这个市镇。国王抵达那里的时候，丹

① 方括弧中语只见于A本。

② 其他两种编译本作“布里斯托尔湾海岸德文郡的一座堡垒”。——译者注

麦军队回到船上去了。当时国王正在西边忙于对付那里的军队，另外两支丹麦军队则集合在埃塞克斯的舒伯里，并在那里造了一座堡垒。这两支军队一起上溯泰晤士河，东盎格利亚人和诺森伯里亚人大量前来增援他们。〔他们上溯泰晤士河，直到塞文河，又上溯塞文河。〕[①]于是埃塞尔雷德郡长、埃塞尔赫尔姆郡长、埃塞尔诺思郡长，以及当时留守在各个堡垒里的国王的塞恩们从帕雷特河以东、塞尔伍德以西以东、泰晤士河以北，塞文河以西的各个市镇前来集合，一部分威尔士人也参加进来。他们集合以后，在塞文河畔的巴廷顿追上丹麦军队，将他们团团包围在一座堡垒里。他们在塞文河两岸扎营，一连过了好几个星期，当时国王正在西边，正在德文忙于抗击丹麦海军。这时，被围困的军队饥饿难熬，已经把他们的大部分马都吃掉了，其余的饿死了。他们于是走出堡垒，去攻打在河东扎营的那部分人，同他们打起来，基督教徒获得胜利。国王的塞恩奥德赫还有许多其他塞恩都阵亡了，丹麦人惨遭〔杀戮〕[②]，脱身的人靠逃跑保住了性命。

生还者来到埃塞克斯，进了堡垒[③]，上了他们的船以后，冬季以前，他们又从东盎格利亚人和诺森伯里亚人中间集合起一支大军，将妇女、船只、财物安全地留在东盎格利亚，然后日夜兼程而进，直抵威勒尔的一个被遗弃的城市，这个城市叫切斯特。在他们进入那里的堡垒之前，英军未能追上他们。可是英军将堡垒包围了大约两天，把堡垒外面的牲口统统抓走，凡在堡垒外面截获的

① 方括弧中语系据 A 本。D 本亦有此语，文字较简明。

② A 本无此句，方括弧中语系据 D 本。

③ 本弗利特的堡垒。——斯旺顿编译本注

人，一律杀死，整个周围地带的谷物不是烧光，就是让自己的马吃掉。那时，丹麦人渡海来到这里已经12个月了。

894(895C,D)　这年，紧接着，丹麦军队从威勒尔进入威尔士，因为他们在威勒尔待不下去，原因是他们粮畜两空，这些都已经被劫掠了。他们从威尔士带着掳获的战利品返回以后，为了使英军无法追及，他们穿越诺森伯里亚，进入东盎格利亚，直到进抵埃塞克斯东部，又继续前进到一个叫做默西的岛屿，这个岛在海中。

围攻埃克塞特的丹麦军队启程返回的时候，他们在萨塞克斯的奇切斯特附近大肆破坏，城中居民将他们赶跑，杀死好几百人，俘获了一些船。

同年初冬[①]，在默西岛扎营的丹麦人划船上溯泰晤士河，又上溯利河。那时是他们渡海前来的两年以后。

895(896C,D)　同年，上述军队在利河岸边下距伦敦20英里处建造了一座堡垒。[②]

后来到了夏季，许多城中居民和其他人[③]行军直抵丹麦人的堡垒，在那里他们被打退了，国王的4名塞恩阵亡。稍晚，到了秋季，当人们收割谷物的时候，国王就在堡垒附近扎营，因此丹麦人不能拒不让他们收获。一天，国王骑马沿河边向上游行进，察看什么地方能阻挡河流的通航，让丹麦人不能将船运出去。这事干了起来：两座堡垒分别造在河的两岸。他们刚刚开工，〔并且为此目

① A本作“入冬之前”，其他稿本均为“初冬”。

② 这句宜放在前段之末。

③ 加蒙斯韦编译本作“守军和其他部队”。——译者注

的扎下野营〕[1]，这时，敌人看出他们无法将船运走，就弃船由陆路离去，直到抵达塞文河畔的布里奇诺斯，并且造了那座堡垒。然后英军骑马尾追敌人。从伦敦来的人把船取走，那些运不走的，悉加捣毁，可以用的，都运到了伦敦。丹麦人原先在离开堡垒之前就把妇女安置在东盎格利亚。于是他们在布里奇诺斯过冬。那时是他们渡海前来，进入利姆河口港湾以后3年。

896(897C,D) 后来，到了这年夏季，丹麦军队分头行动，一支进入东盎格利亚，一支进入诺森伯里亚，那些没有钱的人给自己搞来了船，向南渡海到塞纳河去了。

天主保佑，丹麦军队总的说来没有大肆折磨[2]英格兰人。可是那3年里，英格兰人由于牲畜和人员的死亡[3]，受的折磨比这严重得多，特别是国王在国内的许多最精良的塞恩都在那3年里死了。其中，一个是罗切斯特主教斯威思伍尔夫，还有肯特郡长切奥尔蒙德、埃塞克斯郡长布里特伍尔夫、〔汉普郡郡长伍尔弗雷德、〕[4]多切斯特主教埃尔赫德、国王在萨塞克斯的塞恩埃德伍尔夫、温切斯特城的管事伯恩伍尔夫、国王的司马官埃格伍尔夫，以及此外的许多人，虽然我只举出最显要的那几位的名字。

同年，东盎格利亚和诺森伯里亚的丹麦军队组成抢劫团伙，大肆侵扰韦塞克斯的南海岸，最为严重的是他们用好多年前造的战船前来骚扰。于是阿尔弗雷德国王令人建造"长船"抵御丹麦战

① C本无方括弧中语。

② 据B,C,D本，A本作"过分折磨"。

③ 其他两种编译本谓死于瘟疫。——译者注

④ 方括弧中语只见于A本。

船。这些船比别的船几乎长一倍，有的有 60 根桨，有的更多。它们既更快更稳，又比其他的船高。它们既非按弗里西亚船仿造，又非按丹麦船仿造，而是按他本人认为最能起作用的格式造的。后来，这年有一次，6 艘船来到怀特岛，在德文和沿海各地大肆破坏。于是国王命令部队率领 9 艘新船前往。这些船封锁了港湾靠海的一端。随后丹麦人驾着 3 艘船出来抵御，还有 3 艘停在比较偏向港湾上游的陆地上，[①]其中的人已经登陆。英军随即俘获港湾入口处的 3 艘船中的 2 艘，杀死其中的人；另外一艘溜走，船上的人除 5 人外也都被杀死了。这 5 个人逃脱，是因为他们对手的船搁浅，而且情况尴尬，其中 3 艘就搁浅在丹麦船搁浅的同一个方向的水道边上，〔其他的〕[②]都搁浅在另一边，因此没有一艘船能驶到其他船那边去。可是等到潮水从船边下退了好几弗隆[③]之远时，剩下的那 3 艘丹麦船上的人去到搁浅在他们这一边的其他 3 艘船那里，他们然后就在那里交锋。在那里阵亡的有国王的管事卢库曼、弗里西亚人伍尔夫赫德、弗里西亚人埃巴、弗里西亚人埃塞尔希尔、国王的内廷陪侍人员[④]埃塞尔弗里思，总计弗里西亚人和英格兰人共阵亡 62 人，丹麦人阵亡 120 人。可是后来，那些基督教徒的船还不能下水时，潮水却涨到了丹麦船所在之地，因此他们划船

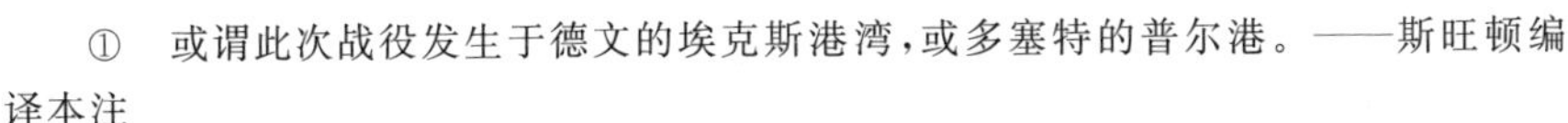

① 或谓此次战役发生于德文的埃克斯港湾，或多塞特的普尔港。——斯旺顿编译本注

② 方括弧中词据 A 本。

③ 英长度单位，一弗隆约合 201.167 米。——译者注

④ *geneat*，古英语中意为“陪伴者”，指国王内廷中人员；后来指领有土地，向领主交租并承担一定服役（尤其是骑兵兵役）之人。——译者注

出港。这些船当时已受到如此重创，以致不能划过萨塞克斯。海水把其中的两艘船抛到岸上，船上的人被带到温切斯特国王那里，他命令将他们绞死。剩下那艘船上的人身负重伤到达东盎格利亚。同年夏季，连船带人覆灭于南部海岸的船不下于20艘。同年，国王的司马官伍尔弗里克逝世，他[也][1]是威尔士管事[2]。

897(898C，D) 这年夏至前9天，威尔特郡郡长埃塞尔赫尔姆逝世。这年赫斯坦[3]也逝世了，他是伦敦主教。

C(A，B)	**D(E，F)**
900(901C)[4] 这年万圣节[5]前6天，埃塞尔伍尔夫之子阿尔弗雷德逝世。他是除丹麦统治区以外的全体英格兰人的国王，在位差1年半满30年。其后他的儿子爱德华继位。	(901D，E，F) 这年阿尔弗雷德国王于10月26日逝世。他在位28年半，其后其子爱德华继位。[6]

接着，他父亲之兄的儿子埃塞尔沃尔德王子[7]违背国王及其

---

① 方括弧中词据A本。

② 这种官吏可能负责征收威尔士人的贡赋，并在战时统率威尔士辅助部队。——加蒙斯韦编译本注

③ 名字据A本，其他稿本均误为埃尔斯坦。

④ 原注谓埃塞尔沃德作899年，与加蒙斯韦编译本所核定的年代相同，各种史籍亦作899年。——译者注

⑤ 西部教会为11月1日。——译者注

⑥ E本和F本至此结束，D本尚有A，B，C本所记其他内容。

⑦ 埃塞尔雷德之子。

议政大臣们的旨意，[①]骑马而去，占据了温伯恩和特温汉姆[②]的府邸。于是国王乘马率军前往，直抵温伯恩附近的巴德伯里，在此扎营。埃塞尔沃尔德带着宣誓效忠于他的人待在府里。他已经在所有的大门口设障，防止国王进入，并扬言他不是住在里面，就是死在里面。这其间，这个王子夜间骑马溜走，投奔诺森伯里亚的丹麦军队。他们接受他为国王，向他宣誓效忠。[③] 其后他那未经国王准许又违反众主教之命而搞来的女人——因为她已脱俗为尼——被抓获了。

同年，德文郡长埃塞尔雷德在阿尔弗雷德国王逝世前 4 个星期逝世。

901[④](902A;903B,C,D)　这年，爱德华国王之母埃尔斯威思的兄弟、埃塞尔伍尔夫郡长逝世；同年逝世的还有苏格兰人[⑤]的一位修道院院长弗吉利乌斯和格里姆博尔德神父。

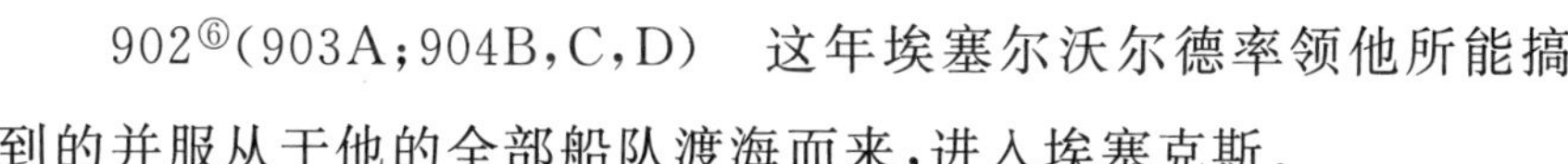

902[⑥](903A;904B,C,D)　这年埃塞尔沃尔德率领他所能搞到的并服从于他的全部船队渡海而来，进入埃塞克斯。

① A 本作“未经国王准许”。

② 今汉普郡的克赖斯特彻奇。

③ A 本无此句，但有“国王下令追他，但他们未能追上他”之句。

④ 自 901 至 903 年，其他两种编译本所核定的年代均推后一年。原注 E 本无 901 年纪事。——译者注

⑤ 参见序言部分注。加蒙斯韦编译本作爱尔兰。——译者注

⑥ 902 年可能实系 901 年秋季。E 本无本年纪事。A 本无“并服从于他的”之语，此语见于 D 本，系对原文的个别词误读。

主要稿本(A,B,C,D)

903[①](904A;905B,C,D) 这年,埃塞尔沃尔德唆使东盎格利亚的军队破坏和平,因此他们在麦西亚全境肆行骚扰,直抵克里克莱德。然后他们渡过泰晤士河,将他们在布雷登和周围地区所能掳获之物一概劫运而去,返往原地。随后,爱德华国王尽速集合军队,加以追逐,毁坏了他们的介于堤坝和乌斯河[②]之间一直北到沼泽地带的整片土地。当他想班师的时候,他下令向全军宣布必须全体一致行动同时启程。后来肯特人违反了他的命令,——他曾向他们派去过7名使者,——逗留不撤。于是丹麦军队在那里追上他们,他们就在那里交起火来。在当地阵亡的有西吉伍尔夫郡长、西格赫尔姆郡长[③]、国王的塞恩埃尔德沃尔德、修道院院长琴伍尔夫、西吉伍尔夫的儿子西吉伯特、阿卡的儿子埃德沃尔德,还有许多其他的人,虽然我只举出了最显贵的人的名字。丹麦方面阵亡的有埃奥里克国王[④]、他们选为自己的国王的[⑤]埃塞尔沃尔德王子、伯恩诺思王子的儿子布里特西耶、贵族[⑥]伊索帕、贵族奥斯基特尔,还有许多人也一起阵亡,这里我们不能一一提到。双方都遭到惨重杀戮,不过丹麦人被杀的更多一些,虽然他们仍旧据有战

---

① 本年之事可能发生于902年年底。有一本编年史以9月24日为一年之始,故以此时为903年。

② 或谓系威西河。

③ 爱德华后来娶其女为妻。——斯旺顿编译本注

④ 东盎格利亚国王。

⑤ A本作“将他诱入这场战争的”。

⑥ *hold*,斯堪的纳维亚尊称,此处指丹法区的贵族,其偿命金比塞恩高一倍。

场。

同年埃尔斯威思逝世。

麦西亚记录[①]

903(902)　这年埃塞尔斯威思逝世。同年，肯特人和丹麦人之间发生霍姆之战。

F

903　这年格里姆博尔德神父逝世。同年，温切斯特的新大教堂举行献堂式。圣尤多克到来。[②]

麦西亚记录

904　这年发生月食。

905　这年出现彗星。[③]

主要稿本(A,B,C,D)

906?(905A;906C,D)[④]　这年巴斯管事阿尔弗雷德逝世。同年，按照爱德华国王的政令，在蒂丁福德达成了与东盎格利亚人和诺森伯里亚人的和议。

---

① 麦西亚记录是关于902－924年的一组简要纪事，多记埃塞尔弗莱德的活动。——译者注

② 圣尤多克为布列塔尼圣徒，此处指其遗物。

③ D本将此事置于905年之初，并称时为10月20日。

④ 其他两种编译本核定之年代为905年。——译者注

E

906　这年，爱德华国王出于需要，同东盎格利亚的军队和诺森伯里亚的军队都达成了和议。

麦西亚记录

907　这年修复切斯特。

主要稿本(A,B,C,D)

908(909C,D)　这年温切斯特主教德内伍尔夫逝世。

909(910C,D)　这年弗里塞斯坦继任为温切斯特主教。接着，舍伯恩主教阿瑟逝世。同年，爱德华国王派出一支由西撒克逊人和麦西亚人组成的军队，这支军队狠狠地蹂躏了北方军队占驻的地区，连人带各种牲畜在内，他们杀死很多丹麦人，在那里待了5个星期。

麦西亚记录

909　这年，圣奥斯瓦尔德的遗体由巴德尼运入麦西亚。[①]

主要稿本(A,B,C,D)

910(911C,D)　这年，诺森伯里亚的〔丹麦〕军队破坏和平，对

---

①　D本将这项内容写在906年纪事开头部分。

爱德华国王及其议政大臣向他们提出的各项特权[①]一概加以鄙视。他们蹂躏了麦西亚。国王当时已经集合了大约 100 艘船,他本人正在肯特。这些船正从海上向东南驶往他那里。于是丹麦军队认为他的部队大部分在船上,不论他们想去哪里,都不会遭到抵抗。后来国王获悉他们已经出动,正在进行袭击,他就派遣由西撒克逊人和麦西亚人组成的军队前往。这支部队在丹麦军队的归途中追上他们,于是与之交火,将他们赶跑,杀死好几千人。被杀的有埃奥威尔斯国王、[②]哈夫丹国王[③]、奥特伯爵、斯库尔法伯爵、贵族奥苏尔夫、[④]贵族本内辛、黧黑者安拉夫、贵族瑟弗思、奥斯弗里思·赫吕塔、贵族古思弗里思、贵族阿格蒙德,还有古思弗里思。

麦西亚记录

910　这年英格兰人和丹麦人在泰坦霍尔交战,英方获胜。同年,埃塞尔弗莱德[⑤]在布雷姆斯堡建堡垒。

D,E

910[⑥]　这年英军同丹麦军队在泰坦霍尔交战。麦西亚长官埃塞尔雷德逝世,爱德华国王接管了伦敦和牛津以及两地所属的全部土地。一大支海上部队自南方的布列塔尼来到,在塞文河沿

---

① A 本作“和平条件”。

② A 本无此后部分。

③ 斯旺顿称之为哈夫丹二世,以别于前文中的哈夫丹。——译者注

④ D 本另外提到阿格蒙德,但无此后部分。

⑤ 阿尔弗雷德之女,爱德华之姊,嫁麦西亚长官埃塞尔雷德。——译者注

⑥ 本年所记包括 910,911,914 年之事。

岸大肆破坏,可是后来他们差不多都死了。

主要稿本(A,B,C,D)

911(912C,D) 这年麦西亚郡长埃塞尔雷德逝世,爱德华国王接管了伦敦和牛津以及两地所属的全部土地。

麦西亚记录

911 第二年,[1]麦西亚长官埃塞尔雷德逝世。

主要稿本(A,B,C,D)

912(913C,D) 这年圣马丁节前后,爱德华国王下令建造赫特福德的北部堡垒,它在马兰河、比恩河和利河之间。此后,到了夏天,在祈祷日和夏至之间,[2]爱德华国王率领他的部分部队进入埃塞克斯,来到莫尔登,驻扎在那里,这期间,威特姆的那座堡垒正在建造之中,一大批曾处在丹麦人统治下的居民归顺于他。当时,他的部分军队则在赫特福德的利河南岸修建堡垒。

麦西亚记录

912 这年,麦西亚贵妇埃塞尔弗莱德在十字架发现节前夜[3]

---

① 本句与该记录910年纪事衔接,第二年即911年,下同。——译者注

② 圣马丁节为11月11日。此处以11月为纪事之始,原编译者认为表明当时系以9月为一年之始,并注明祈祷日和夏至之间相当于5月18日至6月24日之间。——译者注

③ 5月2日。

这个神圣的日子里来到舍吉特，在那里建造堡垒，同年又在布里奇诺斯建造堡垒。

主要稿本(A,B,C,D)

913(916A;914C,D)[①] 这年，来自北安普顿和莱斯特的〔丹麦〕军队在复活节[②]以后骑马而出，破坏和平，在胡克诺顿和周围一带杀死了许多人。此后，当这支队伍返回时，他们很快又遇上另一支骑马出袭的人正向卢顿进发。于是当地居民察觉出来，加以抗击，将他们打得狼狈逃窜，全部夺回了他们的掠物，还掳获了一大部分他们的马和武器。

麦西亚记录

913 这年，由于天主垂恩，麦西亚贵妇埃塞尔弗莱德带领全体麦西亚人前往塔姆沃斯，初夏时节，在那里建造堡垒，后来在收获节[③]之前，又在斯塔福德建造堡垒。

主要稿本(A,B,C,D)

914(917A;915C,D) 这年，一大支海上部队自南方的布列塔尼来到这里，随来的有奥特和赫罗尔德两个伯爵。然后他们向西沿着海岸行进，因而到达塞文河口港湾，在威尔士沿海一带，他

---

① 由913年到920年，其他两种编译本关于A(Ā)本有关内容所核定的年代均推后3年。——译者注

② 3月28日。

③ 收获节为8月1日。

们能祸害哪里就祸害哪里。他们俘获阿琴菲尔德主教基费利奥格，把他带到船上。后来爱德华国王花了40镑把他赎回来。之后，丹麦军队全体开向内地，还想向阿琴菲尔德发动袭击。然后赫里福德、格洛斯特和相距最近的堡垒里的守军出来迎击，与之交火，加以驱逐，杀死赫罗尔德伯爵和另一个伯爵奥特的兄弟，还杀死了很多士兵，并将他们赶进一道围墙之内，加以围困，直到他们交出人质，〔答应〕离开国王的领域为止。国王已经在塞文河口港湾的南边部署了抵御他们的部队，西起康沃尔，东抵埃文河口，这样，他们就不敢进攻那边的任何地方。可是他们有两次夜间潜入内地，一次在沃切特以东，一次在波洛克。这两次他们都遭到攻击，没有几个人逃脱，逃生的只是那些能够游到船上的人。后来他们在斯蒂普霍姆岛[①]上逗留，直到食物奇缺，许多人因为弄不到吃的而饿死了。于是他们从那里前往达费德，又从达费德前往爱尔兰。这是秋天的事。

这以后，这年的圣马丁节之前，爱德华国王率领军队去白金汉，在那里待了4个星期，在他离开之前，在河的两岸各造了一座堡垒。瑟基特尔伯爵[②]来到，接受他为封君；所有的伯爵[③]和隶属于贝德福德的重要人物，还有许多隶属于北安普顿的人，也都这样做了。

① A本作弗拉特霍姆岛。

② 贝德福德的丹麦首领。——译者注

③ A本作“贵族”。

麦西亚记录

914　后来在第二年初夏时节，麦西亚贵妇埃塞尔弗莱德又建造了埃迪斯伯里的堡垒，同年晚些时候，到了秋初，又建沃里克的堡垒。

A

915(918)　这年爱德华国王在圣马丁节之前率领军队前往贝德福德，占取堡垒，原先住在那里的居民几乎都向他归顺。他在那里待了4周。他离开前，下令在河的南岸建堡垒。

麦西亚记录

915　后来，第二年圣诞节之后，麦西亚贵妇埃塞尔弗莱德，又建造彻伯里和沃德堡的堡垒，同年圣诞节之前，建造朗科恩的堡垒。

A

916(919)　这年夏至[①]之前，爱德华国王前往莫尔登，在他离开之前在那里建造了堡垒。同年，由于爱德华国王的和好态度和支持，瑟基特尔伯爵带着愿意随侍他的人动身去了法国。

①　6月24日。

麦西亚记录

916　这年夏至之前，6 月 16 日，修道院院长埃格伯特虽属无辜，却和他的同伴们一起遇害，这天正是殉教者奎里亚库斯的节日。3 天以后，埃塞尔弗莱德派军队进入威尔士，摧毁了布雷肯南米尔[①]，俘虏了国王的妻子和 33 名其他的人。

A

917(920)　这年复活节[②]前，爱德华国王命令占领托斯特的堡垒，并加以修建加固。之后，同年的祈祷日期间，[③]他又下令建造威因加米尔的堡垒。这年夏季，收获节和夏至之间，[④]来自北安普顿、莱斯特和这些地方以北的军队破坏和平，前往托斯特，整天向那里的堡垒开火，想靠猛攻加以占领。可是堡垒里面的人守住了它，直到更多的援军来到，敌人随即离开堡垒而去。随后他们很快又在夜晚出动一帮抢劫之徒，向毫无准备的人们发动突然袭击，在伯恩伍德森林和艾尔斯伯里之间的地带掳掠了为数不少的人和牲畜。同时，又有军队从亨廷登和东盎格利亚出动，在坦普斯福德建筑堡垒，并在其中驻扎。他们放弃亨廷登的另外那座堡垒，他们认为靠争战和敌对行动可以从坦普斯福德到达更多的地方。他们一路行进，直抵贝德福德。城里的人出来迎击，抵抗他们，赶跑他

① 在布雷肯附近的兰戈斯湖处。

② 4 月 13 日。

③ 5 月 19 日至 21 日。

④ 6 月 24 日至 8 月 1 日。

们，还杀死了他们好多人。

可是在这以后，又有一支大军从东盎格利亚和麦西亚集合起来，去到威因加米尔的堡垒，包围它，进攻它，一直打到天色渐晚，还掳走了周围的牲畜。但是堡垒里面的人守住了它。于是敌人离开堡垒走了。

之后，同年夏季，在爱德华国王的领域里，一大支队伍从距坦普斯福德最近又对它力所能及的各个堡垒中集合起来。队伍开往坦普斯福德，包围当地堡垒，向它进攻，直到经过猛袭加以占领。他们杀死对方的国王、托格洛斯伯爵、他的儿子曼纳伯爵、他的兄弟，以及堡垒里的所有决心自卫的人；他们还俘获了其他的人和里面的一切。

此后不久，秋季，一大支英军队伍从肯特，从萨里，从埃塞克斯，从四面八方的最邻近的各个堡垒集合起来。他们开往科尔切斯特，包围并进攻当地的堡垒，直到加以占领。他们杀死其中所有的人，掳获所有的物品，只有越墙而逃的人除外。

这以后，还是这年的秋季，东盎格利亚有一支大军集合起来，这支军队由当地的〔丹麦〕军兵和被他们唆引而前来相助的北欧海盗[1]组成。他们想报过去受害之仇。这支军队开往莫尔登，包围并进攻当地的堡垒，直到有更多的〔英军〕部队开来，从外面增援里面的人。丹麦军队撤离堡垒而去。于是从堡垒里出来的人，还有从外面来增援他们的人一起出动，追击丹麦军队，打得他们逃走，还杀死他们好几百人，其中有船上的，也有其他的人。

① vikings。——译者注

此后,也在这一年秋季,爱德华国王随即率领西撒克逊人的部队前往帕森厄姆,在为托斯特堡垒建筑一道石墙的期间,他一直待在那里。瑟弗思伯爵和众贵族向他投降,属于北安普顿,北至韦兰河的〔丹麦〕军队也投降了,他们要求他当自己的封君和保护人。当英军的这个支队返回家园的时候,另一个支队出来服役,攻占亨廷登的堡垒,并根据爱德华国王的命令,将破坏的地方修复。那一带地方所有活下来的人都向爱德华国王归顺,要求给以和平,予以保护。

还有,这以后,同一年的圣马丁节之前,爱德华国王率领西撒克逊人的军队前往科尔切斯特,将堡垒的破毁之处修复。东盎格利亚和埃塞克斯两地许多曾经处于丹麦人统治下的居民向他归顺。东盎格利亚的〔丹麦〕军队全体宣誓与他保持一致;他所想所愿的,他们都会同意,他愿意与之保持和平的,不管是在海上还是陆地上,他们都要与之保持和平。属于剑桥的[丹麦]军队特地选择他为自己的封君和保护人,并且按照他的旨令以宣誓确立了这种关系。

麦西亚记录

917　这年,麦西亚贵妇埃塞尔弗莱德在天主的帮助下,在收获节以前取得叫做德比的堡垒,并取得堡垒所属的一切。她所亲信的 4 名塞恩在堡垒的大门内阵亡。

A

918(921) 这年,祈祷日和夏至之间,[①]爱德华国王率军前往斯坦福,下令在河的南岸建堡垒。隶属于偏北的那个堡垒的人都向他投降了,并要求他当他们的封君。他住在那里的时候,他的姐姐埃塞尔弗莱德于夏至前12天在塔姆沃斯逝世。他随即攻占塔姆沃斯堡垒,麦西亚土地上曾隶属于埃塞尔弗莱德的居民全都归顺于他。威尔士的海韦尔、克利多格和伊德沃尔诸王,以及威尔士族所有的人,都要求他当封君。

然后他从那里去诺丁汉,攻克堡垒,下令加以修缮,并设英格兰人和丹麦人防守。定居在麦西亚的人,包括丹麦人和英格兰人,都向他归顺。

麦西亚记录

918 这年较早的时候,在天主的帮助下,她[②]以和平手段控制了莱斯特堡垒,属于它的军队大部分投降了。约克人也已经作出许诺服从她的指示,他们有的立下誓约,有的发誓为证。但是他们同意此事之后不久,她就在夏至前12天[③]在塔姆沃斯逝世。这是她以合法的权力统治麦西亚的第8年。她的遗体安葬在格洛斯特圣彼得大教堂的东礼拜堂里。

① 5月11日至6月24日。

② 埃塞尔弗莱德。——译者注

③ D本有"6月12日"之语。

E

918　这年麦西亚贵妇埃塞尔弗莱德逝世。

A

919　(922A)　这年秋后[1],爱德华国王率领军队前往塞尔沃尔,下令建造堡垒,占有它并设人守卫。他待在那里的时候,命令另一支也是由麦西亚人组成的军队去占领诺森伯里亚的曼彻斯特,加以修缮,设人守卫。〔这年普莱格蒙德大主教逝世。〕[2]

麦西亚记录

919　还是在这一年,[3]麦西亚长官埃塞尔雷德的女儿在圣诞节前3星期被剥夺了在麦西亚的一切权力,被送往韦塞克斯。她叫埃尔夫温。

A

920(923A)　这年夏至之前,爱德华国王率军前往诺丁汉,下令修建河南岸的那座堡垒,与另一座隔岸相对;他还下令在特伦特河上建造两座堡垒之间的大桥。

然后他从那里进入皮克地区,到达贝克韦尔,命令在附近建一

---

① 其他两种编译本作"深秋"。——译者注

② 方括弧中语为后世在坎特伯雷所加。

③ 温赖特(Wainwright)认为这一段实际是该记录上一年纪事之续。D本亦有此记载,时间为919年。

座堡垒，设人守卫。随后，苏格兰国王和全体苏格兰人，拉格纳尔德[①]，埃德伍尔夫的诸子，以及诺森伯里亚的全体居民，包括英格兰人、丹麦人、北欧人和其他人，还有斯特拉斯克莱德的威尔士人[②]的国王和所有的斯特拉斯克莱德的威尔士人，都选择他为父亲和封君。

麦西亚记录

921　这年爱德华国王在克利德穆撒[③]建造堡垒。

E，F

921　这年西特里克国王杀其兄弟尼尔。[④]

D，E，F

923　这年拉格纳尔德国王取得约克。[⑤]

A(E，F)

924(925F)　这年爱德华国王逝世，[⑥]其子阿塞尔斯坦继位。

① 拉格纳尔德是爱尔兰的斯堪的纳维亚人，919 年据约克称王。——译者注

② 见 875 年纪事部分注。斯旺顿编译本威尔士人作不列颠人。——译者注

③ 温赖特认为即克卢伊德河河口。

④ 二人并非亲属。此事可能发生于 919 年。

⑤ 此事可能发生于 919 年。

⑥ 7 月 17 日。

麦西亚记录

924　这年爱德华国王在麦西亚的法恩登逝世，紧接着其子埃尔夫沃德又在牛津逝世。他们的遗体安葬在温切斯特。阿塞尔斯坦被麦西亚人推举为国王，他在金斯顿加冕登基，[①]并将他的姊妹嫁给〔大海对岸故土上的萨克森人的国王的儿子〕。

E

925　这年伍尔夫赫尔姆主教受任圣职[②]。同年爱德华国王逝世。

D

926(925D)　这年，阿塞尔斯坦国王和诺森伯里亚人的国王西特里克于1月30日在塔姆沃斯会晤。阿塞尔斯坦将他的姊妹嫁给西特里克。

927(926D)　这年北部天空出现火光，西特里克逝世，阿塞尔斯坦国王继承了诺森伯里亚王国。他将这个岛屿上的所有国王都置于自己的统治之下：首先是西威尔士人的国王海韦尔，还有苏格兰人的国王君士坦丁、格温特人[③]的国王欧温、班堡的埃德伍尔夫之子埃尔德雷德。他们于7月12日在叫做伊蒙特的地方以信誓与国王建立了和平关系，摈除一切偶像崇拜，然后和平地离去了。

---

① 登基仪式举行于925年9月4日。

② 坎特伯雷大主教。

③ 在威尔士南部。——斯旺顿编译本注

E

927　这年阿塞尔斯坦国王将古思弗里思国王[①]驱逐出去。也在这年，伍尔夫赫尔姆大主教赴罗马。

933　这年埃德温王子溺死海中。

A

931　这年伯恩斯坦于5月29日受任为温切斯特主教。他任该教职两年半。

932　这年弗里塞斯坦主教逝世。

C(A,B,D,E,F)

934(933A)　这年阿塞尔斯坦国王率领陆海两军进入苏格兰，蹂躏了许多地方。

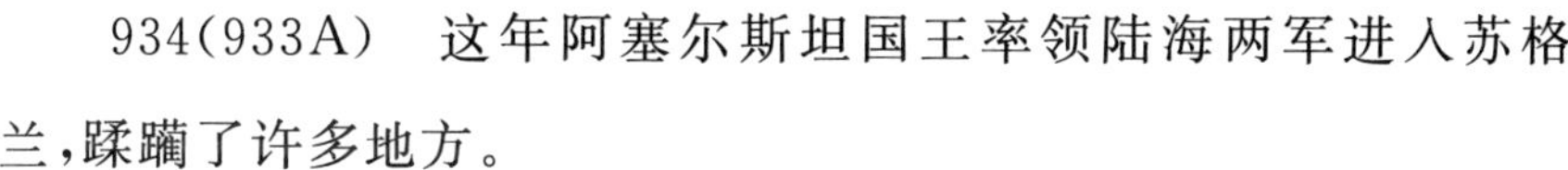

A

933　……温切斯特的伯恩斯坦主教在万圣节逝世。

934　这年埃尔夫赫亚继该教区主教之职。

C(A,B,D)

937[②]　这年，阿塞尔斯坦国王、众贵族的封君、众人的财富施

① 都柏林的斯堪的纳维亚人的国王。——译者注

② 以下5段原文由头韵体诗句写成。

赠者，还有他的弟弟埃德蒙王子，在布朗南堡一带，以其刀刃赢得了不朽的光荣。爱德华的诸子劈开盾牌之墙，以锤锻的利剑砍断椴木制成的盾，因为对于他们这种血统的人来说，频繁作战，抗击每个仇敌，保卫国土，保卫财富，保卫家园，乃是理所当然。敌人死了，苏格兰人和海盗灭亡了。从早上的时刻，当太阳，那辉煌的光体，那天主、那永恒之主的明烛，运转于大地的上空时起，直到那崇高的神造之物落下西沉，整天时间，战场被人们的鲜血染成暗色(?)。那里躺着许多被长矛毁灭的人，许多北欧战士的盾牌被刺中了，许多苏格兰人饱尝战争滋味，也一样毫无生气地倒在那里。

整个这一天里，西撒克逊人的骑兵队伍不断追逐敌人，以磨得锋利的刀剑狠狠地从背后砍杀亡命之徒。麦西亚人对于跟奥拉夫①一起乘船破浪来到此地的任何人，一概不辞苦战，他们之来是注定要被打败的。5 个年轻的国王死在那个战场上，他们死于刀剑之下；还有奥拉夫的 7 名伯爵，以及无数的水兵和苏格兰人丧生。北欧人的君主从那里被逼得落荒而逃，他带着一小股人逃到了他的船头。船只破水急行，国王在淡褐色的滔滔水面上离此而去，逃脱性命。

从那里，还有上年纪的君士坦丁、那满头灰白发的武士，也往北逃到了他的故土。在那场刀来剑往的交锋中，他没有理由欣喜若狂。在两军相争的战场上，他丧失了亲人，又被剥夺了朋友。他在战斗中失去了他们，还将他年轻的儿子留在互相杀戮的场地上，

---

① 古思弗里思之子，自 934 年起为都柏林的斯堪的纳维亚人的国王。——译者注

他是在作战时因负伤而死的。那头发灰白的武士、那个老奸巨猾，对于这场铿锵作响的刀剑交锋，没有理由自我吹嘘，奥拉夫也没有。他们经过与爱德华的儿子们在战场上一比高低之后，就无须乎以其残兵败将自鸣得意，说他们在战场上的武功方面，在军旗互击上，在长矛对刺上，在士兵相搏上，在武器交锋上，都占有优势了。

于是那些长矛下幸存的可怜的北欧人，乘坐他们打上钉子的船出航，前往丁海[①]，横渡那深深的海洋，向都柏林前进，灰心丧气地返回爱尔兰。国王和王子兄弟二人也双双回到自己的国土，也就是西撒克逊人的土地。他们因这次战争而欢欣鼓舞，撇下的是那羽毛黝黑的东西、那嘴上带钩的黑鸦，去分享那些尸体，还有那长着暗褐色羽毛、白尾巴的老鹰，那贪吃好斗的隼，去享用死尸的腐肉，以及那灰色的野兽、森林里的狼。

根据书本和我们的古圣先贤所告诉我们的，自从盎格鲁人和撒克逊人渡过宽阔的大海，自东方来到这里，侵入不列颠，而那些自豪的攻击者、那些热衷于荣誉的武士征服不列颠人，赢得一个国家以来，在这之前，这个岛上还从来没有过一次凭着刀锋剑刃杀死过更多的战士。

937　这年阿塞尔斯坦国王率军前往布朗南堡。

① 其地不详。

C(A,B,D)

940(941A) 这年10月27日阿塞尔斯坦国王逝世,[①]这时正是阿尔弗雷德国王逝世后40年零1天。埃德蒙王子继位,他当时18岁。阿塞尔斯坦国王在位14年零10个星期。

D

940(941) 这年诺森伯里亚人背弃誓约,推选来自爱尔兰的奥拉夫[②]为他们的国王。

E

940 这年阿塞尔斯坦国王逝世,其弟埃德蒙继位。

C(A,B,D)

942[③] 这年,英格兰人之君、人们的保护者[④]、受人爱戴的伟大事业的完成者埃德蒙国王横扫麦西亚,其范围直抵以多尔、惠特韦尔隘口和宽阔的亨伯河为界的地带,攻取5个市镇:莱斯特和林肯、诺丁汉和斯坦福,还有德比。丹麦人原先被迫处于北欧人的统治之下,长期受着异教徒的束缚奴役,直到战士们的保卫者、爱德

① 阿塞尔斯坦实死于939年,原文系以9月24日为一年之始。D本谓死于格洛斯特。

② 西特里克之子。——斯旺顿编译本注

③ 这段原文为头韵体诗句。

④ A本作“亲人”。

华的儿子埃德蒙国王把他们解救出来为止,光荣归于他。

E

942 这年奥拉夫国王逝世。[①]

D

940—943[②](943) 这年奥拉夫猛袭塔姆沃斯,攻占该地,双方损失很重。丹麦人获胜,掳走大量战利品。在这次袭击中,伍尔弗伦被俘。

这年,埃德蒙国王将奥拉夫国王和伍尔夫斯坦大主教包围于莱斯特,若不是他们在夜间从城中逃走的话,他是可以使他们屈服的。这以后,奥拉夫又获得埃德蒙国王的友谊。

C(A,B,D)

943(各稿本无年份) 这年,埃德蒙国王在奥拉夫国王接受洗礼时为他当教父。同年,隔了相当一段时间之后,他又在拉格纳尔德国王[③]接受坚信礼时当他的教父。

C(A,B,D,E,F)

944 这年埃德蒙国王将整个诺森伯里亚收置在他的统治之下,并驱逐了两个国王:西特里克之子奥拉夫和古思弗里思之子拉

---

① 古思弗里思之子奥拉夫实死于941年年底之前。

② D本将发生于940年之事归于943年,继而转入943年。

③ 拉格纳尔德二世,古思弗里思之子,943年继任约克国王。——译者注

格纳尔德。

945　这年埃德蒙国王蹂躏坎伯兰[1]全境，将它全部授予苏格兰人的国王马尔科姆，条件是他必须在海上和陆地上都要当他的同盟者。

C(A,B,D)

946　这年埃德蒙国王在圣奥古斯丁节[2]逝世。（本段以下部分 D）众所周知他是怎么死的，那就是利奥法在帕克尔彻奇刺死了他。达默勒姆的埃塞尔弗莱德，即埃尔夫加郡长的女儿当时是他的王后。（本段以下部分 C[A,B,D]）他掌国 6 年半。其后他的兄弟埃德雷德王子继位，并将诺森伯里亚全部收置在自己的统治之下。苏格兰人向他宣誓，他的愿望，他们都将同意。

E

948　这年埃德蒙国王遇刺身亡，他的兄弟埃德雷德继位，他立即将诺森伯里亚全部收置在自己的统治之下。苏格兰人向他宣誓，他的愿望，他们都将同意。

D

947　这年埃德雷德国王来到坦谢尔夫，在那里，伍尔夫斯坦大主教和诺森伯里亚全体议政大臣都向国王起誓效忠于他，短期

---

① 当时的坎伯兰指斯特拉斯克莱德王国。E 本和 F 本无本年纪事此后部分。

② 5 月 26 日。

之内，他们却连保证带誓言都背弃了。

948 这年埃德雷德国王蹂躏诺森伯里亚全境，因为他们接受埃里克[①]为国王。在这场破坏活动中，圣威尔弗里德在里彭所建的光辉灿烂的大教堂被烧毁了。在国王回师的途中，约克的军队在卡斯尔福德追上了国王的军队，在那里大杀一阵。国王怒不可遏，乃至打算折返原地，将它彻底摧毁。诺森伯里亚的议政大臣们了解情况后，他们抛弃了埃里克，并为自己的行为向埃德雷德做出赔偿。

E

949 这年奥拉夫·奎兰[②]来到诺森伯里亚。

A

951 这年温切斯特主教埃尔夫赫亚在圣格雷戈里节[③]逝世。

D

952 这年埃德雷德国王下令将伍尔夫斯坦大主教送进尤丹堡堡垒，因为经常有人向国王控告他。这年国王还下令在塞特福德市进行一次大屠杀，为被那里的人所杀害的修道院院长埃德赫尔姆报仇。

E

这年诺森伯里亚人驱逐奥拉夫国王，接受哈罗德的儿子埃里克为国王。

① 挪威的金发王哈罗德之子，此时以流亡者来英国。

② 西特里克之子，奥拉夫的别名。——译者注

③ 3月12日。

D(E)

954　这年诺森伯里亚人驱逐埃里克，埃德雷德继承了诺森伯里亚王国。

D

954　这年伍尔夫斯坦大主教又得到一个主教管区，在多切斯特。[①]

C(B,E)

955(956B,C)　这年埃德雷德国王逝世，〔埃德蒙之子〕[②] 埃德威格[③]继位。

D

这年埃德雷德国王逝世，他安息在那座老教堂里，埃德威格继承了西撒克逊人的王国，他的弟弟埃德加继承了麦西亚人的王国。[④] 他们是埃德蒙国王和圣埃尔夫吉富[⑤]的儿子。

A

955　这年埃德雷德国王在圣克利门特节[⑥]那天在弗罗姆逝世。

---

① 此句也可读作“在多切斯特重新得到他的主教管区(约克)”。

② 方括弧中语只见于E本。

③ 又作埃德威，下同。——译者注

④ 分国而治实发生于957年。

⑤ 该名称在古英语中读如埃尔夫伊富，今从我国有关著作中的译法，下同。——译者注

⑥ 11月23日。

他在位 9 年半。其后埃德蒙国王之子埃德威格继位,〔并将圣邓斯坦逐出国土〕。[1]

D(E)

956(957D) 这年伍尔夫斯坦大主教逝世。(本段以下部分 D)他死于 12 月 16 日,葬于昂德尔。同年修道院院长邓斯坦被驱逐到大海彼岸。

C(B)

957 这年埃德加王子继承了麦西亚人的王国。

D

(958) 这年奥达大主教将埃德威格国王和埃尔夫吉富拆散,[2]因为他们血缘关系太近。

C(A,B,D,E,F)

959(958A,F) 这年埃德威格国王逝世。他的弟弟埃德加继位。[3] (以下 C[B])他继承了韦塞克斯、麦西亚和诺森伯里亚,当时他 16 岁。(以下 D[E,F])[4]他在位时,情况大为改善,天主许以在他有生之年过太平的日子,而他也为此热诚工作,这正是他必须

---

① 方括弧中语为在坎特伯雷所加。(译者按:加蒙斯韦将此事归于 956 年。)

② 加蒙斯韦编译本作"由于血缘关系解除了埃德威格国王和埃尔夫吉富的婚姻"。——译者注

③ A 本本年纪事至此结束。F 本有"成为全不列颠的国王"之语,A 本称埃德威格死于 10 月 1 日。

④ 以下原文为头韵体诗句。

做的。他将对天主的赞美发扬光大，远播四域，他热爱天主之法，他增进人民的安宁，其程度超过了人们记忆中的以前历代国王。天主也支持他，因而国王和伯爵们都心甘情愿地归附于他，服从他的随便什么愿望。他没有打仗就把他想要的一切都收到自己的权力之下。他在各个国家广泛受到尊崇，因为他满腔热情地敬奉天主，一次又一次地沉思天主之法，远向四面八方传播对天主的赞颂，经常不断地对全体人民就教会和政治事务进行明智的指导。然而他也做了一件极大的坏事：他喜好邪恶的异国习俗，执意把异教徒的做法带进这个国家，把外国人吸引进来，把有害的人引诱到国内。可是，为了他的灵魂在永恒的旅程中得到保护，愿天主认可他好事多于坏事吧！

F

959(包括 A 本增补部分)　这年埃德加把圣邓斯坦找来，赐给他伍斯特主教管区，后来又授予他伦敦主教管区。

961　这年，善良的奥达大主教逝世，邓斯坦被推选为大主教。

A

962　这年，国王在德文的亲属埃尔夫加逝世，遗体葬在威尔顿。西弗思国王[①]自杀，遗体葬在温伯恩。整年之内，人们死亡甚众。[②] 伦敦发生毁灭性的大火，圣保罗大教堂被焚，同年又行重

---

① 其人无可考。

② 其他两种编译本均谓死于瘟疫。——译者注

建。同年,埃塞尔莫德神父前往罗马,8 月 15 日死于该地。

963　这年伍尔夫斯坦执事于圣英诺森节[①]逝世。其后吉里克神父又逝世。同年,修道院院长埃塞尔沃尔德继任温切斯特主教,他在圣安德烈节[②]前夕受任圣职,那天是星期日。

E

963　这年圣埃塞尔沃尔德由埃德加国王选任为温切斯特主教,坎特伯雷大主教圣邓斯坦在降临节[③]的第一个星期日,即 11 月 29 日,授任他为主教。

他被授予这项圣职之后的那一年,[④]他建立了许多修道院,将大教堂里的世俗圣职人员驱逐出去,因为他们不肯遵守修道院的任何院规,他以修道士来取代他们。他建立了两所隐修院,一所归修道士,另一所归修女,两所都在温切斯特。然后他去见埃德加国王,请求他将被异教徒破坏的修道院全都给他,因为他想加以修复。国王欣然应允。这位主教首先前往伊利,圣埃塞尔思里思就埋葬在这里。他令人建起了修道院,将它交给手下的一名修道士,他叫伯特诺思。他授任他为修道院院长,让修道士入居院中侍奉天主,这里原来是修女住的。他从国王手中买下许多村庄,对修道院厚加赐赠。

---

① 12 月 28 日。

② 11 月 30 日。——译者注

③ 降临节自圣诞节前第四个星期的星期日起,至圣诞节止。——译者注

④ 由这段开始至本年纪事结束,系据加蒙斯韦编译本译出,其中最后部分记述以后之事。——译者注

后来埃塞尔沃尔德主教来到叫做米兹汉姆斯特德的修道院，这所修道院已经被异教徒所毁，他在那里只见到古旧的墙壁和野生的树木，别无他物。他在古老的墙壁里发现了藏匿在那里的赫迪院长所写的文件，这些文件说明伍尔夫希尔国王和他的兄弟埃塞尔雷德当初是如何修建这所修道院的，又是如何豁免它对国王、对主教的一切义务，免除它的世俗性服役的，阿加托教皇又是如何以诏书加以认可的，多斯德迪特大主教也是这样做的。于是他让人修建修道院，任命了一位院长，他叫埃尔德伍尔夫。他在院里安置了修道士，而这里过去什么也没有。然后他去面见国王，请其检验发现的文件。国王答道："我，埃德加，当着天主和邓斯坦大主教之面，今天许给并赐予圣彼得修道院，即米兹汉姆斯特德，免于国王和主教的司法管辖之权，并将此项权利赐予属于该地的一切村庄，即伊斯特菲尔德、多斯特勒普、艾伊和帕斯顿。我所赐予的豁免权要使除修道院院长之外，没有一个主教对该地享有任何权利。此外，我慨赠给称为昂德尔的村庄及归属于该村庄的一切，即 8 个百户区、市场以及货物交易税的征收如此充分的自主权，因而既无国王，又无主教、伯爵、郡守得以享有任何权利，任何人亦不得如此，唯独院长及其吏员得享有之。由于埃塞尔沃尔德主教的请求，我赐予基督和圣彼得下列土地：巴罗、沃明顿、阿什顿、凯特林、卡斯托、艾尔斯沃斯、沃尔顿、沃灵顿、艾伊、朗索普，并赐以斯坦福的一名造币者。我宣布这些土地及修道院所属其他土地享有审理案件之权和地方司法权，对货物交易征税之权，对被控非法持有货物者进行审理之权，以及审判窃贼之权。这些权利以及其他一切权利，我均宣布归其自主而献给基督和圣彼得。我将惠特尔西塘的三分之二[①]，连同其水面、堰、沼泽在内，并由此经梅雷拉德直至宁河，又东至金斯德尔夫之地一并献赠，我期望在该镇开设一个市场，而且在斯坦福和亨廷登之间不再有其他市场。我希望下列地区的货物交易税征收权得予献赠：先由惠特尔西塘一路延伸直至诺曼克罗斯诸百户区的国王征税处，再回过来循反方向由惠特尔西塘经由梅雷拉德直抵宁河，顺该河的流向至克罗兰，再由克罗兰至马斯喀特河，由马斯喀特河至金斯德尔夫，再到惠特尔西塘。我希望我的前人所赐准的全部自由和恩惠将会继续有效，我以基督的十字符号予以签署并认可。"

然后坎特伯雷大主教邓斯坦作答："我承诺，这里所赐赠的和提到的一切事物，以及您的前人和我的前人所赐准的一切事物，我要予以坚持，任何人若加以违犯，我就把天主的、全体圣徒的、教会全体显要人士的以及我的诅咒加诸其身，除非他忏悔。我把我的祭披、圣带、祭袍敬献给圣彼得，以此事奉基督。"

"我，约克大主教奥斯瓦尔德，以基督在上面受难的十字架为证，对这些话全部表示赞同。"

"我，埃塞尔沃尔德，主教，对凡遵守此事的人予以祝福，而将违犯的人一律革除教籍，除非他忏悔。"

在场的有埃尔夫斯坦主教、埃塞尔伍尔夫主教、修道院院长埃什威格、修道院院长奥斯加、修道院院长埃塞尔加、埃尔夫希尔郡长、埃塞尔温郡长、伯特诺思、奥斯拉克郡长，还有许多其他显要人士。他们一致加以批准，并以基督的符号加以签署。这件事完成

---

① 或谓一半。——斯旺顿编译本注

于我们的主诞生之后 972 年，也就是国王在位的第 16 年。

院长埃尔德伍尔夫购置了许多地产，一并厚赐给修道院。他一直在那里，直至约克大主教奥斯瓦尔德逝世，然后他被选为大主教继其后任。另一位院长立即从修道院中被选出来，他叫琴伍尔夫，后来当了温切斯特主教。他是第一位在修道院的周围造起围墙的人，然后称之为“堡”[①]，虽然以往它是以米兹汉姆斯特德的名称而为人所知的。他在那里一直待到被任命为温切斯特主教为止。其后另一位名叫埃尔夫西耶的院长又从该修道院中被选出，这位埃尔夫西耶此后当了 50 年的院长。他将埋葬在卡斯托的圣基内伯和圣基内斯威思的遗体，以及埋葬在赖亚尔的圣蒂巴的遗体取出坟墓，将他们迁葬到彼得伯勒，在同一天一同奉献给圣彼得。他在那里当院长的期间，一直保存着他们的遗物。

A

964 这年埃德加国王将城里[②]的神父们从老教堂和新教堂，从彻特西和米尔顿（阿巴斯）驱逐出去，代之以修道士。他任命修道院院长埃塞尔加为新教堂的院长，奥德伯特为彻特西的院长，基内沃德为米尔顿的院长。

E

这年众神父被逐出老教堂。[③]

① 后来译为彼得伯勒。——加蒙斯韦编译本注

② 温切斯特。

③ 这句原文系拉丁文。

D(F)

965　这年埃德加国王娶埃尔夫思里思为王后，她是奥德加郡长的女儿。

D(E,F)

966　这年冈纳的儿子索雷德蹂躏威斯特摩兰，同年奥斯拉克继任郡长之职。[①]

969　这年埃德加国王下令肆扰整个萨尼特。

C(B)

971　这年奥斯基特尔大主教逝世，他先是被授任为多切斯特主教管区的主教，后经埃德雷德国王及其全体议政大臣的同意，又被授任为约克大主教。他任主教 22 年，在万圣节前夕、圣马丁节前 10 天死于泰姆。他的亲属、修道院院长瑟基特尔将主教的遗体运往贝德福德，因为他当时在那里任修道院院长。

C(B,D,E,G)

972(?)(970D,E;971G)　这年埃德蒙王子逝世。

---

① 奥斯拉克是丹麦人，任南诺森伯里亚的郡长。加蒙斯韦编译本称他为伯爵。——译者注

C(A,B)

973[1](974C)　这年，英格兰人的统治者埃德加在古城阿切曼切斯特——本岛上的居民又以另一个名称巴斯来称呼它，——在大庭广众之中加冕正式即位为王。在人类的子孙称之为圣灵降临节的这个幸福的日子里，巨大的欢乐降临到所有人的身上。我听说，那里聚集了一大群教士、一大群有学问的修道士。按数字算起来，自从光荣的王、光明的捍卫者诞生以来直到当时，根据文献记载，已经过去了差27年满1000年，因此这件事发生时，距离胜利之主诞生差不多有1000年了。举行这件事时，埃德蒙的那勇于作战的儿子已经在世上经历了29年，他是在第30年涂油加冕为王的。

D(E)

(972)　这年埃德加王子在他继承王位后的第13年，5月11日圣灵降临节那天，在巴斯加冕，正式登基，当时他差1年30岁。事后，他立即率领全体海军前往切斯特，6个国王前来相迎，个个向他立誓，在海上和陆地上他们都将是他的同盟者。

C(A,B)

975[2]　这年，英格兰人的国王埃德加享尽了他尘世的快乐，

D(E)

这年，盎格鲁人的统治者、西撒克逊人的朋友、麦西亚人

① 本年纪事A,B,C本均为头韵体诗句。

② 本年纪事A,B,C本为头韵体诗句，D本和E本文字也有诗意。

为自己选择了另外一种荣光，既美好又幸福，从而离开这个可悲的、飞逝而过的人生。各族子弟、世上众人、全国各处——那些受过正确的计数训练的人——将这位年轻人埃德加、这位向战士们施赠财富的人在它的第8天离开人世的那个月份称为7月。他的儿子随之即位，当时他还是个未长大的孩子、贵族们的王子，名字叫爱德华。

10天前，一位赫赫有名的人，就是那位主教，在不列颠辞世。他的善良来自他固有的美德，他的名字叫基内沃德。[①]

我听说，后来在麦西亚的广大地区，几乎遍及各地，对最高主宰者的赞美被彻底打倒了。天主的许多贤明的仆人被驱散了，对于对造物者怀有热爱的任何人来说，那是使他们哀痛的重大缘由。那时候，光荣的创造者、胜利的主宰者、天空的管辖者过于被蔑视了，他的权利被破坏了。那个勇武的保护者埃德加逝世。在大海对岸许多国家里，众所周知，国王们广泛敬重埃德蒙的儿子，向这位国王臣服，好像这是他生来的理所应得。只要这位高贵的国王身居王位，那就没有如此之骄妄的船队，也没有如此之强的部众，乃至能在英国有所掳获。

这年埃德加的儿子爱德华继位。同年不久，收获时节出现"彗星"。第二年，英国各地发生大饥荒，出现了许许多多动乱。

D

他在位时，由于年幼，天主的敌对者，也就是埃尔夫希尔郡长和其他许多人破坏天主之法，妨碍修

① 韦尔斯主教。

之士奥斯拉克[①]也随之被逐出国土，去到滔滔海浪、塘鹅戏游之地、鲸鱼之乡的那一边。他是一位满头灰发的人，言谈明智精辟，他被剥夺了土地。

天空中还显露出一颗星，凡是意志坚定、头脑聪慧、擅长科学、精于雄辩的人到处都称之为“彗星”。人们中间广泛显示出来最高主宰者的报复，大地出现饥荒，后来，天空的守护者、众天使的君主对此做出补偿，他借助大地的果实又把幸福还给每个岛民。

道院的生活，毁坏修道院，驱散修道士，赶走天主的仆人，这些人当初是埃德加国王命令神圣的埃塞尔沃尔德主教任命的。他们一再抢寡妇的财产，许多过失和无法无天的恶劣行径接踵而来，后来变本加厉。

E(F)

埃尔夫希尔郡长使许多修道院被毁，这些修道院当初是埃德加国王命令神圣的埃塞尔沃尔德主教设立的。

D(E)

这时，有名望的奥斯拉克伯爵从英国被放逐出去。

C

976　这年英国发生大饥荒。

---

① 即966年纪事部分之奥斯拉克。——译者注

C(B)

977 这年复活节[1]后，在科特林顿举行大会。4月30日，西德曼主教在那里猝死。他是德文郡的主教。他曾希望埋葬在他的主教教座所在之地克雷迪顿，后来爱德华国王和邓斯坦大主教下令将他运往阿宾登的圣马利亚修道院，这件事办到了。他体面地安葬在圣保罗礼拜堂的北边。

D(E)

(978) 这年在卡恩，英格兰人的主要的议政大臣都从楼上摔了下来，只有邓斯坦大主教站在一根横梁上。有些人重伤，有些人没能活下来。

C

978 这年爱德华国王殉难，他的弟弟埃塞尔雷德继位，同年涂油加冕。那年，多塞特主教埃尔夫沃尔德逝世，遗体葬在舍伯恩的大教堂里。

(979) 这年，埃塞尔雷德在复活节后两周的星期日在金斯顿加冕，出席仪式的有两位

D(E)

(979) 这年，爱德华国王于3月18日傍晚在科夫隘口被刺杀。他葬在韦勒姆，没有任何王族的尊荣仪式。自从英格兰人来到不列颠后，没有干过对他们来说比这更坏的事。人们杀了他，但是天主却尊崇他。他生前是尘世的国王，现在死后是天上的圣徒。他世上的亲属不会为他报仇，可是他在天的圣父却为他报了大仇。刺杀他的俗夫们想从世间抹去对他的怀念，但是天上的复仇者却把对他的怀念远播到天上和人间。

① 4月8日。

大主教和10位主教管区的主教。同年，时常见到一朵火一般的血云，它尤其在午夜时分显现。它由各式各样的光线组成，天快亮时就消失。

那些不肯向活着的他俯首的人，现在谦卑地向他的遗骨屈膝。现在我们可以看出，以人的聪明诡计和计谋来对付天主的目的，是毫无价值的。

这年埃塞尔雷德继位，接着很快就在金斯顿，在英国议政大臣们的巨大欢乐中加冕。

A

978　这年爱德华国王被杀。同年他的弟弟埃塞尔雷德王子继位。

D(E)

979(980)　这年埃尔夫希尔郡长将神圣的国王的遗体从韦勒姆取走，以极大的尊荣将它运往沙夫茨伯里。

C

980　这年5月2日，修道院院长埃塞尔加被授任为塞尔西教区的主教。同年，南安普顿遭到一支海上部队的劫掠，大多数居民被杀或被俘。同年萨尼特遭蹂躏，柴郡被一支北方的海上部队破坏。

D(E)

(981)　这年，第一次来了7艘船，蹂躏了南安普顿。

C

981　这年，圣佩特罗克修道院[①]被劫。同年，德文和康沃尔沿海一带，到处惨遭蹂躏。也在这一年，威尔特郡主教埃尔夫斯坦逝世，遗体葬在阿宾登修道院，其后伍尔夫加继任主教。同年，根特的修道院院长沃默逝世。

982　这年，3 艘北欧海盗船抵达多塞特，在波特兰肆虐。同年伦敦被焚。也在同年，汉普郡的埃塞尔默和萨塞克斯的埃德温两位郡长逝世，埃塞尔默的遗体葬在温切斯特的新大教堂里，埃德温的遗体葬在阿宾登修道院。同年，多塞特的两位女修道院院长逝世，她们是沙夫茨伯里的赫里卢富和韦勒姆的伍尔夫温。

同年罗马人的皇帝奥达前往希腊人的土地，[②]他与来自海上的一支萨拉森人的大军遭遇，这支军队正想对基督教居民进行袭击。于是皇帝同他们作战，双方都有大量杀伤。皇帝控制了战场，可是在离开以前，他在那里受了不少折磨。回师途中，他的侄子死了，他叫奥达，是利奥杜尔夫亲王的儿子，这个利奥杜尔夫是老奥达[③]和爱德华国王之女的儿子。

C(D,E)

983　这年，埃尔夫希尔郡长逝世，埃尔弗里克继任。本尼迪克教皇逝世。

---

① 在帕德斯托。

② 奥达即奥托二世，希腊人的土地泛指东罗马土地，奥托此次是出征南意大利。

③ 奥托一世。——译者注

A

984　这年，仁慈的埃塞尔沃尔德主教逝世，继其后任的主教埃尔夫赫亚克又名戈德温，是在10月19日接受圣职授任仪式的，他在西门和犹大两位使徒的节日那天[①]登上温切斯特主教的教座。

C(D,E)

这年，〔神圣的〕埃塞尔沃尔德主教、〔众修道士之父〕于8月1日逝世。〔这年埃德温受任为阿宾登修道院院长。〕[②]

C(D,E)

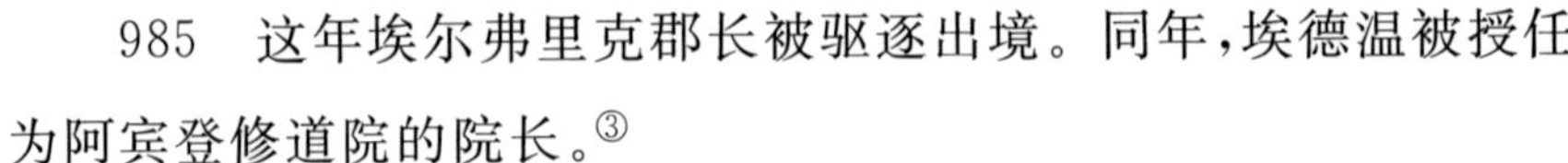

985　这年埃尔弗里克郡长被驱逐出境。同年，埃德温被授任为阿宾登修道院的院长。[③]

986　这年国王蹂躏罗切斯特主教管区。也在这年，英国首次发生严重的畜疫。

988(987E,F)　这年沃切特遭蹂躏，(988各种稿本)德文郡的塞恩戈达阵亡，许多人同归于尽。这年邓斯坦大主教逝世，埃塞尔加主教继任为大主教。他在继任之后只活了很短的时间——1年零3个月。

990(989E,F)　这年西吉里克被授任为大主教。修道院院长埃德温逝世，修道院院长伍尔夫加继任其职。

---

① 10月28日。

② 方括弧中语前两处只见于D本和E本，后一句只见于E本，日期只见于C本。

③ 后一句只见于C本。

A

991　这年奥拉夫[1]率领93艘船来到福克斯通，在周围一带肆行破坏，又从那里前往桑威奇，又转往伊普斯威奇，加以毁坏，又去了莫尔登。布里特诺思郡长率军前往迎击，同他作战。他们在那里杀死了郡长，并且据有战场。[2] 后来同他们媾和，国王在奥拉夫此后接受坚信礼时为他当教父。

C(D,E)

这年伊普斯威奇遭蹂躏，其后不久，布里特诺思郡长在莫尔登阵亡。那年决定首次向丹麦人纳贡，因为他们正在沿海制造大恐怖。第一次交付了1万镑，这个办法是西吉里克大主教首先提出来的。

C(D,E)

992　这年神圣的奥斯瓦尔德大主教辞世归天。埃塞尔温郡长也在同年逝世。后来国王及其全体议政大臣发布命令，所有船只，只要有点用处，都要到伦敦集合。然后国王将这次出征的任务交付给埃尔弗里克郡长、索雷德伯爵、[3]埃尔夫斯坦主教和埃什威格主教[4]领导，他们要想办法，看能不能在海上的什么地方将丹麦军队诱入圈套。可是埃尔弗里克郡长却派人去向敌人通风报信，接着，在双方将要交战的那天前夜，他又连夜开了小差，离开部队，这对他是十分可耻的。于是敌人逃走，只有一艘船上的人被杀。

① 后来的挪威国王。——译者注

② 下面那句主要写在边上，似为记载994年之事以后所加。

③ 埃尔弗里克为汉普郡郡长，索雷德为诺森伯里亚伯爵。——斯旺顿编译本注

④ 前者为伦敦或罗切斯特主教，后者为多切斯特主教。

后来丹麦军队同来自东盎格利亚和伦敦的船只遭遇。英军在那里大杀一阵，俘获郡长就在上面的那艘全副武装、装备齐全的船。

奥斯瓦尔德大主教死后，修道院院长埃尔德伍尔夫①继掌约克和伍斯特教区，琴伍尔夫继任为彼得伯勒修道院院长。

993　这年班堡遭劫掠，许多东西被掠走，那支军队随后来到亨伯河口，在林齐和诺森伯里亚大肆祸害。一大支英军集合起来。他们本来就要交战，这时军队统帅，即弗雷纳、戈德温和弗里塞吉斯特却带头临阵脱逃。

这年国王令人将埃尔弗里克郡长的儿子埃尔夫加的眼睛弄瞎。

994　这年奥拉夫和斯韦恩率领94艘船在圣母圣诞节②那天来到伦敦，持续攻城，还想纵火烧城。可是他们在那里遭到的伤害比他们曾经想象的任何城市居民所能加害于他们的还多。而天主的圣母又在那天向城市居民表示了怜悯，把他们从敌人手下解救出来。那些人离开了那里，却在沿海各地以及埃塞克斯、肯特、萨塞克斯和汉普郡又纵火，又破坏，又杀人，其祸害达到了任何军队所可能闯下的最严重的程度。最后他们抓马来骑，爱骑多远就骑多远，并且继续破坏，其情况非笔墨所能形容。于是国王及其议政大臣决定派人前往，答应向他们交纳贡赋，提供粮食，条件是他们要停止骚扰。他们接受了条件，整支军队来到南安普顿，在那里宿营过冬。他们在西撒克逊人的整个王国境内得到给养，还得到1.6

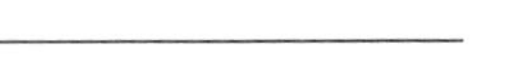

① E本作“彼得伯勒修道院院长”。

② 9月8日。

万镑现金。

然后国王派埃尔夫赫亚克主教和埃塞尔沃德郡长①去请奥拉夫国王，当时还向船上交去人质。他们以盛大的礼仪把奥拉夫带到当时在安多弗的国王那里。埃塞尔雷德国王在他接受坚信礼时为他当教父，还赠送给他与王族相称的礼物。奥拉夫许诺——他也做到了——他决不再怀着敌意回到英国。

A

994　这年西吉里克大主教逝世。威尔特郡主教埃尔弗里克继任为大主教。

C(D,E)

995　这年出现“彗星”，西吉里克大主教逝世。②

996　这年埃尔弗里克在基督教堂被授任为大主教。③

F

996　这年伍尔夫斯坦被授任为伦敦主教。

C(D,E)

997　这年丹麦军队绕过德文，开进塞文河口，在康沃尔、威尔士和德文肆行破坏。他们在沃切特登陆，在那里又放火又杀人，造

① 即编年史编者，参见495年纪事部分注。——译者注

② 此处可能以9月24日为一年之始，西吉里克很可能死于994年10月28日。

③ F本作995年。（译者按：基督教堂在坎特伯雷，奥古斯丁来英后设立。）

成很大的损害。之后，他们往回走，绕过兰兹角，到了南边，又转入泰马河口，开进内陆，直抵利德福德[①]，沿途不管遇到什么，他们一概非烧即杀。他们烧毁了位于塔维斯托克的奥德伍尔夫的修道院，把数不清的战利品带到船上。

F

997　这年埃尔弗里克大主教到罗马去接受披肩。

C(D,E)

998　这年丹麦军队转而向东，开进弗罗姆河口，从那里进入内地，在多塞特到处乱闯，想走多远就走多远。英军时常集合起来抵御他们，但是每当他们要交战时，总要搞出一些名堂来挑动撤逃，末了总是敌人得胜。另有一段时间他们留在怀特岛，在此期间，他们从汉普郡和萨塞克斯获得粮食。

999　这年，丹麦军队又进入了泰晤士河，又转而上溯梅德韦河，来到罗切斯特。从肯特征集的士兵到罗切斯特抵御他们，双方激烈交锋。可是，天哪！这些士兵不一会儿就转身而逃，〔因为他们没有得到应该得到的支援。〕[②]丹麦人控制着战场，他们抓来马，骑上去，任意在各处走动，把西肯特几乎全都破坏和糟蹋了。于是国王及其议政大臣决定以一支海军和一支陆军抵抗他们。可是，当船只已经准备就绪时，却发生了耽搁，天复一天，使船上的可怜

① 在德文西部。——斯旺顿编译本注

② 方括弧中语只见于E本。

人很烦恼。而且,按照事情的进展,他们越是一小时一小时地拖下去,就越是让他们的敌人增强兵力;英军总是向内地后撤,丹麦人就不断尾随。到头来,除了使人们受压抑,浪费了钱,鼓舞了敌人之外,一事无成,海军和陆军的出征都是如此。

1000　这年国王进军坎伯兰,几乎遍加蹂躏;他的船队经由切斯特开出来,本来应该与他会齐,但是未能做到,于是他们肆扰了马恩岛。那年夏天,敌船已经到理查的王国[①]去了。

A

1001　这年,由于一支海军的缘故,英国发生许多战事。他们几乎到处破坏纵火,因此连续不断推进,进抵内地,直到迪恩[②]。汉普郡人来到那里抵抗他们,同他们打起来。国王的大管事埃塞尔沃德、惠特彻奇的利奥弗里克、国王的大管事利奥夫温、主教的塞恩伍尔夫希尔、埃尔夫西耶主教的儿子沃西的戈德温阵亡,总共战死81人。丹麦人被杀的要多得多,虽然他们控制着战场。然后他们从那里西进,一直来到德文。帕利格率领他所能集合的船到那里与他们会合,因为尽管他曾向埃塞尔

C(D,E)

这年丹麦军队来到埃克斯河口,然后进入内地,到达堡垒[③]。他们进而猛攻堡垒,但是遭到顽强抵抗。然后他们越境而过,一路烧杀,恰如他们所习以为常的那样。于是当地一支包括德文人和萨默塞特人的大军集合起来。双方在平霍相遇。刚

① 诺曼底。

② 其地当在萨塞克斯的东迪恩或西迪恩,靠近汉普郡边境。

③ 埃克塞特,距海10英里。——斯旺顿编译本注

雷德国王立了种种誓约，却已经背弃了国王。国王曾经向他慷慨施赠，包括地产、金银。他们烧毁泰恩顿，还烧毁了许多我们说不上名称的其他上等宅邸[①]。后来同他们达成了和议。

然后他们又从那里前往埃克斯河口，这样，他们整批连续转移，直抵平霍。在那里抵抗他们的是国王的大管事科拉和国王的管事埃德西耶。他们把能够召集到的军队都带来了，可是他们在那里被赶跑，丹麦人控制着战场。第二天早上，丹麦人烧毁了平霍和克利斯特[②]的宅邸，还烧毁了许多我们说不出名称的宅邸。然后他们向东返回，直到怀特岛。第二天早上，他们又烧毁沃尔瑟姆的宅邸和许多其他村庄。不久之后，同他们谈妥了条件，他们接受和议。

一交锋，英军后退，丹麦人在那里大肆杀戮，继而骑马横行于其地；而他们每次袭击都比头一次来得厉害。他们把许多战利品带回船上，从那里转往怀特岛。他们在岛上恣意乱窜，无所阻拦，不管他们深入内地多远，海上的船只和陆地上的部队都不敢抵抗他们。情况各方面都令人痛心，因为他们不停地干坏事。

C(D,E)

1002　这年，国王及其议政大臣决定向这支船队交纳贡赋，与之媾和，条件是他们要停止为非作歹。然后国王派利奥夫西耶郡长前往船队，他于是奉国王和众议政大臣之命同他们议妥了一项

① 加蒙斯韦编译本中宅邸均作庄园。——译者注

② 可能即德文的布罗德克利斯特。

停战协定,他们将得到给养和贡赋。他们接受了。于是向他们交纳了 2.4 万镑。在此事进行期间,利奥夫西耶郡长杀死国王的大管事埃菲克,国王遂即将利奥夫西耶放逐出国。春天,王后,即理查的女儿[①]来到我国。同年夏天,埃尔德伍尔夫大主教逝世。

那年,国王下令杀死英国所有的丹麦人。这件事执行于圣布里斯节[②]那天,因为国王获悉他们要背信弃义地将他置于死地,然后害死他所有的议政大臣,继而据有他的王国。

1003 这年,由于法国人休的缘故,埃克塞特遭到猛攻。此人已由王后任命为她的管事。丹麦军队彻底摧毁了这个市镇,掠取了很多战利品。同年,这支军队转往内地,进入威尔特郡。[③] 然后一支由威尔特郡人和汉普郡人组成的庞大英军集合起来。他们意志坚定地向敌军进军。埃尔弗里克郡长将要担任军队统帅。可是他又要起了老花招。待到两军如此挨近,以致互相对视之际,他装起病来,开始恶心呕吐,说他病了,他就这样背叛了他本应统率的人们。正如俗话所说:“一将怯阵,全军受阻。”当斯韦恩看到他们犹豫不决,又都散了伙时,他就率领军队进入威尔顿。他们蹂躏并烧毁了这个市镇,然后前往索尔兹伯里,又从那里返回大海,他知道他的船就在那里。

1004 这年斯韦恩率领船队,来到诺里奇,把整个市镇都破坏并烧毁了。于是乌尔夫基特尔[④]以及东盎格利亚的议政大臣决

① 诺曼底公爵理查一世之女埃玛。——译者注

② 11 月 13 日。

③ E 本无此句。

④ 或谓系东盎格利亚的郡长。

定，还是趁军队还没有在国内造成太多的祸害之前，向他们赎买和平为好，因为他们来得出其不意，而他也来不及集合他的军队。然后，丹麦军队在据认为存在于双方之间的停战协定的掩盖下，下船潜入内地，开往塞特福德。当乌尔夫基特尔看出这步棋的时候，他就下令将那些船砍成碎片。可是他打算让他们去执行任务的那些人并没有这么做。于是他尽快秘密征集军队。丹麦军队在劫掠了诺里奇之后不出三星期又来到塞特福德，在城里过了一夜，劫掠一番，将它烧毁。早上，当他们想返回船上时，乌尔夫基特尔率军来到，就在那里挑起战斗。双方激战一番，互有大量阵亡。东盎格利亚人的精华在那里战死沙场。但是如果他们投入全部兵力的话，那么丹麦人绝不能回到船上，正如他们自己说的，他们从来没有遭遇过比乌尔夫基特尔加之于他们的更艰苦的战事。

1005 这年，英国全境出现大饥荒，灾情之惨重是人们记忆中所不曾有过的。这年丹麦船队离开这个国家，返回丹麦。没过多少时候它们又回来了。

A

1005 这年埃尔弗里克大主教逝世。

C(D,E)

1006 这年埃尔弗里克大主教逝世。埃尔夫赫亚克主教继任为大主教。〔布里特沃尔德主教接任威尔特郡主教。〕[1]同年，伍尔

---

① 方括弧中语只见于E本和F本。埃尔弗里克可能死于1005年11月16日。

夫吉特被剥夺全部财产，伍尔夫赫亚和乌费吉特被弄瞎了眼睛，埃尔夫赫尔姆郡长被杀。琴伍尔夫主教[①]逝世。

夏至以后，一大支丹麦船队来到桑威奇。丹麦人的所作所为一如往常，一路行进，一路抢劫烧杀。于是国王命令韦塞克斯和麦西亚两地全民出动，整个秋天，他们都在外服军役，抵抗丹麦军队。可是这样做的作用一点也不比往常来得大，因为尽管如此，丹麦军队仍然随意到处闯动，而征集的英军又给人民造成各种祸害，因此人民既没有从本国军队得到好处，又没有从外国军队得到好处。冬天临近时，英军回家了。丹麦军队在圣马丁节后来到他们的庇护所，即怀特岛，并在各处获取他们所需要的任何东西。圣诞节即将来临时，他们过汉普郡，入伯克郡，到达雷丁，去享用等着他们的美食。他们总是遵循自己的古老风俗，一面行进，一面点着篝火。然后他们转往沃灵福德，将它全部烧毁，又在乔尔西待了一夜，再沿着阿什当来到卡坎姆斯利巴罗，在那里等待人们曾得意地恐吓过的事情发生，因为人们常说，他们如果到了卡坎姆斯利，就再也回不到海上去了。随后，他们取另一条路线返回。英军继而集聚于肯尼特，两军在当地交战。但是丹麦军队很快就将这支英军打得退逃而去，接着又将他们的战利品运到海上。在那里，温切斯特人在这支自高自大又大胆敢战的军队经过他们的大门口向海上进发时，能够看到他们，还看见他们在距离大海 50 多英里的地方获取食物和财宝。

当时国王已经渡过泰晤士河，进入什罗普郡。圣诞节期间，他

① 温切斯特主教。

在那里接受献纳给他的食品。人们对丹麦军队产生了如此之深的恐惧,乃至没有人能想出或者设想怎样才能把他们从国土上赶出去,或是怎样才能保卫国土免遭他们侵犯,因为他们已经以自己的焚烧骚扰在韦塞克斯的每个郡里残酷地留下了痕迹。国王及其议政大臣于是开始急切考虑,看有什么办法在大家看来最为可取,好让这个国家在整个被摧毁以前得救。随后,国王及其议政大臣为了全体国民的利益,决定——虽然对于他们所有的人来说这是令人厌恶的——势必向丹麦军队纳贡不可。然后国王派人去到丹麦军中,通知他们他愿意同他们停战,而且要向他们纳贡,提供给养。他们全体接受,并在英国全境之内得到所提供的粮食。

A

1006　这年埃尔夫赫亚克被授任为大主教。

C(D,E)

1007　这年,向丹麦军队纳贡,交了3.6万镑[①]。也在这年,埃德里克被任命为麦西亚王国的郡长。

1008　这年国王下令,英国全国都要坚持不懈地造船,也就是说,每310海德土地要提供1艘战船,[②]每8海德土地要提供1顶头盔和1副胸甲。

1009　这年,上述船只准备就绪,根据书本记载,英国船数之

① E本和F本作3万镑。

② 此处3种稿本原文略有出入,可能原文有遗漏。加蒙斯韦编译本作“每300海德土地提供1艘大战船,每10海德土地提供1艘快船”。——译者注

多超过以往任何国王在位时期。它们都集中到桑威奇,并且要停泊在那里,保护英国免遭各种侵略军的侵袭。可是,要是说海军对这个国家所起的作用要比在以往许多场合中所起的作用大,我们可并没有这样的好运或荣幸。

与此同时,或者稍早一点,埃德里克郡长的兄弟布里特里克向国王控告〔南撒克逊人〕伍尔夫诺思,[①]后者出走,并挑唆一些船跟从他,直到他弄到20艘船。然后他在南部沿海一带四处破坏,种种损害无所不为。随后海军接到通知:只要人民动起手来,他们(伍尔夫诺思一伙)就会很容易地落入包围之中。于是上面提到的这个布里特里克带着80艘船,想让自己大大出名一番,并擒获伍尔夫诺思,不管是活的还是死的。可是正当他们进发时,一阵人们记忆中所不曾有过的大风向他们刮来,把所有的船打得粉碎,抛到岸上。伍尔夫诺思立即来到,将船烧毁。当时国王正在其他船上。当有关这些船的情况传到那些船上时,一切事情好像都乱了套。国王回家了,郡长和主要的议政大臣也回去了,他们竟这样轻率地弃船而去。船上的人把船运回伦敦,从而使得全国人的辛劳如此轻易地化为乌有。全体英国人所指望的胜利,情况也不比这更好些。

这次征集船只的行动如此收场之后,刚过收获节,就有一支庞大的侵略军来到了桑威奇,我们叫它索凯尔的军队。大军立即转往坎特伯雷,若不是城里的居民要求议和比他们的攻势来得快的话,他们很快就会攻占这个市镇。全体东肯特人同那支军队媾和,

① 原注称方括弧中语见于D,E,F本。据加蒙斯韦编译本注,伍尔夫诺思为贵族,是戈德温伯爵的父亲。——译者注

并向他们交纳了3000镑。紧接着，那支军队各处窜动，一直到怀特岛，并从那里出动，到萨塞克斯、汉普郡，还有伯克郡的各处劫掠纵火，这正是他们惯常的行径。然后国王命令全民出动，以便从各方面抵御敌人。虽然如此，他们还是随心所欲到处走动。

此后有一次，当他们打算上船时，国王率领他所有的军队截住了他们，所有的人都已经准备好，要向他们进攻，却被埃德里克郡长所阻，当时情况总是这样。圣马丁节之后，他们又回到肯特，在泰晤士河畔宿营过冬，靠埃塞克斯和位于泰晤士河两岸距离最近的诸郡供养。他们经常进攻伦敦城，可是应当赞颂天主，伦敦仍然屹立不动，他们总在那里遭受损失。

圣诞节后，他们选择了一条通过奇尔特恩丘陵的途径穿出来，这样来到牛津，放火烧城，然后取道泰晤士河两岸向他们的船上行去。其后他们得到警报，说一支抵御他们的军队正集中在伦敦，于是他们就在斯泰恩斯渡河。整个冬季，他们就是这般行径，春季时节，[①]他们又在肯特修船了。

1010　这年，上述军队在复活节[②]后来到东盎格利亚，在伊普斯威奇登陆，直奔他们听说乌尔夫基特尔及其军队所在之地而去。那是在耶稣升天节[③]那天，东盎格利亚人随即逃离。剑桥郡的居民坚强不屈。国王的女婿阿塞尔斯坦[④]在那里阵亡，同时阵亡的

① 1010年春季。——加蒙斯韦编译本注

② 4月9日。

③ 复活节后40天的星期四。原注该日应为5月18日，然而弗洛伦斯考证此次战役发生于5月5日，可能正确。——译者注

④ 或为其妻舅，即埃塞尔雷德第一个妻子的兄弟。

有奥斯威和他的儿子、利奥夫温的儿子伍尔弗里克、埃菲克的兄弟埃德威格，还有许多其他优秀的塞恩和无数的人。带头跑掉的是“马头”瑟基特尔。丹麦人控制战场，〔他们在那里配备了马，后来控制了东盎格利亚，〕[①]他们在那片国土上又劫掠又放火达 3 个月，甚至进入荒野的沼泽，又杀人，又杀牲口，又烧，遍及整个沼泽地带。他们把塞特福德和剑桥烧光。

后来他们返向南方，进入泰晤士河的河谷，骑马的人向船骑去。之后，他们立即再次转而向西，入牛津郡，又从牛津郡人白金汉郡，这样沿乌斯河[②]前进，直抵贝德福德，再往前去，到坦普斯福德，他们总是一边走，一边烧。然后他们带着掳获之物返回船上。当他们往船上去的时候，英军本应再次出来，以防万一他们想去内地。然而英军却回去了。当丹麦人在东边的时候，英军待在西边，丹麦人在南边的时候，我军又在北边。其后，全体议政大臣奉召来到国王那里，当时是要做出决定，怎样才能保卫这个国家。可是即使做出什么决定，也甚至连一个月都维持不了。最后，没有一个将领愿意征集军队，人人都是尽快而逃，到末了，甚至没有一个郡愿意去帮助邻郡。

其后，圣安德烈节[③]之前，丹麦军队来到北安普顿，立即焚烧该城，并随心所欲地烧毁周围地区，爱烧多少就烧多少。[④] 他们从

---

① 方括弧中语见于 D 本和 E 本。

② 英国有两条河称为乌斯河。这条又作大乌斯河，发源于英国中南部，经贝德福德等地入海。——译者注

③ 11 月 30 日。

④ 此句最后部分加蒙斯韦编译本作：“在周围地区抢他们所要的任何东西。”——译者注

那里渡泰晤士河，进入韦塞克斯，向坎宁斯沼泽[①]进发，将它烧得一干二净。就这样，他们想走多远就走多远之后，又在圣诞节时回到船上。

1011　这年，国王及其议政大臣遣使前往丹麦军中，要求议和，并以他们停止肆扰为条件，答应向他们交纳贡金，提供给养。当时他们已经蹂躏了：1. 东盎格利亚，2. 埃塞克斯，3. 米德尔塞克斯，4. 牛津郡，5. 剑桥郡，6. 赫特福德郡，7. 白金汉郡，8. 贝德福德郡，9. 半个亨廷登郡，10. 很大一部分北安普顿郡，以及泰晤士河以南整个肯特、萨塞克斯、黑斯廷斯[②]、萨里、伯克郡、汉普郡和很大一部分威尔特郡。所有那些灾难都是由于政策糟糕才降临到我们头上，糟就糟在从来不曾及时向他们交贡金，也没有加以抵抗。可是等到他们给我们造成了最大的损害时，才去同他们议和停战。尽管有了这一切停战协议和贡金，他们却依然分成小股到处乱窜，骚扰我们可怜的人民，抢他们，杀他们。

其后，也在这年，在圣母圣诞节[③]和米迦勒节[④]之间，他们围攻坎特伯雷，并通过一桩背叛行径进入城内，因为埃尔夫默[⑤]出卖了它，而大主教埃尔夫赫亚克曾经救过他的性命。然后，他们在那里抓住大主教埃尔夫赫亚克、国王的管事埃尔夫沃德、女修道院院长

---

① 在威尔特郡。

② 黑斯廷斯当时为一地区，此处非仅指该城而言。

③ 9月8日。

④ 9月29日。

⑤ 弗洛伦斯称他为执事长。

利奥弗伦[①]和戈德温主教[②];他们让修道院院长埃尔夫默[③]脱身逃走。他们还在那里俘获了所有的教会人士,连男带女统统在内,谁也说不清这种人在居民中共占多少。此后,他们就按照自己的意愿在那个市镇里住了个够。当他们搜劫了整个市镇以后,他们返回船上,把大主教也带走了。

他当时是一个俘虏,而过去曾经是英国人和基督教世界的首脑。那悲惨的城市曾首先给我们带来基督教和教俗两界的幸福,就在那里,在以前时常见到幸福的地方,这时却能看到苦难。他们一直扣留着大主教,直到因他坚持信仰而将他处死的时候。

1012　这年,埃德里克郡长和英国所有的主要议政大臣,包括教俗两方面的人士在内,于复活节前齐集伦敦——复活节星期日是4月13日。——他们留在那里,直到复活节后交清贡金,即4.8万镑[④]的时候。其后在星期六那天,丹麦军队因那位主教[⑤]而激起怒火,因为他一点钱也不答应给他们,[⑥]还禁止为他付任何财物。他们当时又已酩酊大醉,因为从南方运来了酒。他们抓住主教,在从复活节算起的第八天那个星期日的前夕,也就是4月19日,把他带到他们的集会上,在那里可耻地将他置于死地。他们用骨头和牛头向他投击,其中一人用斧背打击他的头部,他因这一击而倒下,神圣的鲜血流到地上,这样,他将他那神圣的灵魂送往天国。

① 萨尼特的圣米尔德里德女修道院院长。

② 罗切斯特主教。

③ 坎特伯雷圣奥古斯丁修道院院长。

④ E本和F本作8000镑。

⑤ 即埃尔夫赫亚克。——译者注

⑥ 弗洛伦斯谓对方索取3000镑。

到了早上，他的遗体被运往伦敦。埃德诺思和埃尔夫亨两位主教[①]以及城市居民怀着最大的敬意迎接它，将它安葬在圣保罗大教堂里。现在，天主在那里显示了这位神圣殉教者的威力。

上述贡金付清，双方立下和平誓约以后，丹麦军队散了，他们分散到远至当初从那里征集起来的地方。后来，丹麦军队中有45艘船[②]投奔到国王这边来。他们答应保卫这个国家，而他则要供给他们衣食。

1013　大主教因坚持信仰殉教之后的那一年，国王任命利芬主教为坎特伯雷大主教。同年8月以前，斯韦恩国王率领他的船队来到桑威奇，随即迅速绕过东盎格利亚，进入亨伯河口，上溯特伦特河，直抵盖恩斯伯勒。接着，乌特雷德伯爵和所有的诺森伯里亚人立即服从于他，林齐的居民也一样，接下来是那5个市镇属区[③]的全体居民；这之后，沃特灵古道以北的所有丹麦移民很快向他归顺。每个郡都向他交了人质。当他察觉所有的人都已经服从于他的时候，他就发布命令，必须给他的军队提供粮食和配备马匹。然后他率领整个部队转而南下，把船和人质都交给他的儿子克努特掌管。他越过沃特灵古道以后，军队大肆祸害，其程度与任何一支军队所干得出来的暴行相比都是最严重的。然后他转往牛津，该城居民立即服从，交了人质。他从那里去到温切斯特，人们也这样做。然后他挥师东向，到了伦敦。他部队中有许多人淹死

① 分别是多切斯特和伦敦主教。E本此处写成主教将其遗体运往伦敦。

② 索凯尔统率的船。

③ 5市镇指莱斯特、林肯、诺丁汉、斯坦福、德比，见942年纪事部分。原注称此处系据C本，而D本和E本的原文可指市镇本身而未必包括所属地区。——译者注

在泰晤士河里，因为他们不愿意费事去找一座桥。他来到这个市镇时，城中居民不肯投降，而是全力奋战予以抵抗，因为埃塞尔雷德国王就在城里，索凯尔又同他在一起。

于是斯韦恩国王从那里转往沃灵福德，渡过泰晤士河西进，到达巴斯，他同军队一起住在那里。后来埃塞尔默郡长[①]去到那里，随他一起去的还有来自西部的塞恩们。他们都归降于斯韦恩，向他交了人质。斯韦恩如此得手之后，转而北去，回到船上。整个国家都把他看成是握有全权的国王。这以后，伦敦居民也屈从了，交了人质，因为他们怕他消灭他们。然后斯韦恩要求交付全部贡金，整个冬季都要供养他的军队，索凯尔也为在格林尼治的军队提出了同样的要求。尽管有了这些条件，他们还是随其所欲经常骚扰破坏，因此这个国家无论是从南方还是从北方，一点也没有得到好处。

埃塞尔雷德国王有一阵子同停泊在泰晤士河的船队在一起，王后则渡海前往她的兄弟理查那里，同去的有彼得伯勒的修道院院长埃尔夫西耶。国王派埃尔夫亨主教带着爱德华和阿尔弗雷德两个王子去到大海彼岸，好让他照料他们。然后国王在圣诞节时候离开船队去怀特岛，在那里过节，节后渡海去到理查那里，在他那里一直待到斯韦恩逝世这件喜事发生的时候。

① 弗洛伦斯称他是德文的郡长。

E[1]

1013　那位夫人在海外住在她兄弟那里的时候，与她一同在那里的彼得伯勒修道院院长埃尔夫西耶前往称为博讷瓦勒的修道院，圣弗洛伦廷的遗体就安置在该地。他发现那里的基业是贫穷的，院长和修道士处境贫困，因为他们遭受过抢劫。于是他向该院的院长和修道士以500镑买下圣弗洛伦廷的遗体，只有头颅除外。他回国后，将它作为献赠送给了基督和圣彼得。

C(D,E)

1014　这年，斯韦恩于2月3日圣烛节[2]那天寿终。船队全体人员推选克努特为国王。留在英国的议政大臣，包括教俗两方面的在内，一致决定派人邀请埃塞尔雷德国王回国，他们说要是他以较之以往更为公道的做法来统治他们，那么对他们来说，没有哪个封君比他们的天然封君更亲。于是国王派遣他的儿子爱德华和使者前来，叫他们向他的全体人民致意，并说，他将当他们的一位仁慈的封君，改革他们所一致痛恨的一切事情；只要他们一致转到他这边来而不变节，他们过去反对他的言行一概赦免。随后，双方互立誓约，建立起完满的友好关系。他们宣称每个丹麦国王都永远被放逐出英国。春天，埃塞尔雷德国王返回他的人民中间，受到大家的欢迎。

---

① 下段系据加蒙斯韦编译本译出，内容仅见于E本。——译者注

② 原文如此。圣烛节为2月2日。其他两种编译本即作2日。——译者注

斯韦恩死后，克努特随军队在盖恩斯伯勒一直待到复活节的时候[①]。他和林齐人达成协议，由他们为他提供马匹，然后他们一起出去劫掠。他们准备就绪之前，埃塞尔雷德国王率领全部人马来到林齐，将它破坏烧毁，所有能够杀到的人都杀掉了。克努特带着船队出海，那可怜的人民就这样被他所出卖。他然后转向南方航行，直到桑威奇。他让人把交给他父亲的人质搁到岸上。他切掉了他们的手、耳朵和鼻子。[②] 这些灾祸之外，尤有甚者，国王命令向格林尼治的军队交2.1万镑[③]。这年米迦勒节前夕[④]，高大的海潮泛滥于这个国家的广阔土地上，其上涨的程度超过以往，淹没了许多村庄和难以数计的人。

1015　这年，在牛津举行大型会议。会上，埃德里克郡长出卖了西弗思和莫卡，他们是7市镇[⑤]所属的主要塞恩。他把他们哄诱到自己的房间里，在那里将他们卑鄙地杀害了。国王遂即据有他们的全部财产，并且下令捉拿西弗思的遗孀，将她带往马姆斯伯里。时隔不久，埃德蒙王子去到那里，他违背国王的意旨，将她据为己有，并且同她结婚。圣母圣诞节之前，这个王子从西部启程北上，到5个市镇所在地，立即据有西弗思和莫卡的全部地产，所有的人都归顺于他。

与此同时，克努特国王来到桑威奇，遂即绕过肯特，进入韦塞

① 4月25日。

② 弗洛伦斯称此后他返回丹麦，第二年又回来。

③ 弗洛伦斯谓3万镑。——斯旺顿编译本注

④ 9月28日。

⑤ 即前述5市镇加约克，可能再加托克西。

克斯，直抵弗罗姆河口，然后在多塞特、威尔特郡和萨默塞特劫掠。国王当时在科舍姆卧病。于是埃德里克郡长征集一支军队，埃德蒙王子也在北方征集一支军队。两军联合以后，埃德里克想背叛王子，因此之故，他们没有打仗就分了手，从敌人那里退却了。后来埃德里克郡长拐走了国王的40艘船，然后投奔克努特。西撒克逊人归降，交出人质，并且为丹麦军队提供马。丹麦军队在那里一直待到圣诞节。

1016　这年，克努特率军①前来，埃德里克郡长与他同来。他们在克里克莱德渡泰晤士河，进入麦西亚，然后在圣诞节节期之内转往沃里克郡，纵火肆虐，大军所至，一概杀绝。然后埃德蒙王子开始将英军集合起来。军队集合以后，什么都不能使他们满意，除非国王也在那里同他们在一起，而他们又得到伦敦居民的帮助。他们继而停止这次出征，各自回家去了。圣诞节节期过后，他们又奉命出来，违者重罚，凡能服役之人，都要应征。当时给伦敦城里的国王捎去口信，恳求他带着自己所能召集的部队前来与这支军队会合。他们会集到一起以后，一点也没有起作用，情况并不比往常好。后来有人通知国王，说本来应该支持他的人想背叛他，他就离开军队回到伦敦去了。

然后埃德蒙王子骑马前往诺森伯里亚的乌特雷德伯爵那里，人人都以为他们要征集一支军队来抵抗克努特国王。之后，他们率领军队进入斯塔福德郡，又进入什罗普郡，到切斯特。他们在自己这一边劫掠，克努特在他那一边劫掠。后来克努特又穿越白金

① E本和F本作“160艘船所载的军队”，此说有误。

汉郡，进入贝德福德郡，又从那里到亨廷登郡，入北安普顿郡，沿着沼泽地带到斯坦福，入林肯郡，然后从那里到诺丁汉郡，就这样进入诺森伯里亚，向约克进发。乌特雷德闻悉此事之后，就停止了骚扰掳掠，赶往北方，接着就不得不投降，全体诺森伯里亚人也随他一起投降了，他还交了人质。尽管如此，他还是由于埃德里克郡长的建议[①]而遭到杀害，一起被杀的有纳芬纳的儿子瑟基特尔。在此之后，国王[②]任命埃里克治理诺森伯里亚人，当他们的伯爵，正如乌特雷德曾是他们的伯爵一样。然后他取道另一条路线转赴南方，他靠着西边走，全体军队在复活节以前回到船上。埃德蒙王子到伦敦他父亲那里去了。复活节后，克努特国王和所有的船也都开向伦敦。

船只到达之前，埃塞尔雷德国王逝世了。他在圣乔治节[③]那天寿终。他在有生之年，掌政备尝艰辛。他死后，在伦敦的全体议政大臣以及城市居民推选埃德蒙为国王。他终生都在坚定地保卫国家。丹麦船在祈祷日期间[④]来到格林尼治，没过多久转往伦敦。然后丹麦人在南岸掘了一条大沟，把船拖到大桥西侧，后来他们用一道壕沟将该城包围起来，[⑤]因此谁也进不去出不来。他们一再攻城，可是城里的人坚强顶住。

埃德蒙国王已事先出城，占领韦塞克斯，所有的人归顺于他。

---

① 埃德里克建议事只见于C本。

② 克努特。

③ 4月23日。圣乔治相传为古代基督教殉教者，被英国基督教徒奉为守护圣徒。——译者注

④ 5月7至9日。

⑤ 加蒙斯韦编译本此处为“后来在城外筑土垒”。——译者注

在这以后不久,他在吉灵厄姆附近与丹麦人交战于彭瑟尔伍德,夏至以后,他在舍斯顿打了第二仗,双方都有大量阵亡,两军遂自动脱离接触。在那次战役中,埃德里克郡长和埃尔夫默·达林是支持丹麦军队反对埃德蒙国王的。国王又第三次征集军队,前往伦敦。他一直在泰晤士河以北行军,从克莱汉格[①]穿出来,解救了城里的居民,打得敌人逃到船上。两天以后,国王在布伦特福德渡河,再打敌人,将之赶跑。许多英国人想得到战利品,走在主力部队的前面,由于自己不慎,在河里淹死了。在这以后,国王转往韦塞克斯,并且征集军队。

丹麦军队接着立即回到伦敦,包围该城,从水陆两方面猛攻。可是全能的天主解救了它。然后丹麦军队携船离开伦敦,开进奥韦尔河,从那里进到内地,入麦西亚,途中不管碰上什么,一概杀之烧之,他们习惯如此;他们还为自己搞来给养。他们将船和牲畜都送进梅德韦河。埃德蒙国王第四次集合他所有的军队,在布伦特福德渡过泰晤士河,进入肯特。丹麦军队连同他们的马望风而逃,进入谢佩。国王追上多少,就杀多少。埃德里克郡长到艾尔斯福德来见国王。国王同意他转过来,愚蠢之举,莫此为甚。丹麦军队再次开向内地,进入埃塞克斯,又往前进入麦西亚,毁掉途中的一切。

国王听说军队到了内地,他第五次将全体英国人召集起来,前去追赶,在埃塞克斯境内的阿兴登山追上他们。他们就在那里激战。[②] 埃德里克郡长又干起了他过去常干的事情,他第一个偕同

① 在米德尔塞克斯的托滕厄姆。

② 10月18日。

马冈萨特人[1]弃阵而逃，从而背叛了他的封君和全体英国人。克努特在那里获胜，他为自己赢得了全体英国人。在那里阵亡的有埃德诺思主教[2]、修道院院长伍尔夫西耶[3]、埃尔弗里克郡长[4]、林齐郡长戈德温、东盎格利亚的乌尔夫基特尔、埃塞尔温郡长[5]之子埃塞尔沃德，英国的显贵都在那里被消灭了。

这次战役以后，克努特国王率军赴内地，到格洛斯特，事先他已听说埃德蒙国王就在那里。埃德里克郡长和那里的议政大臣建议双方国王和解。他们交换了人质。两位国王在阿尔尼[6]会晤，立下信誓，建立友谊，规定了对丹麦军队的付款数额。有了这次和解，他们分头离去，埃德蒙继承韦塞克斯，克努特继承麦西亚[7]。丹麦军队然后携带掳掠到的东西上船。伦敦人同这支军队达成协议，为自己赎买了和平。丹麦军队把船运到伦敦，冬天就在城里住宿。

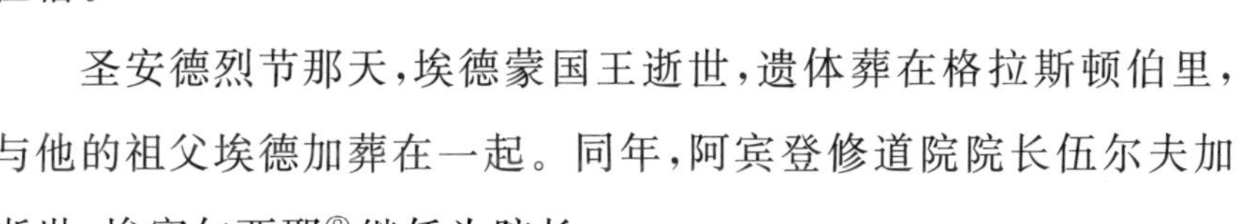

圣安德烈节那天，埃德蒙国王逝世，遗体葬在格拉斯顿伯里，与他的祖父埃德加葬在一起。同年，阿宾登修道院院长伍尔夫加逝世，埃塞尔西耶[8]继任为院长。

1017　这年，克努特国王继承了整个英国，将它分为4部分，韦

① 原注谓即赫里福德郡人，其他两种编译本注中尚包括什罗普郡南部之人。——译者注

②③④⑤ 分别在多切斯特、拉姆西、汉普郡、东盎格利亚任职。

⑥ 斯旺顿编译本作奥拉岛（Ola's Island），并注称弗洛伦斯谓该岛在塞文河中，其地可能即今迪尔赫斯特附近的奈特布鲁克，而非阿尔尼。——译者注

⑦ D本无麦西亚而作"北部"。

⑧ 加蒙斯韦注称应作埃塞尔温。——译者注

塞克斯归他自己，东盎格利亚归索凯尔，麦西亚归埃德里克，诺森伯里亚归埃里克。这年，埃德里克郡长被杀，被杀的还有利奥夫温郡长的儿子诺思曼，壮汉埃塞尔默的儿子埃塞尔沃德，德文郡的埃尔夫赫亚之子布里特里克。克努特国王放逐了埃德威格王子①，后来令人将他杀害。8 月 1 日以前，国王令人将埃塞尔雷德国王的遗孀、理查的女儿带来，给他当妻子。

A

1017　这年克努特被推选为国王。

C(D,E)

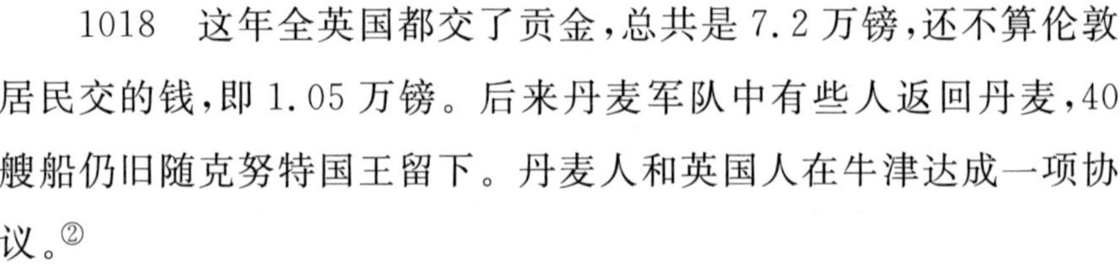

1018　这年全英国都交了贡金，总共是 7.2 万镑，还不算伦敦居民交的钱，即 1.05 万镑。后来丹麦军队中有些人返回丹麦，40 艘船仍旧随克努特国王留下。丹麦人和英国人在牛津达成一项协议。②

1019　这年克努特国王返回丹麦，③整个冬天都在那里。（本段以下部分 D）埃尔夫斯坦大主教也在这年逝世，他叫利芬，是个在教会事务和国家事务两方面都十分审慎的人。

---

① 埃塞尔雷德之子。D 本和 E 本尚有“并驱逐了农民之王埃德威格”之语。

② D 本作“以埃德加之法为依据达成一项协议”。

③ 原注 D 本作“携 9 艘船返回丹麦”。其他两种编译本核定本年纪事属于 1020 年。——译者注

C

1020　这年利芬大主教逝世。克努特国王返回英国，其后在复活节那天[1]，在赛伦塞斯特举行大型会议。埃塞尔沃德郡长和农民之王埃德威格遭到放逐。这年国王前往阿兴登。同往者有伍尔夫斯坦大主教和索凯尔伯爵，以及多位主教。他们在阿兴登举行大教堂的献堂仪式。

D

这年克努特国王返回英国。复活节那天在赛伦塞斯特举行大型会议。埃塞尔沃德郡长被放逐。这年国王和索凯尔伯爵前往阿兴登。同往者有伍尔夫斯坦大主教和其他主教，还有修道院院长们和许多修道士。他们在阿兴登举行大教堂的献堂仪式。基督教堂教长、修道士埃塞尔诺思在同年11月13日被授任为基督教堂的主教。

E

这年克努特国王返回英国。复活节那天在赛伦塞斯特举行大型会议。埃塞尔沃德郡长被放逐。这年国王前往阿兴登。利芬大主教逝世。基督教堂的修道士兼教长埃塞尔诺思在同一年被授任为该教堂的主教。

① 4月17日。

C(D,E)

1021　这年圣马丁节那天,克努特放逐索凯尔伯爵。(本段以下部分 D)仁慈的主教埃尔夫加[①]于圣诞节清晨逝世。

1022　这年克努特国王率船前往怀特岛。埃塞尔诺思大主教前往罗马,

D(E,F)

他在那里受到可敬的本尼迪克教皇的体面接待。教皇亲手将披肩披在他身上,于10月7日庄重地授任他为大主教,并为他祝福。同一天,大主教身着披肩,立即〔按照教皇的指示〕[②]作弥撒,后来又隆重地与教皇本人共同进餐;

D

他还亲自从圣彼得的祭坛上取下披肩,然后愉快地返回本国。

E(F)

然后他带着教皇的全部祝福回国。曾经蒙冤被逐出伊利的修道院院长利奥夫温与他同赴罗马。他按照教皇的指示,由大主教及其全体随行人员作证,在那里洗刷了对他的所有不实之词。

---

① 埃尔默姆主教。

② E本和F本无日期。方括弧中语只见于E本。

C

1023 这年克努特国王返回英国，索凯尔与他和解。他将丹麦和他的儿子托付给索凯尔卫护。国王带着索凯尔的儿子来到英国。其后他令人将圣埃尔夫赫亚克的遗体从伦敦迁往坎特伯雷。

D

1023 这年在伦敦的圣保罗大教堂，克努特国王给予埃塞尔诺思大主教、布里特温主教[①]和全体与他们在一起的天主的仆人们充分许可，让他们将圣埃尔夫赫亚克大主教从陵墓中取出。他们在6月8日完成此事。光辉的国王、大主教、主教管区的主教们、众伯爵和许多教会及世俗人士将他神圣的遗体用船载运渡过泰晤士河，到萨瑟克，在该地将神圣的殉教者托付给大主教及其随行人员。他们然后在欢声中偕同一批显赫人士将遗体运到罗切斯特。第三天，埃玛王后带着他的王子哈撒克努特[②]来到。他们唱着赞歌，以十分荣耀的场面欢欣地将神圣的大主教护送到坎特伯雷，并且在6月11日以应有的礼仪将他送进基督教堂。后来在第八天，即6月15日，埃塞尔诺思大主教、埃尔夫西耶主教、布里特温主教以及与他们在一起的全体人员将圣埃尔夫赫亚克的神圣遗体安置在基督祭坛的北侧，以示对天主的赞颂、神圣的大主教的尊荣和每天以虔敬谦恭之心前往瞻仰他那神圣遗体的所有的人的永恒得救。愿全能的天主因圣埃尔夫赫亚克的神圣业绩而施恩于基督的全体信徒。

---

① 韦尔斯主教。

② 该名称有几种拼法，一译哈迪克努特。——译者注

E(F)

1023　这年伍尔夫斯坦大主教逝世，埃尔弗里克继任。同年埃塞尔诺思大主教将圣埃尔夫赫亚克大主教的遗体从伦敦迁往坎特伯雷。

D

1026　这年埃尔弗里克主教[①]前往罗马，11月12日，从约翰教皇手中接受披肩。

E(F)

（1025）　这年克努特国王率船队赴丹麦，到霍尔默[②]，在霍利河，乌尔夫和埃拉夫[③]以及一支十分庞大的瑞典陆军和海军来到，对他进行抵抗。克努特国王一边的很多人被歼灭，其中包括丹麦人和英国人。瑞典人控制着战场。

C(D,E,F)

1028　这年克努特国王率领50艘船〔自英国〕赴挪威，[④]（本段以下部分D〔E,F〕）将奥拉夫国王驱逐出去，并将他要求得到的那整片土地拿到手。

---

① 约克大主教。——斯旺顿编译本注

② 其他两种编译本中无此地名。——译者注

③ 乌尔夫是克努特的姐夫或妹夫，时为丹麦摄政。埃拉夫是乌尔夫的兄弟。——译者注

④ 方括弧中语见于D，E，F本。F本作“英国塞恩们的50艘船”。

D(E,F)

1029 这年克努特国王返回英国。

C

1030 这年奥拉夫国王在挪威被他的国人所杀,[①]后来他被列为圣徒。在此之前,勇敢的哈康伯爵在海中溺死。

D(E)

这年奥拉夫国王返回挪威,人们聚而攻之。他在那里被杀。

A

1031 这年克努特返回英国,刚一回到英国,他就将桑威奇的港口赐给基督教堂,并将得自港口两边的全部收益一并赐赠给该教堂。因此,无论何时,每当潮水上涨达到最高最满程度之际,而又有一艘船漂浮在最靠近海岸的地方,船上站着一个人,手持一把小斧……[②]

D(E,F)

1027(1031)[③] 这年克努特国王前往罗马,刚一回国,他又去

① 此事发生于斯蒂克莱斯塔。——译者注

② 这段文字系于坎特伯雷所加,原注称其内容属于伪造文件,书中未予采用。此处系据加蒙斯韦编译本译出。原稿其余的文字被抹去,据其他两种编译本注,下文的意思是:斧头投向内地,基督教堂享受权益的范围,以它所到达之处为界。——译者注

③ 此事应在1027年,而编年史编者可能误以为此事发生于斯蒂克莱斯塔战役之后,而非霍利河战役之后,因此推后4年。出征苏格兰的日期不能确定。

了苏格兰。苏格兰国王向他投降，

D	E(F)
成为他的人，但是对此他只遵守了很短一段时间。	苏格兰国王即马尔科姆。归降者还有另外两个国王：梅尔贝思和耶马克。
1032	这年发生野火，火势之猛为人们记忆中所未有。野火遍及多处，为害不小。同年温切斯特主教埃尔夫西耶逝世，由国王的神父埃尔夫温继任。
1033　这年利奥夫西耶主教逝世，遗体安葬在伍斯特。布里特赫亚被选为其教区主教。	这年萨默塞特主教梅雷威特逝世，安葬在格拉斯顿伯里。

C(D,E)

1034　这年埃塞尔里克主教逝世，安葬在拉姆西。(以下 D)同年苏格兰的马尔科姆国王逝世。

C(D)	E(F)
1035　这年克努特国王于 11 月 12 日在沙夫茨伯里逝世。他从该地被运往温切	(1036)　这年克努特国王在沙夫茨伯里逝世，安葬在温切斯特的老教堂里。他君临全英国几近 20 年。他死后，全体议政大臣立即齐聚牛津。利奥弗里克伯爵、泰

斯特，并在那里安葬。王后埃尔夫吉富[①]当时正在那里。自称是克努特和另一个埃尔夫吉富[②]的儿子——虽然并非事实——的哈罗德派人前来，将最好的珍宝从王后那里取走。这些珍宝曾属于克努特国王，而她无从隐匿。不过只要获准，她可以继续在温切斯特住下去。

晤士河以北的几乎所有的塞恩，以及伦敦的海员们[③]推举哈罗德为全英国的摄政，既代表他本人，也代表当时在丹麦的他的兄弟哈撒克努特。戈德温伯爵和韦塞克斯全体要人则尽其所能一直加以反对。但是他们对此无能为力。后来决定，哈撒克努特的母亲埃尔夫吉富就住在温切斯特，与其身为国王的儿子[④]的御卫队员们在一起，他们为哈撒克努特保有整个韦塞克斯。戈德温伯爵是最效忠于他们的人。有人说哈罗德是克努特国王和埃尔夫赫尔姆郡长之女埃尔夫吉富[⑤]的儿子，可是许多人以为不可信。然而他是全英国的握有全权的国王。

C(D)

1036　这年埃塞尔雷德国王的儿子、无辜的王子阿尔弗雷德来到这个国家，想去找他在温切斯特的母亲。可是戈德温伯爵不许他去，其他手握大权的人物也不许，因为人们的感情正大为转向

---

① 即埃玛。——译者注

② D本作“北安普顿的埃尔夫吉富”。

③ 加蒙斯韦编译本作“克努特的家兵”。——译者注

④ 哈撒克努特当时为丹麦国王。——译者注

⑤ 即②所指者。——译者注

哈罗德，虽然这并不对。

但是戈德温[①]阻止了他，将他俘获，并且解散了他的随行者，又以各种方式杀害了其中的一些人：有的卖钱，有的惨遭杀戮，有的被套上脚镣，有的被弄瞎眼睛，有的被断肢致残，有的被剥去头皮。自从丹麦人来到并且建立和平以来，在这块土地上没有发生过比这更恐怖的事了。现在我们必须信赖敬爱的天主，那就是这些无罪而又如此惨遭杀害的人在基督那里幸福地享受欢乐。王子还活着，他受到种种恶祸的威胁，直到决定将他披枷带锁解往伊利。他刚一到，就在船上被弄瞎了眼睛。他就这样瞎着双眼被交给修道士。他有生之年都住在那里。[②] 后来他以合乎身份的、他应该享有的十分体面的仪式被安葬在南边礼拜堂的西端，离尖塔非常近。他的灵魂与基督同在。

C(D)

1037　这年哈罗德在各处都被选举为国王，哈撒克努特被抛弃，因为他在丹麦的时间太长了。接着他的母亲埃尔夫吉富被毫不容情地驱逐出去，去面对严酷的寒冬。她随后渡海去了布鲁日。在那里，鲍德温伯爵[③]友善地予以接待。只要她有需要，

E(F)

这年克努特国王的遗孀、哈撒克努特的母亲埃尔夫吉富被驱逐出去。她随后去大海之南寻求鲍德温的保护。他在布鲁日

① 这两段D本均未提到戈德温，从D本上下文看，可以理解为哈罗德令人将他俘获囚禁。本段原文为韵文。

② 或谓阿尔弗雷德不久即因伤重而死，或谓旋即被杀害。——译者注

③ 鲍德温五世。——译者注

不论时间多久,他都加以供养。这年早些时候,高尚的伊夫舍姆教长埃菲克逝世。

给她住处,她住在那里时,他一直保护并供养她。

C(D)

1038 这年,善良的埃塞尔诺思大主教逝世。逝世的还有萨塞克斯主教埃塞尔里克,〔他愿天主在他亲爱的父亲埃塞尔诺思死后一点时间也别让他再活下去,其父死后 7 天,他也离开人世。〕以及东盎格利亚主教埃尔弗里克,[①] 12 月 20 日,伍斯特主教布里特赫亚也逝世。

E(F)

这年埃塞尔诺思大主教于 11 月 1 日逝世。不久之后,萨塞克斯主教埃塞尔里克逝世,接着是伍斯特主教布里特赫亚在圣诞节前又逝世。之后很快又是东盎格利亚主教埃尔弗里克逝世。后来埃德西耶[②]继任大主教,格里姆基特尔继任萨塞克斯主教,利芬主教继任伍斯特郡和格洛斯特郡主教。

C

1039 这年发生大风。利奇菲尔德主教布里特默逝世。威尔士人杀害利奥弗里克伯爵的兄弟埃德温,还杀了瑟基尔和埃尔夫

① 方括弧中语只见于 D 本,但 D 本未提埃尔弗里克。

② F 本称埃德西耶为“国王的神父”。

吉特，与他们一起被杀的还有许许多多优秀的人。这年哈撒克努特来到布鲁日，他的母亲就在那里。

C(D)

1040　这年哈罗德国王逝世，于是他们派人到布鲁日去请哈撒克努特来。他们认为这样做很明智。夏至之前，他带着 60 艘船前来，随即征收苛税，人们对此难以承受。每个桨架要交 8 马克[①]。以前归心于他的人后来都对他反感。终其统治之年，他没有做一件配得上国王的事情。他令人将死去的哈罗德挖出来，扔进沼泽。[②]

E(F)

(1039)　这年哈罗德国王于 3 月 17 日在牛津逝世，葬于威斯敏斯特。他统治英国 4 年零 16 个星期。在他统治期间，有 16 艘船按每个桨架 8 马克征税。这和克努特国王时期的做法恰恰一样。同年，哈撒克努特国王在夏至前 7 天来到桑威奇，立即为英国人和丹麦人双方所接受，虽然他的辅弼们后来为此做出了苛重的报偿，他们命令：有 62 艘船要按每个桨架 8 马克征税。同年，小麦每塞斯特[③]涨到 55 便士，甚至更高。

① 欧洲中世纪的一种重量(尤指金银)单位，约合 8 盎司；又是英国一种古银币，1 马克相当于 160 便士，但亦有时折合成 128 便士。——译者注

② 后又令人投入泰晤士河。——译者注

③ sester，古量器。——译者注

A

1040　这年埃德西耶大主教前往罗马。哈罗德国王逝世。

C(D)

1041　这年哈撒克努特为了两名御卫队员，令人破坏了整个伍斯特郡。这两名御卫队员曾强行敛收那项苛税，人们在城里的大教堂里已经将他们杀死。不久之后，从海外来了爱德华，也就是哈撒克努特的同母兄长、埃塞尔雷德国王的儿子。许多年以前，他曾被逐出他的国家，现在他却宣誓为国王。他就这样在其弟的有生之年一直待在弟弟的朝廷里。这年哈撒克努特对埃德伍尔夫伯爵[①]背信弃义，而他曾经答应保证他的安全，因此他是一个毁约的人。[这年埃塞尔里克于1月11日在约克被授任为主教。][②]

E(F)

(1040)　这年交纳军税，即2.1099万镑，后来又上交了32艘船的税款1.1048万镑。同年，埃塞尔雷德国王的儿子爱德华从法国来到本国。他是哈撒克努特国王的兄长。他们都是理查公爵[③]之女埃尔夫吉富的儿子。

① 诺森伯里亚伯爵。

② 埃塞尔里克就任达勒姆主教。方括弧中语只见于D本。

③ 诺曼底公爵，原译伯爵，此处从加蒙斯韦编译本。——译者注

C(D)

1042 这年哈撒克努特逝世。他是这样死的:他正站着喝酒,忽然倒地,骇人地抽搐着。靠近他的人抓住他,而他再也没说话。他死于6月8日。其后人们一致接受爱德华为国王。这正是他的当然权利。

E(F)

(1041) 这年哈撒克努特于6月8日在兰贝斯逝世。他君临全英国差10天满2年。他被安葬在老教堂里,与其父克努特国王葬在一起。他入葬之前,人们在伦敦一致推选爱德华为国王。愿他在天主赐准的年限之内始终保持王位。

整年之中出现多种惨象:暴风雨严重损害了庄稼,这一年因种种疾病和暴风雨而遭灾的牲畜比人们记忆中以往损失的还多。

这年彼得伯勒修道院院长埃尔夫西耶逝世,修道士安威格被选为院长,因为他是一位十分善良温和的人。①

A

1042 这年哈撒克努特国王逝世。

C,E

1043(1042E) 这年爱德华在复

D

1043 这年爱德华在

① 最后一句显系于彼得伯勒增补,不见于F本。

活节星期日那天，在温切斯特以盛大仪式加冕，成为国王。复活节是 4 月 3 日。埃德西耶大主教为他加冕，并且当着众人之面对他善言相诲，又为了他本人和全体人民向他谨进忠言。斯蒂甘德神父被授任为东盎格利亚人的主教。事后不久，国王就将他母亲所拥有的土地全部强行收归己有，他还从她那里取走她所有的金银和难以描述的财物，因为她过去对这些东西抓得太紧，不肯给他。

C

没过多久，斯蒂甘德被剥夺了主教职务，他所拥有的一切都转归国王掌握，因为他是国王母亲最亲密的咨询对象，而且人们怀疑她对他是言听计从的。

复活节星期日那天，在温切斯特加冕，成为国王。就在这一年的圣安德烈节前两周，[①]国王在别人的建议下，偕同利奥弗里克伯爵、戈德温伯爵、休厄德伯爵及他们的随从，从格洛斯特骑马前往温切斯特，他们出其不意地对那位夫人[②]下手，剥夺了她所拥有的全部财宝，数量之多难以胜计，因为她以往对国王，亦即她的儿子十分冷酷，也就是说，在他当国王之前和当国王之后，她为他所做的都比他期望的要少。他们允许她以后在那里居住。

① 圣安德烈节是 11 月 30 日，因之此处日期应为 11 月 16 日。

② 即爱德华之母埃玛。

C,E

1044(1043E) 这年埃德西耶大主教因体弱而辞去主教职务,将它授予阿宾登修道院院长休厄德,[①]他是经国王和戈德温伯爵准许,并由他们建议而这样做的。办成之前,没有几个人与闻其事,因为大主教疑心要是有更多的人知道的话,就会有其他的他不那么信任,又不那么爱顾的人来谋求这个职位,或将它买到手。

这年,严重的饥荒遍及全英国,谷价比任何人记忆中的价格都贵。一塞斯特小麦上涨到60便士,甚至更高。

同年,国王率领35艘船前往桑威奇。圣器看管人阿塞尔斯坦接任阿宾登修道院院长。

C

同年,爱德华国王在圣烛节前10天[②]与戈德温伯爵之女伊迪丝结婚。

E

斯蒂甘德又得到他的主教职务。

D

(1045)[③]

这年伦敦主教埃尔夫沃德于7月25日逝世。他起初任伊夫舍姆修道院院长。在那里任职时,他大大推进了修道院的善业。后来他去了拉姆西,死于该地。曼尼被选为修道院院长,并于8月10日被授职。

这年之间,克努特的亲属、贵妇贡尼尔德[④]

① 加蒙斯韦编译本谓授任休厄德为其副手。——译者注

② 圣烛节为2月2日。原注及加蒙斯韦编译本均谓婚礼实举行于1045年1月。C本以3月25日作为一年之始,因此作1044年。下同。——译者注

③ D本此处漏去“1044”,而后文“1052”则重复,因此其间历年所记之事均晚于正确年代一年。

④ 弗洛伦斯称她是克努特的外甥女。

被逐。其后她在布鲁日住了很长一段时间，然后去了丹麦。

C

1045 这年布里特沃尔德主教于4月22日逝世，爱德华国王将这个教职授予他的神父赫里曼。

同年夏天，爱德华国王率船队前往桑威奇。在那里集合的船只如此之多，乃至在这个国家里没有人见到过如此庞大的海军队伍。

利芬主教于同年3月20日逝世，国王将该教职授予他的神父利奥弗里克。[①]

D

（1046） 这年威尔特郡主教布里特沃尔德逝世，赫里曼被任命接管他的教区。

这年由于挪威的马格努斯的威胁，爱德华国王在桑威奇集合了一大支海军队伍。但是马格努斯和丹麦的斯韦恩的交战阻止了他前来。

E

（1043） 这年爱德华国王娶戈德温伯爵之女为王后。

同年，布里特沃尔德主教逝世，他执掌其教区38年。国王的神父赫里曼继任此职。同年。经国王和修道院院长埃尔夫斯坦认可，在圣诞节节期的圣司提反节[②]那天，伍尔弗里克被授任为圣奥古斯

① 原注利芬死于1046年。斯旺顿编译本注称利奥弗里克和赫里曼均系洛塔林吉亚人。（参见1080年纪事部分注。）——译者注

② 司提反为第一个基督教殉教者，受难于12月26日。——译者注

丁修道院[①]院长，因为埃尔夫斯坦院长已经十分病弱。

C

1046 这年斯韦恩伯爵[②]进入威尔士，北部国王格里菲思[③]与他同往。对方向他交了人质。在归途中，他令人将莱姆斯特女修道院院长带来，把她留在身边，足足留了他想要留的那么久，然后才让她回去。同年，奥斯戈德·克拉帕[④]在圣诞节前被放逐。

这年圣烛节后，严冬袭来，霜雪交加，种种恶劣天气不一而足。活

D

（1047） 这年，富有口才的利芬主教于3月23日逝世。他有三个主教管区，一个在德文，一个在康沃尔，一个在伍斯特。其后利奥弗里克接管德文和康沃尔，奥尔德雷德主教接管伍斯特。这年，国王常侍奥斯戈德被放逐。马格努斯征服丹麦。

E

（1044） 这年德文郡主教利芬逝世，由国王的神父利奥弗里克继任。同年圣奥古斯丁修道院院长埃尔夫斯坦于7月5日逝世。同年奥斯戈德·克拉帕被驱逐。

① 在坎特伯雷。——译者注
② 戈德温之子。——译者注
③ 北威尔士之王。——译者注
④ 丹麦著名人物。

着的人没人记得曾有过这样严寒的冬季。人畜死于瘟疫，鱼、鸟冻毙饿死。

C

1047 这年萨塞克斯主教格里姆基特尔逝世，长眠于坎特伯雷的基督教堂。爱德华国王将该教职授予他的神父赫卡。同年8月29日埃尔夫温主教逝世，爱德华国王将他的教职授予斯蒂甘德主教。同年3月29日阿宾登修道院院长阿塞尔斯坦逝世，[①]——这年复活节是4月3日。[②]——这一年全英国出现十分严重的瘟疫。

D

（1048） 这年出现严冬。年内温切斯特主教埃尔夫温逝世，斯蒂甘德主教升任其职。这年在此之前萨塞克斯主教格里姆基特尔逝世，由赫卡神父继其后任。

斯韦恩[③]派人前来求援，以抵抗挪威国王马格努斯。他要求派50艘船去支援他。但是人人都认为这是

E

（1045） 这年萨塞克斯主教格里姆基特尔逝世，由国王的神父赫卡继任。这年8月29日温切斯特主教埃尔夫温逝世，北部的斯蒂甘德主教继任其职。

同年，斯韦恩伯爵出国前往鲍德温的国家，去到了布鲁日，一冬都在那里，夏天离去。

① 阿塞尔斯坦死于1048年。——加蒙斯韦编译本注

② 4月3日为1048年复活节日期。

③ 克努特的外甥斯韦恩·埃斯特里特森。

个愚蠢的计划，予以拒绝，因为马格努斯有一大支海军。马格努斯继而驱逐了斯韦恩，大肆杀戮，夺取了那个国家。丹麦人付给他重金，接受他为国王。同年马格努斯逝世。[①]

C

1048　这年英国到处发生强烈地震。

同年桑威奇和怀特岛遭蹂躏，那里最优秀的人被杀害。随后爱德华国王和众伯爵率领船队出航。[②]

同年休厄德主教因身体衰弱辞职，到阿宾

D

（1049）　这年斯韦恩回到丹麦。马格努斯死后，他的叔父哈罗德去到挪威，挪威人接受他为国王。他派人来商讨议和事宜。斯韦恩也自丹麦派人来请求爱德华国

E

（1046）　瓦莱迪讷战役。[③] 这年阿宾登修道院院长阿塞尔斯坦逝世，贝里圣埃德蒙兹修道院的修道士斯帕罗霍克继其后任。同年休厄德主教逝世，埃德西耶大主

① 马格努斯死于1047年10月25日。

② 加蒙斯韦编译本此处有“前往追逐来者”之语。——译者注

③ 该战役系诺曼底威廉公爵与其叛乱的臣属之间的战事，实发生于1047年。

登去了。埃德西耶大主教又重掌他的主教管区。不出8个星期，他[休厄德]就在10月23日逝世。

王以海军支援他，至少要50艘船，但是所有的人都拒绝了。

这年5月1日多处发生地震：伍斯特、德罗伊特威奇、德比以及其他地方。人和牲畜又患染严重的瘟疫，野火在德比郡和别的地方造成很大的灾害。

教又执掌了他原来的全部主教管区。

同年洛滕和伊尔林①带着25艘船来到桑威奇，掳获人和金银无数，谁也不知道总共有多少。然后他们绕行萨尼特岛，想在那里照样干一场。但是当地居民坚决抵制，阻止了他们登陆，并且不让他们弄到水，把他们从那一带彻底驱逐出去。于是他们离此前往埃塞克斯，在那里肆行破坏，劫人越货，接着东往鲍德温的国家，在那里出售抢到的东西，然后东行返回他们所来自的国土。

① 二人均为北欧海盗。——译者注

C

1049　这年皇帝[1]集合一支大军对付布鲁日的鲍德温，因为鲍德温猛攻了奈梅亨的宫殿，另又肇祸多端。皇帝所集合的这支军队人数难以胜计，来自罗马的利奥教皇和来自许多民族的许多名人都在军中。他还派人来到爱德华国王这里，要他提供海上援军，别让鲍德温从海上溜走。于是国王前往桑威奇，他率领一大支海军留驻该地，直到皇帝从鲍德温那里得到他所要的一切。

D

（1050）　这年皇帝集合一支大军对付布鲁日的鲍德温，因为鲍德温猛攻了奈梅亨的宫殿，另又肇祸多端，皇帝所集合的这支军队人数难以胜计，教皇也在其中，还有宗主教和各族的其他众多名人。他还派人来到爱德华国王这里，要他提供海上援军，别让鲍德温从海上溜走。于是国王前往桑威奇，他率领一大支海军留驻该地，直到皇帝从鲍德温那里得到他所要的一切。

E

（1046）　这年在兰斯举行大型的宗教会议。利奥教皇出席，还有勃艮第大主教、贝桑松大主教、特雷沃大主教、兰斯大主教和许多其他教俗人士。爱德华国王派杜达克主教[2]、圣奥古斯丁修道院院长伍尔弗里克、埃尔夫温院长[3]前往，以便他们能将会上为了基督教世界的利益而作出的任何决定通报给国王。

同年爱德华国

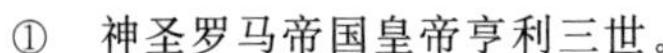

① 神圣罗马帝国皇帝亨利三世。

② 韦尔斯主教。

③ 拉姆西修道院院长。

其后，斯韦恩伯爵[1]又回到爱德华国王这里来，要求国王给予土地，以便维持生计。但是他的弟弟哈罗德连同伯恩伯爵[2]同声反对，他们宣称凡是国王已经赐给他们的东西，他们一点也不放弃给他。斯韦恩来得很虚伪，他说他要当国王的臣下，要求伯恩伯爵予以支持。但是国王对他一概拒绝。斯韦恩于是到博舍姆他的船上去了。戈德温伯爵带着 42 艘船从桑威奇前往佩文西，伯恩伯爵与他同行。国王

其后，曾经离开我国去了丹麦，而且在丹麦人那里毁掉自己的斯韦恩伯爵回来了。他态度虚伪地来到这里，说他想臣服于国王，伯恩伯爵答应给他帮忙。后来，皇帝和鲍德温之间达成协议之后，许多船回去了，但是国王带着少数船只还留在桑威奇。戈德温伯爵也带着 42 艘船从桑威奇去到佩文西，伯恩伯爵与他同往。既而国王听说奥斯戈德在维尔普，[3]手下有 39 艘船，他就派人去把已经返回的那些船尽

王率领一大支海军出航前往桑威奇。斯韦恩伯爵带着 7 艘船来到博舍姆，与国王讲和。他获准恢复他以前享有的各种尊荣，而他的弟弟哈罗德伯爵以及伯恩伯爵加以反对。他们力陈斯韦恩没有权利享有国王曾经赐给他的[4]任何东西。可是他得到 4 天的安全通行许可，好让他回到船上去。正当这些事态发生之际，消息传到国王耳边，说敌对的船只正停泊在西边，

---

① 戈德温之子。

② 斯韦恩·埃斯特里特森的兄弟，在英国领有伯爵辖区，包括赫特福德郡。

③ 奥斯戈德即奥斯戈德·克拉帕，维尔普在佛兰德。

④ 其他两种编译本作“国王已经赐给他们的”。——译者注

随即允许麦西亚人全部回家,他们都回去了。国王又获悉奥斯戈德在维尔普,手下有29艘船,就派人向“北口”[①]征调他所能调集的全部船只。但是奥斯戈德把妻子安置在布鲁日,自己又带着6艘船返回,[②]其余的人则前往埃塞克斯的“埃杜尔夫斯尼斯”[③],并在那里肆行破坏,然后回到船上。戈德温伯爵和伯恩伯爵正随船停驻在佩文西,斯韦恩伯爵来了。他狡诈可能地调来。奥斯戈德把妻子留在布鲁日,又带着6艘船折返。其余的人前往萨塞克斯[④]的“埃杜尔夫斯尼斯”,并在那里造成破坏,然后回到船上。接着,一阵狂风突然袭来,除了4人以外,他们全部遭难,而这4人又在海上丧生。[⑤] 戈德温伯爵和伯恩伯爵停留在佩文西的时候,斯韦恩伯爵来了。他狡诈地要求他舅父的儿子伯恩伯爵陪他到桑威奇去见国王,以便改善他正在那里劫掠。于是戈德温伯爵带着国王的两艘船转而西去,其中一艘由哈罗德伯爵指挥,另一艘由他的弟弟托斯蒂指挥,另外还有42艘属于当地居民的船。后来伯恩伯爵[⑥]被派到哈罗德伯爵曾任指挥的那艘王船上。他们向西行驶到佩文西,由于天气恶劣,船就停泊在那里。不出两天,斯韦恩伯爵来到,他与他的父亲和伯恩

① 肯特郡斯陶尔河北口。

② 弗洛伦斯的《年代记》中谓奥斯戈德偕妻子返回丹麦。——译者注

③ 内兹。

④ 系“埃塞克斯”之误。

⑤ 原意不甚明确,此处遇难者似指人,而加蒙斯韦编译本又似指船。据弗洛伦斯《年代记》记载:除两艘船外,余皆沉没,而这两艘后来在海上被截获,船上人员均遭杀害。——译者注

⑥ 原文为哈罗德,显系错误。

地要求伯恩伯爵陪他到桑威奇去见国王，说他要向国王宣誓效忠。伯恩伯爵心想由于他们是亲戚关系，他是不会被出卖的。他带着3个人相随，他们恰似在朝着桑威奇前进，却骑马来到了斯韦恩的船只所泊之地博舍姆。然而他即刻被绑缚起来，送到船上。然后他们前往达特茅斯，他就在那里被处死，被深埋于地下。可是他的亲戚哈罗德却把他取了出来，运往温切斯特，埋在他舅父克努特近旁。国王及其全体部众宣布斯韦恩是坏

与国王的关系。由于他们有亲戚关系，伯恩就带着3个人相随而去。但是他被带往斯韦恩的船只所泊之地博舍姆。在那里他被绑缚起来，弄到船上。后来他被运往达特茅斯。斯韦恩在该地下令将他杀害，加以深埋。可是他又被找到而运往温切斯特，与他的舅父克努特葬在一起。此前不久，黑斯廷斯及其附近的人用自己的船抓获了他[1]的2艘船，把船上的人都杀了，又把船带到桑威奇交给国王。斯韦恩出卖伯恩之前有8艘船，

伯爵谈话，他要求伯恩伯爵陪他到桑威奇去见国王，以便后者能帮助他重新得到国王的友谊。伯恩同意去做。他们离开当地，好像是要前往国王那里似的。当他们骑马前行时，斯韦恩要求他随自己到船上去，因为他要是不快去的话，手下的水兵们就要弃他而去。因此他们双双前往斯韦恩的船只所泊之地。他们一到那里，斯韦恩伯爵就要求他随他上船。伯恩坚决拒绝良

① 指斯韦恩。——译者注

蛋[1]。斯韦恩谋害伯恩之前有8艘船，后来除2艘以外都离他而去。他后来去了布鲁日，与鲍德温待在一起。

这年牛津郡的好主教埃德诺思[2]，还有索尼修道院院长奥斯威、威斯敏斯特院长伍尔夫诺思都逝世了。爱德华国王将上述主教管区授予他的神父乌尔夫，这是一项很糟糕的任命。

同年，[3]爱德华国王付清了9艘船人员的军饷，他们连船带物一起走了。有5后来除2艘以外都离他而去。

同年，有36艘船自爱尔兰驶来，上溯阿斯克河，在威尔士国王格里菲思[4]的帮助下，在那一带大搞破坏。人们聚集起来抵抗他，奥尔德雷德主教也与他们在一起。但是他们外援太少，敌人一大早就对他们进行突然袭击，在那里杀害了许多优秀之士。其余的人和主教逃走了。这件事发生在7月29日。

这年索尼修道院院长奥斯威在牛津郡久，一直到水兵们将他抓住，扔进一条小船，捆绑起来，接着摇船将他送上一艘大船，然后他们扬帆西航，驶抵阿克斯茅斯。他们把伯恩留在身边，直到将他杀害，又把遗体运走，埋在一座教堂里。但是他的朋友和水兵[5]从伦敦来，将他的遗体挖了出来，运到温切斯特的老教堂里，将他与其舅父克努特葬在一起。斯韦恩则东往鲍德温的国土，在

① 原词为 *nithing*，加蒙斯韦释为“毫无信义之徒”。——译者注

② 多切斯特主教。

③ 其他两种编译本核定其年份为1050年。——译者注

④ 据加蒙斯韦编译本译名表注，此为南威尔士国王。该书并注明这36艘船是北欧船。——译者注

⑤ 加蒙斯韦编译本中“水兵”为“家兵”。——译者注

艘船留下，国王同意付给水兵们 12 个月的军饷。

同年赫里曼主教和奥尔德雷德主教为国王的事务前往罗马去见教皇。

逝世。威斯敏斯特院长伍尔夫诺思也逝世。[①] 乌尔夫神父被任命为埃德诺思所曾执掌的教区的牧人。可是后来他被赶走，因为他在那里没干一件像个主教该干的事，以至于我们都羞于再多说点什么了。休厄德主教逝世，长眠于阿宾登。

这年兰斯的大教堂举行献堂仪式，利奥教皇和皇帝出席。他们在那里举行了一次大型的宗教会议，讨论有关礼敬天主之事。教皇圣利奥主持了那次会议。很难知道都有哪些主教，特

鲍德温的全面保护下，整个冬天都在布鲁日。

同年，北部主教埃德诺思逝世，乌尔夫被任命为主教。

① 原译这两句文字与其他两种编译本一致。第二版中改为与 C 本的有关译文基本相同，此处未改。——译者注

别是修道院院长到会。但是我国派去了两位院长，即圣奥古斯丁修道院和拉姆西修道院的院长。

C

1050　这年主教们自罗马返回本国。斯韦恩伯爵恢复了原有特权。同年埃德西耶大主教于10月29日逝世。约克大主教埃尔弗里克也于同年1月22日逝世，[①]遗体安葬于彼得伯勒。其后在大斋节[②]中期，爱德华国王在伦敦召开会议，任命罗伯特[③]为坎特伯雷大主教，又任命斯帕罗

D

(1051)　这年坎特伯雷大主教埃德西耶逝世。国王将该教职授予曾任伦敦主教的法国人罗伯特，并任命阿宾登修道院院长斯帕罗霍克继任伦敦主教，但他在受任之前就被剥夺了这个职务。赫里曼主教和奥尔德雷德主教前往罗马。

E

(1047)　这年大斋节中期，在伦敦举行了一次大型会议。9艘船的水兵被遣散，5艘留下。同年，斯韦恩伯爵来英国。

也在这同一年，在罗马举行了一次大型的宗教会议，爱德华国王派赫里曼主教和奥尔德雷德主教前往。他们于复活节前夕

① 此事发生于1051年。

② 复活节前40天期间，一译“四旬斋”。——译者注

③ 原为法国瑞米耶日修道院院长。

霍克为伦敦主教，并将阿宾登修道院院长的职务给予他自己的亲戚罗瑟尔夫。

同年，他暂时遣散了全体水兵。

到达。教皇还在韦尔切利举行了另一次宗教会议，乌尔夫主教赴会。据说他们几乎要将他的牧杖折毁，若不是他拿出更多宝物的话，他们就这样干了，因为他不会履行本该履行的职责。同年埃德西耶大主教于10月29日逝世。

C

1051　这年罗伯特大主教带着披肩自海外来。同年戈德温伯爵和他所有的儿子被驱逐出英国。他携带妻子和三个儿子斯韦恩、托斯蒂和格思去了布鲁日。哈罗德和利奥夫温前往爱尔兰，整个冬天都在那里。同年[①]3月14日，母后，即爱德华和哈撒克努特之母逝世。她叫埃玛，遗体安葬在老教堂克努特国王的近旁。

① 1052年。

D

1051(1052D) 这年约克大主教埃尔弗里克逝世,他是一位十分可敬而又富于智慧的人。

同年,爱德华国王取消了埃塞尔雷德国王征课的付给丹麦人的军税,这年正是该项捐税制定以后的第 39 年。这笔税金压在所有英国人的身上,整整压了上述那段时间那么久。那笔税总是比以种种形式上交的其他捐税优先,而且从多方面压榨人民。

同年,娶爱德华国王的姊妹为妻的欧斯塔斯[①]在多佛尔登陆。他的部下去找地方投宿,他们行为愚蠢,又杀了镇上的一个人,而镇里有个人又杀了他们的伙伴[②],结果欧斯塔斯的 7 名人员被击毙。双方的

E

(1048) 这年大斋节期间爱德华国王任命伦敦的罗伯特为坎特伯雷大主教。同年大斋节期间,罗伯特赴罗马接受披肩。国王将伦敦主教一职授予阿宾登修道院院长斯帕罗霍克,并将上述院长一职授予他的亲戚罗瑟尔夫。大主教在圣彼得节前夕的前一天从罗马回来,并于圣彼得节当天[③]在基督教堂据教席而就职。事后不久他就去见国王。途中斯帕罗霍克院长迎面而来,他携有盖有国王印玺的国王信函,内容是他将由大主教任命为伦敦主教,但是大主教予以拒绝,说教皇已经禁止他任此职务。院长为这件事又去找大主教,要求授以主教之职,大主教坚决拒绝了他,说教皇已经禁止他获得这个教职。于是院长回到伦敦,占据了

① 法国布洛涅伯爵,娶爱德华的姊妹戈达为妻。

② 此处“伙伴”一词,可以是单数或复数。

③ 6 月 29 日。

马和武器互使对方蒙受重创，直到人们聚集起来。欧斯塔斯手下的人接着逃到当时在格洛斯特的国王那里去了，国王答应予以保护。戈德温伯爵因这种事情竟然发生在他的伯爵辖区之内而震怒，就开始在全辖区内招聚兵员。他的儿子斯韦恩伯爵也在自己的辖区内照干，他的另一个儿子哈罗德同样在他的辖区内招兵。他们都聚集在格洛斯特郡的朗特里。[①] 这是一支庞大而难以胜计的军队，已经做好了对国王作战的一切准备，除非把欧斯塔斯和他手下的人以及城堡里[②]的法国人交给他们。这一切都是在圣马利亚第二节日[③]的前一周干出来的。当时爱德华国王正住在格洛斯特，他派国王业已授予他的主教职位。整个夏秋两季，他都在国王的全然许可之下这样占着。

不久，欧斯塔斯继主教之后自海外来到，他去到国王那里述说自己的愿望，然后踏上归途。他东行至坎特伯雷，一行人在那里用过餐，又前往多佛尔。当他前距多佛尔几英里之远时，他披上甲胄，他的全体随行人员也都一一披挂，接着他们向多佛尔进发。到了那里，他们想找个对自己方便的地方投宿。欧斯塔斯手下有一个人想住到一个房主的家里，而这却违背房主的意愿。他打伤了房主，房主则杀了他。于是欧斯塔斯纵身上马，他的随员们也都骑上马。他们去到房主那里，就在他自家的炉边将他杀死。然后他们向镇里前进，在镇里和

① 百户区，E本提到的贝弗斯通包括在内。

② 见E本有关部分。——译者注

③ 圣马利亚诞辰9月8日。

人去召唤利奥弗里克伯爵[①]，又往北方去召唤休厄德伯爵，要求他们提供部队。他们起先只带着一小支部队来到，及至了解南方的事态后，又派人到北方走遍他们的伯爵辖区，召集了一大支军队来援助他们的封君。拉尔夫[②]在自己的伯爵辖区里也同样干。他们都来到格洛斯特协助国王，虽然为时已晚。他们与国王是如此齐心一致，以致如果国王有意的话，他们愿意攻打戈德温的军队。后来他们当中的一些人认为，如果双方交锋，这将是一桩大蠢事，因为英国最高贵的人大部分都在两军之中，他们认为，这样他们就会为我们的敌人进入本国打开道路，从而给自己造成毁灭。他们建议交换人质。他们发出到伦敦集合的传镇外，共杀死了 20 多人。镇上的居民杀死对方 19 人，伤了多少他们自己也不知道。欧斯塔斯带着寥寥数人逃回国王那里，将他们的遭遇向他作了一番带有偏见的陈述。国王对镇上的居民十分恼怒。他召唤戈德温伯爵前来，命令他向肯特进兵，去攻打多佛尔，因为欧斯塔斯告诉国王事情主要错在镇上居民，而不在他，而事实却并非如此。可是伯爵不肯同意这趟出征，因为他不愿意伤害自己的省区。于是国王传召全体议政大臣，命令他们在临近圣马利亚第二节日之时到格洛斯特来。那时外国人[③]已经在斯韦恩伯爵省区内的赫里福德造了一座城堡，并且在那一带对国王的人员施加种种可能的伤害和侮辱。于是戈德温伯爵、斯韦恩伯爵、哈罗德伯爵带领所部多人会聚于贝弗

① 麦西亚伯爵。

② 爱德华的姊妹戈达与其前夫法国弗克森伯爵德罗戈之子。

③ 赫里福德郡内以拉尔夫伯爵为首的诺曼底移民。

召，命令整个北方省区，即休厄德伯爵辖区、利奥弗里克伯爵辖区，还有其他地区之内所有的人都去伦敦。戈德温伯爵和他的儿子也要去伦敦为自己辩护。他们一行来到萨瑟克，还带着一大群来自韦塞克斯的人。但是时间越长，他们的队伍越缩小。戈德温的儿子哈罗德的塞恩全体被转交给国王而向国王效忠，另一个儿子斯韦恩伯爵又遭到驱逐。这一来，他就不宜于与国王及国王一边的军队对立而进行自我辩护了。戈德温于夜间出走，第二天早上，国王召开御前会议，他和全军宣布戈德温和他所有的儿子均遭放逐。戈德温南下索尼[①]，他的妻子、他的儿子斯韦恩、托斯蒂和他的妻子——她是布鲁日的鲍德温的亲属，还有他的儿子格思也都去了。哈斯通。他们打算去见他们的封君国王和聚集在他那里的全体议政大臣，好让他们就如何为国王和全体人民受辱进行报复一事得到国王和议政大臣们的意见和支持。外国人却先此来到国王那里，控告这些伯爵，因此后者没有获准去见国王，因为按照那些人的说法，他们之来用意在于出卖国王。当时休厄德伯爵和利奥弗里克伯爵已经带着大批人马从北方来到了国王那里。戈德温伯爵和他的诸子听说国王和这些人想对他们采取措施，就以大力加强自身力量作为答复，虽然他们并不愿意迫不得已而与自己的封君国王对立。后来议政大臣们建议双方停止恶劣行为，国王于是赐给天主的和平和他对双方的全份友谊。国王和议政大臣们决定在秋分那天在伦敦再次开全体议政大臣会议。国王下令将泰晤士河

① 指英国东南沿海的索尼岛。——加蒙斯韦编译本注

罗德伯爵和利奥夫温去了布里斯托尔，上了斯韦恩为自己准备好的、备有给养的船。国王派奥尔德雷德主教带一支队伍从伦敦前去，要在他上船之前截住他。但是他们未能或不愿这样做。哈罗德从埃文河的河口出走。天气如此恶劣，他好不容易才逃掉，还蒙受了重大损失。他继续前行到爱尔兰，这才一帆风顺。戈德温和跟随他的众人乘一艘船从索尼前往布鲁日，到鲍德温的国家去了。每个人都带走了只要他们运得走的那么多的财宝。对每个英国人来说，要是有谁对他们说会发生这样的事情，他都会觉得很奇怪，因为戈德温被抬举得如此之高，甚至高到统治国王和整个英国的地步，他的儿子又是伯爵和国王的宠臣，女儿又嫁给了国王。她被遣送到惠韦尔，被交给女修道院院长。以南和北方历来最优良的兵员全部征集起来。随后，斯韦恩伯爵被宣布为遭逐之人，戈德温伯爵和哈罗德伯爵被命令尽旅程之可能快速赴会。他们到达以后，就被传唤到会。戈德温要求给以安全通行许可和人质，以便他在赴会和离开时不致遭到出卖。国王则要求得到这些伯爵曾经拥有的全部塞恩，他们被全体转交给他。国王又派人去命令他们带 12 人到会，那位伯爵又要求给以安全通行许可和人质，这样使他可以获准为加在他身上的所有指控开脱。人质没有给他，但是他获得 5 天的安全通行许可，好让他离开这个国家。戈德温伯爵和斯韦恩伯爵去了伯舍姆，在那里上了他们的船，渡海去寻求鲍德温保护，整个冬天都在那里。哈罗德伯爵西去爱尔兰，一冬都在那位国王的保护下。事情一过，国王就撇弃了被立为王后的那位夫人，

威廉公爵[1]随即带领一大队法国人自海外来。国王款待了他，还款待了一批他的随员，其人数之多完全迎合他的意思，然后让他回去。同年威廉神父[2]被授予曾授给斯帕罗霍克的伦敦主教之职。

D

1052　这年3月6日，埃塞尔雷德国王和克努特国王的遗孀埃尔夫吉富逝世。同年威尔士国王格里菲思[3]在赫里福德郡剽劫，因此非常靠近莱姆斯特。当地居民和城堡里的法国人都聚集起来抵抗他。许许多多优秀的英国人遭杀害，被杀的还有许多法国人，这天正是13年前埃德温和他的人员剥夺了她的全部所有，土地、金银、一切，并且把她交给他在惠韦尔的姊妹。斯帕罗霍克院长从伦敦主教的职位上被赶下台，由国王的神父威廉受任此职。奥达被任命为德文、萨默塞特、多塞特和康沃尔的伯爵。利奥弗里克伯爵的儿子埃尔夫加受赠哈罗德曾经领有的伯爵辖区[4]。

E

1052　这年爱德华国王和哈撒克努特国王的母亲埃尔夫吉富·埃玛逝世。同年国王及其御前会议决定派船赴桑威奇，他们任命拉尔夫伯爵和奥达伯爵任指挥。戈德温伯爵率船从布鲁日出航，到达伊泽尔河，并于夏至[5]前夕的头一天出海，这样他来到

① 诺曼底公爵威廉。原译此处以及后文中的威廉公爵均作伯爵，为避免混淆，中译均作公爵。加蒙斯韦编译本亦作公爵。——译者注

② 诺曼人。

③ 北威尔士国王。

④ 东盎格利亚。

⑤ 6月24日。

被杀害的日子。

C,D

这年哈罗德伯爵携船自爱尔兰来,到达靠近萨默塞特和德文边境的塞文河口,在那里造成很大破坏。当地居民聚集起来,从萨默塞特和德文前来迎击。他将他们打跑,杀了30多名好塞恩,还不算其他被杀的人。事后他随即绕过兰兹角。

于是爱德华国王命令在桑威奇为40条小船配备人员,① 以便监视当年一个冬天都在布鲁日的戈德温伯爵。尽管如此,他还是在他们丝毫未曾察觉的情况下进入这个国家。当他在这里的时候,他把肯特所有的兵员,以及黑斯廷斯地区和周围沿海一带②的所有水兵,拉姆尼以南的邓杰内斯。随后,消息传到桑威奇的伯爵们的耳边,他们就出去追那批船,一支地面部队也被征集起来对付它们。事态发生的过程中,戈德温伯爵得到警报,他就去了佩文西。当时风雨大作,其凶猛之程度使得那些伯爵弄不清戈德温伯爵发生了什么情况。戈德温伯爵再次出海,回布鲁日去了。追他的船又返回桑威奇。后来决定这些船要驶回伦敦,要派其他伯爵和桨手到船上来。但是这件事情耽搁得如此之久,以致这次海军出征在相当程度上形同放弃,人员也都回家去了。戈德温伯爵发现了这种情况,就和他的船队扬帆出航。他们向西直驶怀特岛,在那里登陆和剽劫,久久不去,人们只能按他们征课的多少如数付给他们。然后他们西行到波特兰登陆,能

① C本谓这些小船在桑威奇停泊了好几个星期。

② C本尚有“及整个东部省区”之语,后文中的埃塞克斯作萨塞克斯。

还有整个埃塞克斯、萨里和其他许多地方的人引诱过去。他们都说愿意与他同生共死。停泊在桑威奇的船队发觉戈德温的远征活动以后，就开出去追他。他躲过了它们。[①] 船队赶回桑威奇，向伦敦返航。戈德温发现原来停泊在桑威奇的船队正在返航途中，就又回到怀特岛，把船停在海岸线外，在这里停留的时间之久足以使其子哈罗德前来与他会齐。此后他们除了从乡间获取给养以外，倒没有搞什么大祸害，但是他们诱使当地沿岸和内陆的居民都投向他们一边。接着他们向桑威奇进发，一路上继续收集他们遇到的所有的水兵，因此他们带着一支占压倒多数的队伍来到了桑威奇。爱德华发觉后，就向内地增调援兵，但是援兵来得很慢，戈德温则带着他怎么祸害就怎么祸害。

哈罗德带着 9 艘船从爱尔兰来到，在波洛克登陆。那里聚集着一大支队伍抵抗他，但是他毫不犹豫地为自己获取给养。他上了岸，杀了很大一部分抵抗他的部队。家畜、人、财物，碰到的他都抢归自己。然后他东进到他的父亲那里，他们再双双向东进发，到怀特岛。在那里他们带上当初留下的东西，然后继续前行到佩文西，又把那里凡是可用的船悉数带走，就这样前进到邓杰内斯。他们又占有了停泊在拉姆尼、海斯和福克斯通的全部船只，然后向东抵达多佛尔，登了陆，抢了船，抓了人质，想抓多少就抓多少。他们又来到桑威奇，在那里也完全这样干。不管在什么地方，只要他们要人质和给养，他们随处都能得到。他们继续前进到"北口"，驶向伦敦，有些船进入谢

① C 本尚有"只要可能，他就保护自己"之语。

的船队继续向伦敦前进，直到最后他到达萨瑟克，在这里他等了一段时间，直到涨潮。等候期间，他与居民商谈，谈得他们几乎人人都想他之所想。戈德温安排好他的整个征战行动以后，潮水涨了上来。船队立即起锚，穿过大桥，一直靠着南岸航行，地面部队又从上面开来，沿岸列队，与船队形成了一个翼，[①]好像是要包围国王的船似的。国王一边除了水兵以外，也有一大支地面部队。但是他们几乎都痛恨与本族的人交火，因为除了双方的英国人之外，没有什么其他有任何价值的东西了，他们也不愿意由于自相残杀，而使国家进一步向外人敞开。于是决定由贤明人士在双方之间调解，他们使双方都做到停战。戈德温及其佩，在那里大肆破坏，他们又来到金斯米尔顿[②]，将它烧成平地。他们就这样一路向伦敦进发，追赶那些伯爵。他们抵达伦敦时，国王和伯爵们正有50艘船停在那里，做好了对付他们的准备。两位伯爵派人去见国王，请求将他们被不公正地剥夺的东西全部合法地还给他们。可是国王一时之内加以拒绝，这段时间久得使戈德温伯爵手下的人对国王和他的人员如此愤怒，以致伯爵本人都难以使他们平静下去。后来斯蒂甘德主教在天主的帮助下去到他们中间，城里和城外的贤明人士也去了。他们决定双方都要交出人质，这件事做到了。罗伯特大主教和法国人发现这个情况，他们就骑马离去，有的西往彭蒂科斯特的城堡，有的北往罗伯特的城堡。罗伯特大主教和乌尔夫

① C本作“与船队共同转而向北”。

② 即892年纪事中的米尔顿罗亚尔。——译者注

子哈罗德，以及他们认为人数足够的水兵上了岸。御前会议开会，将戈德温的伯爵辖区无条件地，而且像他当初领有其地那样全部而完整地赐还给他，他所有的儿子曾经领有的一切也都赐还，[①]他的妻子和女儿也都如同过去那样全部而完整地得到所曾有的一切。会议确认与他们的全部友谊，许诺全体人民都享有法律的全部利益。凡在我国有过不公正的行为、作出过不公正的审判、出过坏主意的法国人均由会议予以驱逐，只有那些国王愿意留在左右，忠于国王，又忠于全体人民的法国人可以按照决定如数留下。罗伯特大主教、威廉主教和乌尔夫主教连同他们身边的一帮法国人艰难出走，逃往海外。

主教以及他们一伙从东门出走，杀死、杀伤了许多年轻人，直奔埃杜尔夫斯尼斯，在那里登上一条破船，直航海外。罗伯特大主教把披肩和整个教会都丢弃在这个国家而去。这是天主的意旨，因为他过去获此尊荣并非天主的意旨。其后，在伦敦城外召开了一次大型御前会议，国内所有的伯爵和要人都出席了。戈德温伯爵在会上陈述情由，他在他的封君爱德华国王和全体国人面前湔雪自己，宣称他对加在他身上的指控是无罪的，他的儿子哈罗德和他所有的孩子也都如此。国王于是许给伯爵及其诸子全部友谊和作为伯爵的全部身份地位，以及他曾经拥有的一切。所有与他一道的人也都照此处理。国王又给予那位夫人[②]所曾拥有的一切。罗伯特大主教被宣布为彻底被逐

① 弗洛伦斯称斯韦恩除外。——斯旺顿编译本注

② 伊迪丝。

C

戈德温伯爵、哈罗德和王后住在他们的地产上。斯韦恩已经从布鲁日去了耶路撒冷，米迦勒节[①]那天在归途中死于君士坦丁堡。戈德温率船来到萨瑟克是圣马利亚节之后的星期一[②]，第二天早上，即星期二，他们达成了上述协议。戈德温登陆后不久就得了病，既而康复。但是他对取自多处神圣场所的教会财产却只作了微乎其微的赔偿。同年圣多马节[③]之夜，狂风袭来，在各处都造成大灾害。威尔士国王的兄弟里斯被杀。[④]

之徒，所有的法国人也一样，因为他们对戈德温伯爵和国王之间的不和负有最大责任。斯蒂甘德主教继任为坎特伯雷大主教。

这时彼得伯勒修道院院长安威格身体尚健却辞卸了院长之职。他经国王和众修道士许可，将该职给予修道士利奥弗里克。这位安威格院长又活了8年。利奥弗里克院长使那所修道院大大富裕起来，富得它被称为金伯勒。当时它的土地和金银都大为增长。

① 9月29日。

② 9月14日。——加蒙斯韦编译本注

③ 节日为12月21日。其他两种编译本作节日前夜，即12月20日，下同。——译者注

④ 此事发生于1053年初。（译者按：里斯为南威尔士国王之兄弟。）

C

1053　这年复活节国王在温切斯特，戈德温伯爵，还有他的儿子哈罗德伯爵和托斯蒂和他在一起。复活节后星期一那天，当他与国王共坐进餐时，他突然朝着脚凳倒下去，不能言语，体力衰竭。他被抬到国王的私人寝室里。他们以为这种现象很快就会消失。然而情况不然。相反，他继续这样不言不语，精力全无，一直到星期四[①]生命终止。他埋葬在那里的老教堂里。他的儿子哈罗德继承了他的伯爵辖区而放弃了他原来领有的伯爵辖区，这个辖区由埃尔夫加继承。

这年之间，利奇菲尔德主教伍尔夫西耶逝世，由考文垂修道院院长利奥夫温继任。格拉斯顿伯里修道院院长埃塞尔沃德也逝世，逝世的还有温什科姆修道院院长戈德温。

D

1053 这年圣多马节之夜和整个圣诞节期间，刮起大风。

〔国王〕决定处死威尔士国王的兄弟里斯，因为他在制造祸害，他的头在主显节[②]前夕被送到格洛斯特。

同年万圣节前，利奇菲尔德主教伍尔夫西耶、温什科姆修道院院长戈德温、格拉斯顿伯里修道院院长埃塞尔沃德在一个月内都逝世了。利奥夫温继任为利奇菲尔德主教，奥尔德雷德主教继任为温什科姆修道院院长，埃塞尔诺思继任为格拉斯顿伯里

① 1053 年复活节后的星期四为 4 月 15 日。

② 1 月 6 日。——译者注

威尔士人在韦斯特伯里附近杀了许多英国巡逻人员。

这年国内没有大主教，[①]但是斯蒂甘德主教在坎特伯雷的基督教堂执掌该主教管区，金西耶在约克。利奥夫温和伍尔夫威去到海外，在那里使自己获得授任。[②] 在乌尔夫仍然在世而遭驱逐期间，这个伍尔夫威继任为他所执掌的主教管区[③]的主教。

修道院院长。同年间，奥达的兄弟埃尔弗里克死于迪尔赫斯特，遗体葬在珀肖尔。同年间，戈德温伯爵逝世，他是在温切斯特与国王共坐时发病的。他的儿子哈罗德继承了父亲原来领有的伯爵辖区，埃尔夫加继承了哈罗德原来领有的伯爵辖区。

E

1053　这年戈德温于 4 月 15 日逝世，埋葬在温切斯特的老教堂里。他的儿子哈罗德伯爵继承了父亲原来领有的伯爵辖区和所有的一切，埃尔夫加伯爵继承了哈罗德原来领有的伯爵辖区。

C

1054　这年休厄德

D

1054　这年休厄德伯爵率大军开赴

---

① 此语暗示斯蒂甘德的大主教职位未获教廷批准。

② 加蒙斯韦编译本称金西耶也在海外获得授任。——译者注

③ 多切斯特。

伯爵率大军进入苏格兰，使苏格兰人蒙受重大损失，并将他们击溃，国王逃遁。他这边也有许多丹麦人和英国人阵亡，其中包括他的儿子。同年间，伊夫舍姆教堂于10月10日举行奉献仪式。同年奥尔德雷德主教南下渡海到萨克森，在那里受到隆重接待。同年，奥斯戈德·克拉帕躺在床上时突然逝世。

苏格兰，这支军队既有海军也有陆军。他与苏格兰人作战，打垮国王麦克贝思，杀尽当地最上等的人，带走大量掳掠的财物，其数量之多为前所未有。但是他的儿子奥斯本和外甥休厄德，他的一些侍卫，还有国王的一些御卫队员，也在七眠子节[①]那天在当地被杀。同年间，奥尔德雷德主教为国王的事务渡海前往科隆，[②]在那里受到皇帝的隆重接待。他在那里待了几近一年，科隆主教和皇帝都款待了他。他准许利奥夫温主教于10月10日举行伊夫舍姆修道院教堂的奉献仪式。这年奥斯戈德突然死在床上。教皇圣利奥逝世，维克托被推选为接替他的教皇。

E

1054　莫特梅战役。[③] 这年罗马的神圣教皇利奥逝世。牲畜患染瘟疫，没有人记得起多少年来曾有过这样严重的疫情。维克

---

① 7月27日。据传3世纪罗马皇帝德西乌斯在位时，大肆迫害基督教徒。7名基督教徒遂闭居于以弗所附近一个洞中，沉睡至5世纪醒来，被带去见东部皇帝提奥多西乌斯二世，后复归洞中入睡，以待末日审判。——译者注

② 此次出使任务可能与请爱德华王子回国有关，见1057年纪事。

③ 诺曼底公爵威廉与法王亨利一世之战。——译者注

托被推选为教皇。

C

1055 这年休厄德伯爵死于约克，遗体埋葬在加尔曼霍的大教堂里，这是他为了荣耀天主及其所有圣徒而亲自建造的。

不久之后，在伦敦开御前会议，利奥弗里克伯爵的儿子埃尔夫加伯爵毫无罪状就被放逐。其后他前往爱尔兰，在那里为自己弄到一支船队，包括18艘船，他自己的船不在内。他带领船队去威尔士投奔格里菲思国王[①]。后者将他置于自己的保护之下。然后他们征集了一支由爱尔兰人和威尔士人组成的大军，而拉尔夫伯爵则在赫里福德镇集合一支大军，仗就在那里打了起来。但是连一支矛还没有投出去，英国人就跑了，因为他们骑在马上，许多人在那里阵亡——大约400或500人，——对方的人他们一个也

D

1055 这年休厄德伯爵死于约克，遗体埋葬在加尔曼霍的大教堂里。这是他亲自建造奉献给天主和奥拉夫[②]的。托斯蒂继承了他原来领有的伯爵辖区。金西耶大主教从维克托教皇那里取来披肩。

不久之后，利奥弗里克伯爵的儿子埃尔夫加伯爵简直没有犯什么罪就被放逐。但是他去了爱尔兰和威尔士，给自己搞到一支大军，来到赫里福德。而拉尔夫伯爵则带着一大支军队来抵抗他。一场小战之后，这支军队败逃，许多人在逃奔途中阵亡。人

① 北威尔士国王。——斯旺顿编译本注

② 已故挪威国王。——译者注

没杀死。那些对手进到城里，将它焚毁，还烧了可敬的阿塞尔斯坦主教令人修建的著名大教堂。他们抢光圣物、法衣和一切东西；他们杀人，又掳走一些人。于是一支军队从几乎全英国征集起来，[①]开到格洛斯特，并向威尔士境内推进了一小段距离，在那里待了一段时间。在这段时间里，哈罗德伯爵令人在上述城镇周围挖了一道壕沟[②]。后来为了议和进行商谈。哈罗德伯爵和部下来到比灵斯利，在那里与对方建立了和平和友谊。埃尔夫加恢复原有身份，过去取自他的一切又都给他。他的船队前往切斯特，在那里等候领取埃尔夫加伯爵所答应的军饷。这场屠杀发生于10月24日。同年，威尔士主教特里梅里格在这场破坏之后不久逝世。阿塞尔斯坦主教身体衰弱以后，他是他的代理。

侵者然后到赫里福德镇劫掠，烧毁了阿塞尔斯坦主教建造的著名大教堂，杀死教堂里的神父和许多其他的人，掳掠并运走了全部财宝。当他们业已造成最大的损害之后，决定让埃尔夫加伯爵恢复原有身份，给予他原来的伯爵辖区和曾经取自他的一切。这次破坏发生于10月24日。同年，这场破坏事件之后不久，威尔士主教特里梅里格逝世。他在阿塞尔斯坦主教身体衰弱之后是他的代理。

① 其他两种编译本作“从英国境内的邻近地区征集起来”。这支军队由哈罗德统率。——译者注

② 加蒙斯韦编译本作“建了一道土垒”。——译者注

E

1055　这年休厄德伯爵逝世。大斋节当中那天的前一周[1]召集全体议政大臣开会。埃尔夫加伯爵被放逐，因为他被指控为国王和全体人民的叛徒。他当着所有与会者之面承认了这一点，虽然这是违心之论。国王将休厄德伯爵的辖区给予戈德温伯爵的儿子托斯蒂。埃尔夫加伯爵寻求威尔士的格里菲思的保护。这年格里菲思和埃尔夫加焚毁圣埃塞尔布里特[2]的大教堂和整个赫里福德城。

C

1056　这年可敬的主教阿塞尔斯坦于 2 月 10 日逝世，遗体葬在赫里福德镇，利奥夫加被任命为主教，他是哈罗德伯爵的神父。他当神父时留着胡须，一直留到当主教的时候。受任主教以后，他放弃了他的精神武器圣油和十字架，拿起长矛和剑，去征讨威尔士国王格里菲思。他在那里被杀，被杀的还有与他在

D

1056　这年埃塞尔里克主教辞卸了他的达勒姆主教之职，前往彼得伯勒的圣彼得修道院，他的兄弟埃塞尔温继其后任。阿塞尔斯坦主教于 2 月 10 日逝世，遗体葬在赫里福德。哈罗德的神父利奥夫加被任命为主教。他当神父时留着胡须，一直留

① 1055 年的复活节为 4 月 16 日，故其他两种编译本中注明会议日期为 3 月 19 日。——译者注

② 即原东盎格利亚国王埃塞尔伯特，参见 794 年纪事。——译者注

一起的教士和郡守埃尔夫诺思，还有许多优秀人士。其余的人逃脱。当时是夏至的前 8 天。[①] 直到利奥弗里克伯爵、哈罗德伯爵和奥尔德雷德主教去到那里，使双方达成协议以前，英国全军所承受的压迫、所有的出征和战役、辛劳、人马折损，是难以描述的。根据协议，格里菲思宣誓要当爱德华国王的忠诚可信的附庸国王。奥尔德雷德主教继任为利奥夫加执掌了 11 周零 4 天的教区[②]主教。同年科纳皇帝[③]逝世。这年之间，奥达伯爵逝世，遗体葬在珀肖尔。死前他接受祝圣成为修道士。他死于 8 月 31 日。

到当主教的时候。他放弃了他的圣油、十字架和精神武器，拿起长矛和剑，去征讨威尔士国王格里菲思。他在那里被杀，一起被杀的还有与他在一起的教士、郡守埃尔夫诺思和许多其他优秀人士。当时是夏至之前 8 天。奥尔德雷德主教继任为利奥夫加执掌了 11 周零 4 天的教区主教。这年之间奥达伯爵逝世，遗体葬在珀肖尔。死前他接受祝圣成为修道士。他是好人，纯洁又很高尚。他是 8 月 31 日离开人世的。科纳皇帝逝世。

E

1056　罗马人的皇帝亨利逝世，他的儿子亨利继位。

---

① 6 月 16 日。

② 赫里福德。

③ 亨利三世。

D

1057 爱德华王子来到英国，他是爱德华国王的兄弟、以其勇武被称为“刚勇者”的埃德蒙国王的儿子。克努特国王曾经为了陷害这位王子而将他放逐到匈牙利。但是他在那里成为一个出色的人，这是天主赐予他的，也是他命该如此。因此他娶得皇帝的一位亲属为妻，她为他生下了一个高贵的家族，她名叫阿加莎。我们不知道是什么缘故导致他不得来探望他的亲属爱德华国王。哎呀！他来到英国后如此迅速地结束了生命，这真是可悲的命运，是这片可怜的国土的不幸，是全体英国人的哀伤。

同年 9 月 30 日[①]利奥弗里克伯爵逝世，他在教俗事务两方面都很明智，这对整个国家是有利的。他长眠于考文垂。他的儿子埃尔夫加接掌他的职权。同年 12 月 21 日拉尔夫伯爵逝世，他长眠于彼得伯勒。在萨塞克斯任主教的赫卡[②]也逝世了，埃塞尔里克被提升为他的后任。这年维克托教皇逝世，斯蒂芬被选为教皇。

E

1057 这年埃德蒙国王之子爱德华王子来到国内，不久死去，遗体葬在伦敦圣保罗大教堂。维克托教皇逝世，卡西诺山修道院院长斯蒂芬被选为教皇。利奥弗里克伯爵逝世，其子埃尔夫加继承了父亲的原有伯爵辖区。

① 其他两种编译本作 10 月 30 日。——译者注

② 塞尔西主教。

D

1058　这年埃尔夫加伯爵被逐，但是他立即靠格里菲思的帮助凭借暴力又回来了。一支海上部队从挪威来，事情原委一一叙述起来是令人厌烦的。同年，奥尔德雷德主教为他本人所完成的格洛斯特的修道院教堂举行献堂仪式，这所教堂是为了荣耀天主和圣彼得而建造的。于是他前往耶路撒冷，其隆重的场面为前人所未有。他在那里将自己托付给天主，又向我们主的圣墓献上珍贵的礼品，这是一只价值5马克的金圣杯，制作十分精巧。同年斯蒂芬教皇逝世。本尼迪克被任命为教皇，他将披肩送交斯蒂甘德主教。埃塞尔里克被授任为萨塞克斯主教。修道院院长休厄德[①]被授任为罗切斯特主教。

E

1058 这年斯蒂芬教皇逝世。本尼迪克接受祝圣成为教皇，这位教皇将披肩送到英国，供斯蒂甘德大主教之用。这年，在萨塞克斯任主教的赫卡逝世，斯蒂甘德大主教授任基督教堂的修道士埃塞尔里克为萨塞克斯主教，修道院院长休厄德为罗切斯特主教。

D

1059　这年尼古拉被选为教

E

1059 这年尼古拉被选

① 原为彻特西修道院院长。

皇，他原先是佛罗伦萨城的主教。原来任教皇的本尼迪克被逐。这年彼得伯勒的塔楼在10月17日举行奉献仪式。

为教皇，他原先是佛罗伦萨城的主教。原来任教皇的本尼迪克被逐。

D

1060 这年在圣马丁调任主教的节日[①]那天发生强烈地震。亨利国王在法国逝世。约克大主教金西耶在12月22日逝世，他长眠于彼得伯勒。奥尔德雷德主教继任其职。沃尔特继任为赫里福德郡主教。杜达克主教也逝世，他曾在萨默塞特任主教[②]。吉萨神父被任命为他的后任。

E

1060 这年法国人的国王亨利逝世，其子腓力继位。这年约克大主教金西耶于12月22日逝世，奥尔德雷德主教继其后任。沃尔特继任为赫里福德主教。

D

1061 这年奥尔德雷德主教赴罗马取披肩，并从尼古拉教皇手中接受披肩。托

E

1061 这年，在萨默塞特任主教的杜达克逝世，吉萨继其后任。同年3月9日圣马丁教堂的主教戈

① 7月4日。（译者按：圣马丁可能于371年该日被授任为都尔主教。）

② 韦尔斯主教。

斯蒂伯爵和妻子也去了罗马。主教和伯爵在回国途中饱尝艰辛。这年圣马丁教堂[1]主教戈德温逝世。3月19日，圣奥古斯丁修道院院长伍尔弗里克也逝世。尼古拉教皇逝世，卢卡主教亚历山大被选为教皇。

德温逝世。同年复活节周期间的4月18日，圣奥古斯丁修道院院长伍尔弗里克逝世。国王闻悉伍尔弗里克院长逝世后，就选择老修道院[2]的修道士埃塞尔西耶任院长。此人其后追随斯蒂甘德大主教，[3]并在圣奥古斯丁节[4]那天被授任为温莎的院长。

E

1062 这年曼恩被隶属于诺曼底公爵威廉。

D

1063 这年[5]圣诞节后，哈罗德伯爵从格洛斯特去里兹兰，这个地方属于格里菲思。他在那里烧了他的住处、他的船和船上的一切设施；他还把他赶跑。其后在祈祷日期间，哈罗德率船从布里斯托尔出发，绕行威尔士。当地的人与他议和，

E

1063 这年哈罗德伯爵和他的弟弟托斯蒂伯爵率领陆海两支军队

① 在坎特伯雷。——译者注

② 即温切斯特的老教堂。——加蒙斯韦编译本注

③ 根据其他两种编译本，此句的意思是国王这项选择是按照斯蒂甘德大主教的愿望。——译者注

④ 5月26日(坎特伯雷的圣奥古斯丁)或8月28日(希波的圣奥古斯丁)，可能是前者。(译者按：加蒙斯韦编译本注为5月26日。)

⑤ 其他两种编译本注明“这年”为1062年。——译者注

并且交纳人质。托斯蒂又率领一支陆军去打他们，把那个国家征服了。但是同年秋天，格里菲思国王由于对哈罗德伯爵作战而于8月5日被自己的部下所杀。他是全体威尔士人的国王。[①] 他的头颅被携呈哈罗德伯爵，哈罗德又将它连同他船头的雕像及其饰物呈给国王。爱德华国王将那个国家交给格里菲思的两个弟弟布莱金和里瓦龙[②]管理。他们宣了誓，向国王和伯爵交了人质，答应事事忠诚于国王，不论是在海上还是在陆地上，他们随时随地可以效力，他们还要从本国送上曾向任何其他国王交纳过的那种贡物。

进入威尔士，征服了这个国家。当地的人交纳人质投降，然后出去杀了国王格里菲思，将他的头颅携呈哈罗德。哈罗德又给他们指派了另一个国王。

C

1065　哈罗德伯爵既已征服威尔士，这年收获节[③]之前，他令人在威尔士的朴茨基韦特建房舍，在那里积放了许多物品。他想让爱德华国王去那里行猎。当物品差不多集中

D

1065　哈罗德伯爵既已征服威尔士，这年收获节之前，他令人在威尔士的朴茨基韦特建房舍，在那里积放了许多物品。他想让爱德华国王去那里行猎。一切就绪之后，格里菲思之子卡拉多克[④]带着他所能弄到的部众到了那里，把正在从事修建的人几乎杀

① 格里菲思曾于1055年南侵期间杀南威尔士国王。——斯旺顿编译本注
② 同母异父弟。
③ 8月1日。
④ 南威尔士国王之子。——斯旺顿编译本注

完毕的时候，格里菲思之子卡拉多克带着他所能弄到的部众到了那里，把正在从事修建的人几乎杀尽，把集中在那里的物品抢走了。这次屠杀发生于圣巴多罗买节[①]。

米迦勒节之后，约克郡所有的塞恩前往约克，将他们所能找到的托斯蒂的侍卫尽行杀死，并且抢走他的财宝。托斯蒂当时正在布里特福德，与国王在一起。事后随即在北安普顿开了一次大型御前会议，另外在圣西门和圣犹大节[②]那天，在牛津也照样举行会议。哈罗德伯爵到会。他打算如果他可能

尽，把已经安置在那里的物品抢走了。我们不知道是谁首先提出这个愚蠢的计划的。事情是在圣巴多罗买节那天干的。

D

事后不久，约克郡和诺森伯兰的所有塞恩都聚集起来，

E

(1064)[③]这年，诺森伯里亚的所有男丁聚集起来，

将他们的托斯蒂伯爵放逐出去，杀了他的侍卫和所有他们能杀到的人，英国人和丹麦人都在内。他们将他在约克的武器抢走，还抢走了他们听说的不论放在哪里的金银和全部财宝。他们去请埃尔夫加伯爵之子莫卡，推选他为他们的伯爵。他带着郡里和诺丁汉郡、德比郡和林肯郡所有的人向南进发，直到北安普顿。他的兄长埃德温[④]带着自己伯爵辖区里的人前来与

① 8月24日。

② 10月28日。犹大是耶稣使徒之一，亦作达太，非出卖耶稣者。——译者注

③ 三种稿本均无1064年的纪事，E本则将1065年之事归入1064年，其内容较D本为少而大体一致。

④ 麦西亚伯爵。——译者注

做到的话，就使双方达成协议，但是未能做到。而托斯蒂伯爵辖区之内的人一致抛弃了他，将他以及与他一道犯有不法行为的人放逐出去，因为他先是抢劫天主，继而剥夺势力小于他的那些人的生命和土地。他们接纳莫卡为伯爵。托斯蒂偕妻子渡海出走，去到鲍德温的国家，冬天住在圣奥梅尔。

爱德华国王于圣诞节来到威斯敏斯特，为他这座为了荣耀天主和圣彼得以及天主的所有圣徒而亲自建造的大教堂举行献堂仪式。教堂的献堂仪式是在圣英诺森节[①]举行的。他在主显节前夕逝世，[②]并于主显节当天安葬在这他会合，许多威尔士人也随他一起来了。于是哈罗德伯爵来会见他们。他们委托他向爱德华国王传讯，还派使者与他同往，要求能够获准由莫卡当他们的伯爵。国王准可此事，并且于圣西门和圣犹大节前夕派哈罗德回到他们所在之地北安普顿。他向他们宣布此事，而且向他们提供了担保。他在那里重订克努特国王的法律。当他为他们的差使离开此地之际，来自北方的人在北安普顿一带搞了许多破坏。他们杀人，烧房舍，焚谷物，抢走他们抢得着的所有牲畜——有好几千头，——掳去好几百人带往北部，因此这个郡和许多邻近的郡有好几年景况恶化。托斯蒂伯爵和妻子，还有所有那些想他之所想的人南下渡海去投奔鲍德温伯爵。他全部予以接受。他们一冬都在那里。[③]

① 1065年12月28日。
② 爱德华死于1066年1月5日。
③ E本本年纪事至此结束。

座大教堂里。后人曰：

D

爱德华国王于圣诞节来到威斯敏斯特，让人为他这座为了荣耀天主和圣彼得以及天主的所有圣徒而建造的大教堂举行献堂仪式。教堂的献堂仪式是在圣英诺森节举行的。他在主显节前夕逝世，并于主显节当天安葬在这座大教堂里。后人曰：

身居王位的爱德华，统治英国之君
向救世主交上他那正义的灵魂，
又将他神圣的心灵交给天主平安保存。
他高贵堂皇地在尘世生活了一段时间，处事英明。
他统治了24个春冬[①]，
那位众英雄的统治者慷慨施赠，
埃塞尔雷德的儿子奉天承运，他统治威尔士人，
还统治不列颠人和苏格兰人，盎格鲁人和撒克逊人，
那都是他热心的士兵。
在寒冷的海浪所环绕的四海之内，
年轻的和忠诚的人
都全心全意向高贵的爱德华国王奉献赤诚。

① C本作24年半。

这位清白的国王总是心情欢快，豪气如云，
虽然很久以前，克努特征服埃塞尔雷德的族人，
丹麦人统治这片高贵的英国国土连续达 28 年，财富遭到瓜分，
他被剥夺了土地而遭逐，踏上流浪的远程。
他终于威风凛凛地前来，
高贵善良，纯洁严正，
光荣的爱德华国王保卫着他的祖国和臣民。
直到突然之间，痛苦的死亡降临，
将如此可亲的一位君主带离人世，
天使们将他正直的灵魂带进天国的荣光之中。
然而这位贤明的统治者已将国家托付给高贵的伯爵哈罗德，
这是一位地位崇高的人。
每时每刻，一言一行，他都忠心遵从其封君的命令，
从不忽略符合人君需要的事情。

哈罗德伯爵加冕登基。在他统治这片国土期间，他没有碰上多少安宁。

C

1066　这年圣诞节后国王逝世之后

D

1066　这年圣诞节后国王逝世之

E

1066　这年圣英诺森节，[①] 威斯敏斯

① 1065 年 12 月 28 日。

的复活节，哈罗德从约克来到威斯敏斯特，复活节是4月16日。其后在全英国的天空中见到一种前所未见的迹象，① 有人说它是“彗星”，这种星有人称之为带毛发的星，它最初出现在大连祷日的前夜，即4月24日，整整照耀了一个星期。

此后不久，托斯蒂伯爵携带一支他所能征集的船队自海外来，进入怀特岛。当地居民向他交了钱和给养，然后他离开此地而去，在沿海所能到达之地处处为害，一直来到桑威奇。在

后的复活节，哈罗德国王从约克来到威斯敏斯特，复活节是4月16日。其后在全英国的天空中见到一种前所未见的迹象，有人说它是“彗星”，这种星有人称之为带毛发的星。它最初出现在大连祷日的前夜，即4月24日，整整照耀了一个星期。

此后不久，托斯蒂伯爵携带一支他所能征集的船队自海外来，进入怀特岛。当地居民向他交了钱和给养。他的哥哥哈罗德国

特大教堂举行献堂仪式。爱德华国王于主显节前夕逝世，并于主显节当天安葬在威斯敏斯特这座刚举行过奉献仪式的教堂里。哈罗德伯爵继英国王位，这正是国王对他作过的承诺，他又是被推选而就其位的。他在主显节举行加冕登基仪式。他在当上国王的当年就带着一支海军去抵抗威廉。② 当时托斯蒂伯爵带着60艘船进入亨伯河。埃德温伯爵率领一支陆军来到，将他赶走，他的水兵抛弃了他。他就带着12条小船去了苏格

① 哈雷彗星。

② 只有E本提及此事，可能指东南沿海的一次小战斗。

伦敦的哈罗德国王闻知他的弟弟托斯蒂来到桑威奇时，他就集合一支海军和一支陆军，其规模比这个国家以前任何一位国王所集合的军队都来得大，因为他已闻悉一个事实，即爱德华国王的亲戚、诺曼底的威廉公爵有意前来征服这个国家，这恰恰是后来发生的事。

当托斯蒂发现哈罗德国王正前往桑威奇时，他就从桑威奇出航，而且带走了一些水兵，其中有的愿意，有的不愿意。他向北而去，到达〔 〕[①]，在林齐劫掠，杀了许王集合了一支海军和一支陆军，其规模比这个国家以前任何一位国王所集合的军队都来得大，因为他听说私生子威廉有意前来征服这个国家。这恰恰是后来发生的事。

其间托斯蒂伯爵带60艘船驶入亨伯河。埃德温伯爵率一支陆军来到，将他驱逐出去，水兵又抛弃了他。他就带着12条小船去了苏格兰。挪威国王哈罗德带着300艘船在那里与他相遇。托斯蒂归兰。挪威国王哈罗德携带300艘船与他相遇。托斯蒂归顺于他。他们双双上溯亨伯河，直抵约克。莫卡伯爵和埃德温伯爵与之作战。挪威国王获胜。哈罗德国王闻悉有关行动和业已发生的情况以后，就带着很大的一支英军来到，在斯坦福桥与他相遇，杀了他和托斯蒂伯爵，英勇地战胜了所有的入侵者[②]。

当时威廉公爵在米迦勒节那天在黑斯廷斯登陆，哈罗德从北方来到，在军队[③]尚未全部到达前向他作战。他在那里战死，

① 原文此处空白。加蒙斯韦编译本注为亨伯河。——译者注

② 对挪威国王的前一战发生于9月20日。斯坦福桥战役发生于25日，星期一。

③ 斯旺顿编译本作入侵的军队。——译者注

多优秀人士。埃德温伯爵和莫卡伯爵得知情况以后，来到该地，将他驱逐出境。他去了苏格兰。苏格兰人的国王[①]给予保护，支援他给养，他整个夏天都在那里。

哈罗德国王来到桑威奇等候他的船队，因为船队要很长时间才能集合。船队集合以后，他来到怀特岛。整个夏季和秋季船只都停在那里，海边各地又设置了一支陆上部队，虽然这些到头来都没有用处。到圣母圣诞节那天[②]，人们食物告罄，顺于他，成为他的封臣。他们双双上溯亨伯河，直抵约克。在约克，埃德温伯爵和他的弟弟莫卡与他作战，但是挪威人取得胜利。

英国人的国王哈罗德接获报告，知道事态已到如此地步。那次战斗是在圣马太节前夕发生的。[③] 接着，我们的国王哈罗德出其不意地向挪威人袭来。他带着一大支英军在约克以外的斯坦福桥与他们遭遇。那天双方都他的两个弟弟格思和利奥夫温也战死了。威廉征服了这个国家，来到威斯敏斯特。奥尔德雷德大主教为他举行加冕登基仪式。人民向他付税，向他交纳人质，后来又赎买他们的土地。

彼得伯勒修道院院长利奥弗里克参与了那次战役，在那里患染疾病，回来不久就在万圣节前夕逝世了。天主怜悯他的灵魂。他在任时，彼得伯勒享尽幸福，得尽好处。他受到每个人的爱戴，因此国王将伯顿修道院和考文垂

---

① 马尔科姆三世。

② 9月8日。

③ 这是富尔福德战役，发生于9月20日，星期三。（译者按：圣马太节为9月21日。）

谁也不能再供养他们了。于是他们获准回家，国王骑马返往内地，船只驶往伦敦，许多人在抵达伦敦之前死去。船队返回以后，挪威国王哈罗德率领一大支海军——其数量可能是〔 〕[①]，或许更多——突如其来，在北部进入泰恩河。托斯蒂伯爵带着他所能召集的部众前来与他会合，这是他们预先商量好的。他们带着整支船队双双上溯乌斯河[②]，驶向约克。正在南方的哈罗德国王登陆以后，得到报告，说挪威国是一场恶战。[③] 金发王哈罗德[④]和托斯蒂伯爵被杀，幸存的挪威人逃遁。英国人一边追逐他们，一边狠狠地予以袭击，直到他们有些人上了船，有的溺死，有的烧死，有的以种种方式丧生，因此幸存的人为数寥寥，英国人依然据有战场。国王宽恕了挪威国王的儿子奥拉夫，也宽恕了他们的主教和奥克尼伯爵，还有船上所有那些仍然活着的人。他们来到我们国王跟前，修道院——这是他的父辈利奥弗里克伯爵所建，还有克罗兰修道院和索尼修道院所辖地区赐给了圣彼得和他。他以金银、圣衣、土地为彼得伯勒修道院谋了许多福利，他所做的事情的确比他以前和以后的任何人都多。后来这座金城变成了一座可怜城。其后众修道士推举教堂教长布兰德为院长，因为他是一位很好的人，又很明智。他们把他送到埃德加王子[⑤]那里，因为当地居民期望埃德加会当国王，王子欣

① 原文此处腐坏。

② 这条流经约克的乌斯河区别于前文中的乌斯河(大乌斯河)。——译者注

③ 该战役发生于9月25日，星期一。

④ 哈罗德·哈德拉达并非金发王。

⑤ 1057年逝世的爱德华王子之子。

王哈罗德和托斯蒂伯爵已经在约克附近登陆，他就尽速调集部队日夜兼程奔向北方。哈罗德还未能赶到之前，埃德温伯爵和莫卡伯爵已经从各自的辖区里尽其所能召集一支队伍向入侵者作战，使他们遭受重大伤亡，而英军也有许多人阵亡，或溺水而死，或被驱逃散。挪威人仍然据有战场。这次战斗是在使徒圣马太节的前夕发生的，那天是星期三。战后挪威国王哈罗德和托斯蒂伯爵带着一支他们认为人数足够的队伍进入约克，[①]并且宣誓，说他们将永远与我国保持和平友好。国王让他们带着24艘船回国。这两场激战是在5天之内进行的。

其后威廉公爵在米迦勒节前夕[②]从诺曼底来到佩文西。他们刚能向前推进，就在黑斯廷斯造了一座城堡。哈罗德国王获悉这个情况，就集结了一支大军，来到那棵古老灰白的苹果树近旁来抵抗他。威廉不等他的军队列好战斗队形，就来突袭。然而国王然同意这件事。威廉国王听说此事后，勃然大怒，说院长藐视了他。后来显要人士居间调停，使他们达成一致，因为院长也是显要人士之一[③]。后来他付给国王40马克黄金解决此事。此后他活了很短的时间——只有3年。其后一切混乱和灾祸都降临到修道院头上。愿天主怜悯它！

① 9月24日，星期日。

② 9月28日，而E本则为9月29日。

③ 加蒙斯韦编译本作“一位道德高尚的人”。——译者注

他们从城里取得人质和给养，就从那里去到船上。他们与城里的居民商谈和平协议，其预定计划是这些人都跟着他们南下，去征服这个国家。在事情进行的过程中，英国人的国王哈罗德带着全部兵马在星期日来到了塔德卡斯特，他的部队就在那里列队整顿。星期一[①]，他径直穿越约克。挪威国王哈罗德和托斯蒂伯爵以及他们的部队已经转往约克以外开向内地，到达斯坦福桥，因为他们事先得到过明确的许诺，说全郡交纳的人质都要带到那里交还是与愿意支持他的人一道艰苦作战，予以抗击。双方伤亡都很惨重。哈罗德国王在那里被杀，他的弟弟利奥夫温伯爵、弟弟格思伯爵，还有许多优秀人物也被杀死。法国人依旧据有战场，正好像是天主将它授予他们那样，因为人们有罪。奥尔德雷德大主教和伦敦的居民想要埃德加王子当国王，这正是他的份所应得，埃德温和莫卡又答应要站在他这一边作战。但是事情总是本来越该进展，却越是

① 9月25日。

给他们。随后，英国人的国王哈罗德在桥的那一边出其不意地与他们遭遇。他们就在那里交锋，战斗持续猛力进行，直到日暮。在那里，挪威国王哈罗德和托斯蒂伯爵被杀，另外还有无数他们的人战死，挪威人和英国人都在内。挪威人[1]逃离英国人而去。有一个挪威人抵挡住了英国军队，因此他们过不了桥，也不能取胜。一名英军一箭射去，然而无用；另一名英军来到桥下，从胸甲里面将他刺穿。然后英落在后面。情况一天天坏下去，一切恰恰成了末了那种结局。这次战役是在卡利克斯图斯教皇节那天[2]发生的。威廉公爵返回黑斯廷斯，在那里等候，看是不是会向他投降。可是等到他明白了没有人有意来归附他时，他就带着原来所剩下的，还有晚些时候从海外过来的全部军队开赴内地，把他所侵犯的地区蹂躏个遍，直到抵达伯克姆斯特德。他在那里受到奥尔

① 由此后开始至本段结束，字体及语言风格均属于较晚的时代。（译者按：加蒙斯韦编译本注明为12世纪时所加。）

② 10月14日。

国人的国王哈罗德过了桥，部队随他前进，杀戮了大量的挪威人和佛兰德人。哈罗德让国王的儿子黑特蒙杜斯[①]带着所有的船返回挪威。[②]

德雷德大主教、埃德加王子、埃德温伯爵、莫卡伯爵和伦敦全体要人的迎接。他们在既已造成最大量的损害之后，出于需要而投降了。——他们没有及早这样做，是一件大蠢事，因为由于我们的罪恶，天主不愿意使事态比这更好。他们交了人质，向他宣誓。他向他们许诺要做一个仁慈的封君。然而在此期间，他们却劫掠了所侵犯的各处地方。后来在圣诞节，奥尔德雷德大主教在威斯

① 即D本中挪威国王之子奥拉夫。——译者注

② C本至此结束。

敏斯特为他举行加冕登基仪式。他［威廉］手按《福音书》，（在奥尔德雷德要把王冠加在他的头上之前）向奥尔德雷德作出许诺，而且宣誓，说他要将这里的人民统治得像以往最好的国王做的那样好，只要他们效忠于他。然而他却将十分苛重的捐税加在人民身上。春天他就渡海到诺曼底去了，还从英国带走了斯蒂甘德大主教、格拉斯顿伯里修道院院长埃塞尔诺思、埃德加王子、埃德温伯爵、莫卡伯爵、沃尔西奥夫

伯爵[①]和许多其他上等人士。奥多主教[②]和威廉伯爵[③]留下来，在这个国家的远近各处建造城堡，苦了可怜的老百姓，而且情况总是越到后来越坏。愿待到天主有此旨意时有个好结局。

① 原诺森伯里亚伯爵休厄德之子，时为亨廷登伯爵，后为诺森伯里亚伯爵。——译者注

② 奥多是威廉一世的同母异父弟，任法国巴约主教，后为肯特伯爵。

③ 即威廉·菲茨·奥斯本，意为奥斯本之子，威廉一世的总管，黑斯廷斯战役后不久即成为赫里福德伯爵。——译者注

D

1067 国王于圣尼古拉节[①]返回英国。这天坎特伯雷的基督教堂被烧光。伍尔夫威主教逝世，安葬在他的教座所在的城市多切斯特。“野蛮的”[②]埃德里克和威尔士人以敌对的态度，向赫里福德的城堡驻军作战，给他们造成许多伤害。国王向可怜的人民征课重税，尽管如此，他还是让军队所犯之地尽遭劫掠。他随后前往德文，将埃克塞特城围困了18天，他的军队有很大一部分人死在那里。[③] 但是他还是向居民花言巧语作了许诺，不过诺言履行得很糟糕。居民将城放弃给他，因为塞恩们已经背叛了他们。

夏季期间，[④]埃德加王子偕同他的母亲阿加莎和两个姊妹玛格丽特和克里斯蒂娜出国，随行者还有梅尔斯韦恩[⑤]和许多上等人士。他们来到苏格兰接受马尔科姆国王保护，他将他们全部收留下来。后来上述这位马尔科姆国王萌发一个愿望，想娶埃德加的姐姐玛格丽特为妻。但是很长时间之内埃德加和他的随行人员一律反对此事；她也加以拒绝，她说若是上天仁慈地恩准她在其短促的一生中以少女的童贞，以一颗凡人之心，以纯洁的禁欲来取悦

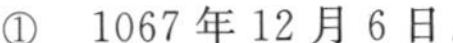

① 1067年12月6日。

② 原文为*Cild*，普卢默认为系Wild之误。几种编译本均采其说。斯旺顿编译本注称，埃德里克原为赫里福德郡和什罗普郡有势力的土地所有者，因拒绝投降威廉，常受赫里福德守军侵扰，他则借助威尔士人侵扰赫里福德郡，1070年与威廉和解。——译者注

③ 该战役发生于1068年春。

④ 1068年，E本同。——斯旺顿编译本注

⑤ 北方显贵。

于万能的天主的话，那么她既不嫁他，也不嫁其他任何人。国王加紧催促她的弟弟，直到他说“同意”。的确他也不敢采取任何其他做法，因为他们已经处在他的控制之下。后来情况就像天主所预见的那样（否则事情也不会发生），正如同天主在他的《福音书》里说的，没有他的神意，就连一只麻雀也不会落在罗网里。造物主以其先见之明预先知道他想要通过她来完成的事情，因为她命中注定要在这片土地上增进天主的荣耀，她要把国王从错误的道路上引入正轨，使他转向更美好的途径，他的人民也是这样，她要制止这个民族过去实行的邪俗陋习，她后来正是这样做的。

国王娶她为妻，[①]虽然这违反了她的意愿。她的行为举止使他感到欣悦。他感谢天主以其威力给了他这样一位配偶。他明智地进行沉思，这正是像他这样的很有悟性的人做的事情。他转而信仰天主，蔑视各种不洁净的行为。关于这点，各民族的导师使徒保罗说过，*Salvabitur vir infidelis per mulierem fidelem sic et mulier infidelis per virum fidelem*，等等。用我们的话来说，那就是，“因为不信的丈夫，就因着妻子成了圣洁。并且不信的妻子，就因着丈夫成了圣洁。”[②]上述这位王后在那个国家后来做了许多荣耀天主的有益之事，她在国事方面也很成功，这在她是自然而然的事。她出身于一个信仰天主而又高贵的家族。她的父亲是爱德华王子，爱德华是埃德蒙国王的儿子，埃德蒙国王是埃塞尔雷德的儿子，埃塞尔雷德是埃德加的儿子，埃德加是埃德雷德的儿子，[③]

① 可能是1069或1070年。

② 《新约·哥林多前书》第7章，第14节。

③ 这个埃德加实际上是埃德雷德兄弟埃德蒙之子。

还可以从那支王族追溯上去。她母亲的家族上溯到统治罗马的亨利皇帝。

哈罗德的母亲吉莎偕同显贵们的妻子多人前往弗拉特霍姆[①],在那里住了一段时间,又从那里渡海去到圣奥梅尔。[②]

这年复活节,国王来到温切斯特,复活节是3月23日[③]。此后不久,莫德夫人来到这个国家,奥尔德雷德大主教在圣灵降临节在威斯敏斯特加冕她为王后。[④] 其后国王获悉北方人民已经聚集起来,如果他来的话,他们要进行抵抗。随后他去了诺丁汉,在那里造了一座城堡,又一路去了约克,在那里造了两座城堡,又在林肯和那一地区的各处造了城堡。戈斯帕特里克伯爵和最上等的人去了苏格兰。[⑤]

在此期间,哈罗德的儿子们[⑥]携带一支海军意外地从爱尔兰来到,进入埃文河口,在那片地区遍地剽劫。然后他们去了布里斯托尔,想袭取这个城市。城市居民猛烈抗击,他们既然从城里什么东西也得不到,就带着靠抢劫得来的东西上了船,前往萨默塞特,在那里登陆。国王的常侍埃德诺思与他们作战,就地阵亡,双方各有许多优秀人士战死。生还的那些人离去了。[⑦]

① 布里斯托尔海峡中的岛屿。——译者注

② 此事可能发生于1068年。

③ 此处有误。3月23日为1068年的复活节。

④ 加冕仪式举行于5月11日,而该日为1068年的圣灵降临节。(译者按:莫德即马蒂尔达,圣灵降临节为复活节后第七个星期日。)

⑤ 这些事情发生于1068年夏季。

⑥ 斯旺顿注称指戈德温、埃德蒙,另一人或谓系马格努斯,或谓系斯韦恩之子托斯蒂。——译者注

⑦ 这些事件也发生于1068年夏季。

E

1067　这年国王前往海外，他带去了人质和金钱，第二年圣尼古拉节那天返回。[①] 那天坎特伯雷的基督教堂被烧光。国王回国以后，他封赠出每一块给予部下的土地。那年夏天，埃德加王子出国，梅尔斯韦恩和许多人随他同去。他们进入苏格兰。马尔科姆国王全部予以收留，并且和王子的姐姐玛格丽特结婚。

D

1068　这年威廉国王将诺森伯兰伯爵辖区授予罗伯特伯爵，但是当地人民将他包围在达勒姆城内，将他和900名他的部下杀死。[②] 不久之后，埃德加王子带着全部诺森伯里亚人来到约克，城里的居民与他讲和。威廉国王率领一支占压倒优势的大军从南方对他们进行突然袭击，击溃他们，杀了那些未能逃脱的人，人数有好几百。他劫掠了这座城市，以圣彼得大教堂作为嘲笑的目标；他还抢劫和侮辱了其

E

1068　这年威廉国王将诺森伯兰伯爵辖区授予罗伯特伯爵，其后当地人民对他进行攻击，将他和900名他的部下杀死。埃德加王子带着全部诺森伯里亚人来到约克，城里的居民与他讲和。威廉国王率领他的全部兵马从南方来，劫掠这座城市，杀了好几百人。王子又返回苏格兰。

① 此事发生于1067年12月6日。

② 罗伯特被杀于1069年1月28日。

他所有的教堂。王子又返回苏格兰。[1]

D

1069[2] 此后,哈罗德的儿子们带着 64 艘船,在夏至前后自爱尔兰来,进入托河口,有失慎重地登了陆,冷不防布赖恩伯爵[3]带领一支不小的队伍来与他们作战,杀死了船队中所有最优秀的人,其余的人带着一小支队伍逃回船上。哈罗德的儿子们又返回爱尔兰。

这年约克大主教奥尔德雷德逝世,他就葬在他的教座所在的这个城市里。他死于圣普罗图斯和圣海阿辛苏斯节[4]那天。他身居大主教职位差 15 个星期满 10 年,尊荣备至。

此后不久,斯韦恩国王的 3 个儿子带着 240 艘船从丹麦来,同来的有奥斯本伯爵和瑟基尔伯爵。船队驶入亨伯河。前来与他们会合的有埃德加王子、沃尔西奥夫伯爵、梅尔斯韦恩和戈斯帕特里克,他们率领诺森伯里亚人来到。于是所有的人或骑马或行进,队

E

1069 这年彼得伯勒的埃塞尔里克主教受到一项指控,他被送往威斯敏斯特。他的兄弟埃塞尔温主教被放逐。后来在圣马利亚的两个节日[5]之间,斯韦恩国王的几个儿子和他的兄弟奥斯本伯爵带领 300 艘船从东方的丹麦过来,沃尔西奥夫伯爵遂即出动。他和埃德加王子带着好几百名兵员在亨伯河与这支

① 这是 1069 年早春之事。

② D 本漏掉 1069 这个年代,根据内容似应由此开始。

③ 布列塔尼的一名伯爵。

④ 9 月 11 日。

⑤ 即圣母升天节和圣母圣诞节,8 月 15 日和 9 月 8 日。

伍浩浩荡荡，情绪高昂，大家都意志坚定地开赴约克。他们袭取并夷平了城堡，夺取了城堡里难以胜计的财宝，杀死了好几百名法国人，还将许多人抓到船上。在他们的水兵尚未到达之前，法国人已经烧了城，又彻底抢劫并烧毁了神圣的圣彼得大教堂。国王发现这种情况之后，就带着他所能召集的全部兵马开向北方，把整个郡都蹂躏毁坏了。船队一冬都停在亨伯河，国王对它们鞭长莫及。圣诞节[①]国王在约克，整个冬天都在那边度过。那年复活节[⑤]他来到温切斯特。

彼得伯勒的埃塞尔里克主教受到一项指控，他被送往威斯敏斯特。他的兄弟埃塞尔温主教被放逐。

船队会合，然后前往约克登陆，夺得城堡，杀死好几百人，抢到大量财宝运到船上，把重要人物拘押起来。船队整个冬天就停泊在乌斯河和特伦特河之间。威廉国王来到该郡，将它彻底摧毁。同年，彼得伯勒修道院院长布兰德在11月27日逝世。

A

1070[⑥] 这年卡昂修道院院长兰弗朗克来到英国，几天之后就当上了坎特伯雷大主教。他是在8月29日在自己的教区由8名手下的副主教为他履行授职仪式的，其他未出席者或派使者，或

① 1069年。

⑤ 1070年。

⑥ 本段系据加蒙斯韦编译本译出，其内容系于坎特伯雷补入。——译者注

以书信说明不到场的理由。这年,业已被推选为约克主教的托马斯来到坎特伯雷,以便按照古老的惯例接受圣职授任。随后,当兰弗朗克要求他宣誓以表明从属地位时,他拒绝了,说他没有义务这样做。兰弗朗克大主教于是对他极为震怒,遂即要求奉兰弗朗克大主教之命而在场随侍的众主教和全体修道士举行仪式,而且脱下法衣。① 他们根据他的命令这样做了。这样,托马斯在那种场合下没有接受授任就回去了。事后不久,兰弗朗克大主教去了罗马,托马斯与他同往。他们抵达那里,讨论了他们想提出的事项以后,托马斯摆出他的案情,将他如何去到坎特伯雷,大主教如何要他宣誓以示服从,他又如何加以拒绝作了一番陈述。接着兰弗朗克大主教以明晰而富有辨别力的论证说明他所要求之事是有正当理由来要求的,他又以切实有力的言词使他的案由在亚历山大教皇和在那里聚会的全体与会者面前得到确认。他们回到国内。此后,托马斯来到坎特伯雷,谦恭地履行了大主教的全部要求,随后接受了圣职授任。②

D

1070(1071D)③ 沃尔西奥夫伯爵与国王和好。到了春天,国王令人将英国所有的修道院都抢劫了。这年发生严重的饥荒。彼

① 斯旺顿编译本作:“命令奉兰弗朗克大主教之命而前来的众主教举行仪式,并命令全体修道士脱下法衣。”——译者注

② A($\overline{A}$)本至此结束。——其他两种编译本注

③ D本由此开始至1077年,其年代均较实际年代晚一年。

得伯勒修道院遭劫掠。它是被埃塞尔里克主教业已逐出教门的那些人——因为他们拿走了他所有的一切——抢劫的。同年夏天，那支船队驶入泰晤士河，在那里停泊了两夜，然后驶往丹麦。鲍德温伯爵逝世，他的儿子阿尔努尔夫继位。法国人的国王和威廉伯爵当他的保护人。但是罗伯特伯爵来到那里，杀了他的亲属阿尔努尔夫和威廉伯爵，大败国王，还杀了他的部下好几千人。[①]

E

1070　沃尔西奥夫伯爵与国王和好。到了春天，国王令人将英国所有的修道院都抢劫了。同年，斯韦恩国王从丹麦来，进入亨伯河。当地的人前来与他会晤，并且与他协议停战，他们预料他将征服英国。其后，丹麦主教克里斯蒂安[②]和奥斯本伯爵以及丹麦侍卫人员来到伊利。整个沼泽地带的英国人都过来与他们会合，以为他们将要征服全国。后来彼得伯勒的修道士听说他们自己的人存心要抢劫这所修道院，这帮人就是赫里沃德和他的追随者。[③]其原因是他们业已听说国王已经将院长一职给予一个名叫图罗尔德的法国院长[④]，而他是个十分严厉的人，当时已经带着他的全体法国随员来到了斯坦福。那时有个叫做伊瓦尔的圣器保管人，他

---

① 这是1071年2月20日卡塞尔战役。罗伯特为鲍德温六世之弟。威廉即威廉·菲茨·奥斯本。

② 丹麦奥胡斯主教。

③ 据其他两种编译本注，赫里沃德为修道院佃户。另据道格拉斯《征服者威廉》(Douglas, D. C., *William the Conqueror*, London, 1964)载，其徒众包括丹麦人和英国人。——译者注

④ 原为法国费康的修道士，后来在英国马姆斯伯里任院长。

遂即在夜间把能拿的东西全拿走了——福音书、十字褡、斗篷式长袍、袍服，还有一些这类小物件，总之能拿什么就拿什么。——他立刻在黎明之前去找图罗尔德院长，对他说他正要寻求他的保护，而且向他通风报信，说人们确以为那些亡命之徒正要到彼得伯勒来，如何如何。这一切他都是按照修道士们的建议去做的。接着，到了早上，所有的亡命徒即刻带着许多船只来到，他们想进入修道院，众修道士抵挡住了他们，因此他们无从进入。然后他们纵火烧修道院，除了一所房子以外，他们把修道士的房舍和整个市镇都烧光了。后来他们靠着火势从博尔希思门[①]进入。修道士们迎上前来，要求他们停战。他们不予理会，进入了修道院，爬上了神圣的十字架，摘走了我们主头上戴的冠冕——全部由纯金制成，——然后又取走了他脚下的支座，这个支座全部是赤金制作的。他们又爬上尖塔，取下藏在那里的帷帘[②]——全部是金银制成的，还从那里拿走两个金圣物匣、9个银圣物匣、15个金质和银质的大型耶稣受难像。他们拿走的金银，以及钱、圣衣和书籍等财物之多，是没有人能计算出来的。他们说他们这样做是出于对修道院的忠心。然后他们登船前往伊利，把财宝都贮存在那里。[③] 丹麦人预料他们将要打败法国人，于是众修道士都被驱散，除了一人以外无人留下，这人叫“高个子利奥夫温”，他正卧病在病房里。随后图罗尔德

① 该门靠近修道院的东端。——加蒙斯韦编译本注

② *hæcce*，据加蒙斯韦编译本注释，或谓系指置于祭坛前的大桌，但很可能是祭坛前面的可移动的帷帘，一般是刺绣的织品，有时是金属的。下同。斯旺顿编译本即作后者。——译者注

③ 加蒙斯韦编译本作“在那里将财宝转交”。——译者注

院长偕同160名法国人来到,他们一律全副武装。他到达后,发现里里外外一切全被烧毁,只有教堂除外。当时亡命徒已全部上船而去,他们知道他肯定要去那里的。这件事发生于6月2日。

威廉和斯韦恩两位国王达成协议。丹麦人带着全份上述财宝离开伊利,而且随身带走。当他们在海上航行到中途时,一阵暴风雨袭来,吹散了所有的载有财宝的船,有的到了挪威,有的到了爱尔兰,有的到了丹麦。他们运到丹麦的全部东西就是帷帘、几个圣物匣、几个十字架和许多其他财宝。他们将这些物品运到一个叫做〔 〕[①]的王室城镇[②],然后全部放进教堂。后来由于他们不留心,又喝醉了酒,一天夜里,教堂着火,连教堂带里面的一切都烧掉了。彼得伯勒修道院就是这样被烧毁和被劫掠的。全能的天主以他深厚的仁慈怜悯它吧!就这样,图罗尔德院长来到彼得伯勒,修道士们也回来了。他们在教堂里举行礼敬基督的仪式,已经有整整一个星期没有在其中举行过任何仪式了。埃塞尔里克主教听说这种情况后,就把凡参与过这桩邪恶行径的人一律逐出教门。

这年发生严重的饥荒。夏季,船队从北方来,从亨伯河进入泰晤士河,在那里停泊了两夜,然后由此驶往丹麦。鲍德温伯爵逝世,他的儿子阿尔努尔夫继位,威廉伯爵和法国国王当他的保护人。后来罗伯特伯爵来到,杀了他的亲属阿尔努尔夫和伯爵,大败国王,还杀了好几千人。

---

① 原文此处空白。

② 加蒙斯韦编译本作“王室庄园”。——译者注

D

1071(1072D)　这年埃德温伯爵和莫卡伯爵逃走,漫无目的地穿行于丛林和荒野之间,直到埃德温被自己手下的人所杀,莫卡乘船到了伊利。埃塞尔温主教和休厄德·巴恩带着好几百人来到伊利。威廉国王发现这种情况之后,就召集了一支海军和一支陆军,从外部将那片地区包围起来,又架起一座桥,在向海的那边部署海军部队。他们于是都向国王投降,也就是说,埃塞尔温主教和莫卡伯爵以及与他们在一起的那些人都投降了,只有赫里沃德和能够随同他一起逃走的人除外,他勇敢地将他们带了出去。国王拿走了他们的船、武器和许多钱,他将所有的人作为俘虏,对他们为所欲为。他将埃塞尔温主教遣送到阿宾登,后者死在那里。

E

1071　这年埃德温伯爵和莫卡伯爵逃走,漫无目的地穿行于丛林和荒野之间。后来莫卡伯爵乘船去了伊利,埃德温伯爵被手下的人背信弃义地杀害了。埃塞尔温主教和休厄德·巴恩带着好几百人来到伊利。威廉国王听说这种情况之后,就召集了一支海军和一支陆军,从外部将那片地区包围起来,又架起一座桥,进入其地,并且将海军部署在向海的那一边。那些亡命之徒于是都向国王投降,也就是说,埃塞尔温主教和莫卡伯爵以及与他们一道的那些人都投降了,只有赫里沃德和愿意与他一起走的人除外,他勇敢地将他们带了出去。国王拿走了他们的船、武器和许多钱,对那些人为所欲为。他将埃塞尔温主教遣送到阿宾登,后者不久之后就在冬季死在那里。

D

1072(1073D)　这年威廉国王率领一支海军和一支陆军前往苏格兰，用船从海上封锁了那个国家，他又亲自率领陆军从福斯湾入境。在那里他发现他们一点好处也捞不到。马尔科姆国王来到，与威廉国王讲和，当了他的封臣，向他交出人质，然后带着全军返回。①

埃塞尔里克主教逝世。他曾被授任为约克主教，但是被不公正地免去了这个职务，又被授任为达勒姆主教，这个教职他担任了合乎他的意愿那么久的时间，其后放弃，去了彼得伯勒的圣彼得修道院，在那里生活了12年。后来威廉征服英国后，令人将他带出彼得伯勒，送到威斯敏斯特。

E

1072　这年威廉国王率领一支海军和一支陆军前往苏格兰，用船从海上封锁了那个国家，他又率领陆军从福斯湾入境，在那里他发现他一点好处也捞不到。马尔科姆国王来到，与威廉国王讲和，交了人质，当了他的封臣。国王就带着全军回国了。

埃塞尔里克主教逝世。他曾被授任为约克主教，但是被不公正地免去了这个职务，又被授任为达勒姆主教，这个教职他担任了合乎他的意愿那么久的时间，其后放弃，去了彼得伯勒的圣彼得修道院，在那里作为修道士生活了12年。后来威廉国王征服英国后，将他带出彼得伯勒，送到威斯敏斯特。他于10月15日在那里逝世，埋葬在那里的圣尼古拉小教堂里。

① 根据加蒙斯韦编译本及本书E本内容，此处应指威廉一世回国。——译者注

他于10月15日在那里逝世，埋葬在那里的圣尼古拉小教堂里。

D

1073(1074D)　这年威廉国王率领一支由英国人和法国人组成的军队跨海出航，征服曼恩地区。英军使它遭到重大损害。他们毁坏了葡萄园，烧毁了城市，严重地破坏了这个地区，使它整个向国王投降，然后返回。

E

1073　这年威廉国王率领一支由英国人和法国人组成的军队跨海出航，征服曼恩地区。英军使它遭到重大损害。他们毁坏了葡萄园，烧毁了城市，严重地破坏了这个地区，使它整个向国王投降，然后返回英国。

D

1074(1075D)　这年威廉国王渡海赴诺曼底。埃德加王子在格里姆博尔德节[①]那天从佛兰德来到苏格兰。马尔科姆国王和埃德加的姐姐玛格丽特十分体面地接待他。同时法国国王腓力给他送来一封函件，令他前往，说要将蒙特勒伊城堡送给他，这样他就每天可以对不是他朋友的人施害。于是马尔科姆国王和埃德加的姐姐玛格丽特送给他和他的全班人马大量礼物，许多珍宝，包括罩有紫红色面料的皮革、貂革和灰色毛皮的长袍、貂皮、贵重的袍服和金银器皿，而且以隆重的仪式引领他和他的全体海军出境。但

① 7月8日。

是旅行途中当他们到了海上时，情况变得对他们很糟糕。他们遇到狂风暴雨的坏天气，波涛翻滚的海洋和狂风将他们抛到了岸边，因此所有的船都翻沉了。他们本人好不容易才上了岸，财物丧失殆尽。他的部下有的被法国人所俘，不过他和手下最经得住的人回到了苏格兰，有的人凄惨地徒步前进，有的人沮丧地骑马而行。后来马尔科姆国王劝他派人去海外见威廉国王，要求他的保护。他照做了。国王答应给以保护，让他前去。马尔科姆国王和埃德加的姐姐再次赠送给他和他所有的部下大量财物，再次十分隆重地送他们出境。约克郡守到达勒姆迎接他们，而且一路陪送他们，他们每到一处城堡，他都令人供给他们食物和饲料，直到他们渡海到了国王那里。威廉国王十分体面地接待他。他住在宫廷里，接受国王给予他的应得权益。

E

1074　这年威廉国王渡海赴诺曼底。埃德加王子从苏格兰来到诺曼底。国王撤销了对他和他所有部下的放逐命令。他住在宫廷里，接受国王给予他的应得权益。

D

1075(1076D)　这年威廉国王将威廉·菲茨·奥斯本[①]的女儿许配给拉尔夫伯爵。这个拉尔夫的母

E

1075　这年威廉国王将威廉·菲茨·奥斯本的女儿许配给拉尔夫伯爵。这个拉

① 参见1066年纪事部分注。——译者注

系是布列塔尼人，父亲拉尔夫是出生于诺福克的英国人，国王因此将位于诺福克和萨福克的伯爵辖区给予他的儿子。他[拉尔夫]携带那位高贵女士去了诺里奇。

新娘的酒宴

那是许多人的灾难。

罗杰伯爵[①]、沃尔西奥夫伯爵、众主教和修道院院长都在那里。他们就在当地策划把他们的封君国王赶出他的王国。在诺曼底的国王很快就获悉了情况。拉尔夫伯爵和罗杰伯爵是这桩阴谋的头目。他们把布列塔尼人引诱到自己一边，他们还派人去丹麦要求提供一支海军。罗杰西往他的伯爵辖区招聚人马，以便废除国王。他这样盘算着，但结果是给他自己惹了大祸。拉尔夫也想带领自己伯爵辖区里的人马前去，但是英国城堡[②]里的驻军和当地人都来抵制他们，使他们什么也没有

尔夫的母系是布列塔尼人，父亲名字叫拉尔夫，是英国人，出生于诺福克。国王将诺福克和萨福克伯爵辖区给予他的儿子。他于是携带那位高贵女士去了诺里奇。

新娘的酒宴

——许多人的灾难。

罗杰伯爵、沃尔西奥夫伯爵、众主教和修道院院长都在那里。他们就在当地策划把国王驱逐出英国领域。在诺曼底的国王不久就获悉了情况，知道事情是怎样谋划的。这桩阴谋的头目是罗杰伯爵和拉尔夫伯爵。他们把布列塔尼人引诱到自己一边，还派人东行赴丹麦要求提供一支海军前来相助。罗杰西往他的伯爵辖区招聚人马，以

① 威廉·菲茨·奥斯本之次子，1071年继其父为赫里福德伯爵。

② 诺曼人的城堡。——加蒙斯韦编译本注

干成，他反而由于逃到了船上而感到高兴。他的妻子还留在城堡里，她保住了城堡，直到她得到安全通行许可，然后她和手下所有愿意与她同走的人一起离开了英国。后来国王来到英国，擒获他的亲戚罗杰伯爵，将他投入监狱。沃尔西奥夫伯爵去了海外，引咎自责，要求给予宽恕，而且献上财物。但是国王漠然置之，等到他来到英国后，就令人将他抓了起来。

不久之后，200 艘船自丹麦来，船上的指挥官是斯韦恩国王的儿子克努特和哈康伯爵。他们不敢与威廉国王作战而去了约克，破坏了圣彼得大教堂，从那里掳掠了大量财物，又离去了。可是凡是参与此事的人全都死了——这里指的是哈康伯爵的儿子和其他许多人。

爱德华国王的遗孀伊迪丝夫人在圣诞节前一星期在温切斯特逝世。国王令人以隆重的仪式将她运到威斯敏斯特，安葬在她丈夫爱德华国王附近。那年圣诞节国王在威

便废除国王，但是他受到了阻挠。拉尔夫在自己的伯爵辖区内也想带领他的人马前去，但是英国城堡里的驻军和当地人前来抵制，弄得他一事无成，倒反而在诺里奇上了船。他的妻子留在城堡里，她保住了城堡，直到她得到安全通行许可，然后她和手下所有愿意与她同走的人一起离开了英国。后来国王来到英国，抓获他的亲戚罗杰伯爵，将他投入监狱。他也抓到了沃尔西奥夫伯爵。

不久之后，200 艘船由东自丹麦来，船上有两名指挥官，即斯韦恩的儿子克努特和哈康伯爵。他们不敢与威廉国王作战而渡海去了佛兰德。

伊迪丝夫人在圣诞节前一星期在温切斯特逝世。国王令人以隆重的仪式将她运到威斯敏斯特，安葬在她丈夫

斯敏斯特。曾经在诺里奇参加那次婚宴的布列塔尼人都在那里被判了刑。

有的被弄瞎了双目，
有的遭到斥逐，
有的蒙受屈辱，
国王的叛徒就这样被制服。

夫爱德华国王附近。那年圣诞节国王在威斯敏斯特。曾经在诺里奇参加那次婚宴的布列塔尼人尽遭毁灭。

有的被弄瞎了双目，
有的遭到斥逐，
威廉的叛徒因此被制服。

D

1076(1077D)　这年丹麦国王斯韦恩逝世，其子哈罗德继位。威廉国王任命维塔利斯院长主持威斯敏斯特大教堂，维塔利斯曾为贝尔奈[①]的一名修道士。沃尔西奥夫伯爵于圣佩特罗内拉节[②]在温切斯特被斩首，遗体运往克罗兰，他就葬在那里。威廉国王前往海外，率军去到布列塔尼，包围了位于多尔的城堡。但是布列塔尼人守住它，直到国王[③]从法国来到。于是威廉国王离去，他在那里损失了人马和数不

E

1076　这年丹麦国王斯韦恩逝世，其子哈罗德继位。国王任命维塔利斯院长主持威斯敏斯特大教堂，维塔利斯曾任贝尔奈修道院院长。沃尔西奥夫伯爵在温切斯特被斩首，遗体运往克罗兰。国王前往海外，率军去到布列塔尼，包围了位于多尔的城堡，但是布列塔尼人守住它，直到国王从法国来到。威廉离去，他在那里损失了

① 在法国。——译者注
② 5月31日。
③ 多尔城堡属于拉尔夫伯爵，国王指法国国王腓力一世。——斯旺顿编译本注

清的财物。

D

1077 和 1078[1]（1078D）　这年圣烛节[2]前 3 夜出现月食。伊夫舍姆修道院院长、精于处理世务的埃塞尔威格在圣尤莉安娜节[3]逝世，沃尔特被任命为接替他的院长。在伯克郡、威尔特郡和多塞特任主教的赫里曼主教逝世。马尔科姆国王俘获梅尔斯内坦[4]的母亲……[5]和他所有最精良的部下、全部财宝，以及牲畜。他本人好不容易才逃脱。……[6]这年夏季干旱，野火在许多郡蔓延，烧掉许多村庄，还烧掉了许多市镇。

人马和他的许多财物。

E

（1077E）　这年法国国王和英国国王威廉达成一项协议，但是协议只有很短时间保持有效。这年之间，圣母升天节前一天，[7]伦敦毁于火灾，其烧毁的程度比建城以来任何时候都严重。这年伊夫舍姆修道院院长埃塞尔威格于 2 月 16 日逝世。赫里曼主教也于 2 月 20 日逝世。

① 两种稿本这两年的纪事，年代混淆。威廉一世与法王协议一事和伦敦大火属于 1077 年；其他事件属于 1078 年。1078 年 1 月 30 日出现月食。

② 2 月 2 日。——译者注

③ 2 月 16 日。

④ 苏格兰马里的王室成员。

⑤ 此处原文缺 1 行。

⑥ 此处原文缺 6 行。

⑦ 8 月 14 日。

D

1079 威廉国王的儿子罗伯特从父亲那里逃亡到他的舅父、在佛兰德的罗伯特[①]那里，因为他的父亲不愿让他统治他在诺曼底的伯爵辖区，而这是威廉亲自，以及腓力国王经威廉同意而给予他的，而且辖区内的主要人物已经向他宣誓，接受他为封君。罗伯特与父亲作战，伤了他的手，威廉所骑的马也被射死，给他送来另一匹马的人又被弩弓所发的箭击毙，这个人名叫托基，是威格德的儿子。[②] 许多人在那里阵亡、被俘。罗伯特回到佛兰德。我们不再多写他使父亲蒙受的伤害了……[③]

E

1079[④] 同年马尔科姆国王于圣马利亚的两个节日[⑤]之间携大军自苏格兰进入英国，蹂躏了诺森伯兰，一直肆扰到泰恩河，杀死好几百人，掳走大批钱财、珍贵物品和人。同年，在诺曼底境外名为热贝鲁瓦的城堡附近，威廉国王与他的儿子罗伯特作战。威廉国王在那里受伤，他的坐骑在那里被杀，他的儿子威廉也在那里受伤，阵亡了许多人。

① 罗伯特一世。——译者注

② 可能是《土地清丈册》(《末日审判书》)中经常提到的沃灵福德的威格德之子。

③ D本至此结束。由此开始，E本为唯一的编年史稿本。(译者按：后人在D本该年纪事之后又增添一段1080年的纪事，其中涉及的史事属于1130年，因此原编译者将有关段落移至1130年。)

④ E本将1078年的许多事件写入1077年，而此处又漏掉“1078”字样，此处年代遂与D本一致。两者1079年的年代均属正确。

⑤ 参见1069年纪事部分注。——译者注

E

1080　这年，达勒姆的沃尔彻主教在一次会议上遭杀害，一起被杀害的有100人，包括法国人和佛兰德人。他本人是洛塔林吉亚[①]人。这是诺森伯里亚人在5月份[②]干的。

1081　这年国王率军进入威尔士，在那里释放了好几百人。

1082　这年国王逮捕奥多主教。这年出现严重饥荒。

1083　这年在格拉斯顿伯里，修道院院长瑟斯坦[③]和他的修道士之间产生分歧，这种分歧最初来自院长有失明智，在许多事情上对修道士管理不当。[④] 修道士们以温和的方式向他诉苦，要求他公正地管理他们，爱护他们，他们则将对他忠诚恭顺。但是这位院长根本不肯这样做，反而以恶相待，而且以更坏的待遇威吓他们。一天，院长走进修道士大会的会堂，说他们的坏话，想要虐待他们，接着又调来了一些世俗人士[⑤]。他们进入会堂，全副武装袭击众修道士。修道士们非常惧怕他们，不知如何是好。但是他们散开了，有的跑进教堂，把自己反锁在内。这些人追他们进修道院，想把他们硬拖出来，因为他们不敢出来。可是那天发生一起令

① 指843年查理大帝帝国分裂后位居中间的王国的北部而言，包括今荷兰、比利时、卢森堡、洛林、阿尔萨斯、德国西北部等地。原注谓他来自列日。——译者注

② 5月13或14日。

③ 曾是法国卡昂的一名修道士。

④ 格拉斯顿伯里的修道士坚守传统，在纪念仪式和圣歌问题上，双方陷入僵局。瑟斯坦坚持用法国第戎派的方式取代传统的格雷戈里方式，而格拉斯顿伯里的修道士认为自己是后者的继承者。——加蒙斯韦编译本注

⑤ 宅第中的骑士，即下文中的法国人、随从。

人痛心的事，这些法国人闯进唱诗班所用的圣室，向修道士们所在的祭坛投掷武器，有些随从去到上层，向下面朝着圣所射箭，因此许多支箭扎在立在祭坛上方的十字架上。可怜的修道士们在祭坛周围到处躺着，有的爬到祭坛底下，热切地向天主呼唤，在他们不能从世人身上得到怜悯的时候，就恳求天主垂怜。那些人狠狠地射击；另一些人则在那里破门而入，在教堂里杀死了一些修道士，打伤了许多人，于是鲜血从祭坛流到了台阶上，又从台阶流到地板上。除此之外，我们还能说什么呢？在那里一共杀死 3 人，伤 18 人。

同年，威廉的王后莫德在万圣节的后一天逝世。同年圣诞节后，国王下令在全英国征收重税——每海德土地 72 便士。[1]

1084　这年彻特西修道院院长伍尔夫沃尔德于 4 月 19 日逝世。

1085　这年，人们谈论着一件事，并且声称这是事实，那就是斯韦恩国王之子、丹麦国王克努特正动身向这个方向而来，打算靠佛兰德伯爵罗伯特的帮助征服这个国家，因为克努特娶的是罗伯特的女儿。当时正在诺曼底的英国国王威廉——因为英国和诺曼底两地他都拥有——发现这个情况后，就率领一支法国的和布列塔尼的骑兵和步兵前往英国，这支部队比曾经来到过这个国家的任何部队都庞大，因此人们感到诧异，不知道这个国家如何供养得了整个那支大军。国王将整支军队分布到全国各地，分头拨给他的封臣，由他们按各人土地数量的比例分别加以供养。那年人民深受压迫，国王下令将靠近海边的土地毁成一片荒芜，这样，要是他的敌人登陆的话，他们就什么也不能很快就抓到手。可是当国

① 此次调查实行于 1084 年初。

王发现下述情况属实,即他的敌人已经受阻,不能实现他们的远征时,他就让一部分军队返回本国,而把一些军队留在这个国家过冬。

后来在圣诞节,国王和他的议政大臣们在格洛斯特,他在那里临朝听政5天。接着大主教和圣职人员又开了3天宗教会议。会上莫里斯被选为伦敦主教,威廉被选为诺福克主教,罗伯特被选为柴郡主教,他们都是国王的圣职人员。

在这之后,国王对这个国家的事情——它的居民分布情况,居民又属于何种类别——作了深思熟虑,并且与他的议政大臣们进行了深入的讨论。然后他派手下的人遍赴英国各地,进入每一个郡,要他们查明每个郡各有几百海德土地,国王本人在国内拥有的是什么样的土地和何种牲畜[①],他12个月内应该从各个郡得到什么贡赋。他还令人作了一份记录,载明他的大主教们、主教们、修道院院长们、伯爵们各有多少土地——虽然我叙述起来是太冗长了,——当时在英国占有土地的人,各人土地上都有些什么,各有什么牲畜,数量多少,值多少钱。他令人调查得如此详尽,乃至没有一海德土地,也没有一维格特[②]土地,的确(叙述起来是一种耻辱,但是在他看来这样做并不是耻辱)也没有一头公牛、一头母牛、一头猪被遗漏而没有记录在案。后来所有这些记录都被呈交给他。

---

① 加蒙斯韦编译本作"多少土地和牲畜"。——译者注

② virgate (yard of land),其面积因地而异,一般约30英亩。有时或指一条约四分之一英亩的土地。——译者注

1086(1085E)[1]　国王头戴王冠，复活节那天在温切斯特临朝听政，继而踏上旅途，以便到威斯敏斯特去过圣灵降临周，[2]他在那里册封他的儿子亨利为骑士。然后他又四处周游，以便在收获节[3]到达索尔兹伯里。他的议政大臣们也来到那里，全英国所有的占有土地的人，不论身份如何，不论他们是谁的封臣，也都来到那里。他们都服从于他，成为他的封臣，并且向他宣誓效忠，申明他们将忠于他而抵制所有其他的人。他从那里又进入怀特岛，因为他打算去诺曼底，后来他也去了。但是他首先仍然是按照他的习惯行事，那就是说，他从他的下属那里弄到一大笔钱，他只要有任何借口就这样做，不管这种借口是正当的还是不正当的。此后他去了诺曼底。爱德华国王的亲属埃德加王子离开了他，因为他从他那里得不到多少尊重，但愿全能的天主日后赐给他尊荣。王子的姊妹克里斯蒂娜躲进罗姆西女修道院，当了修女。

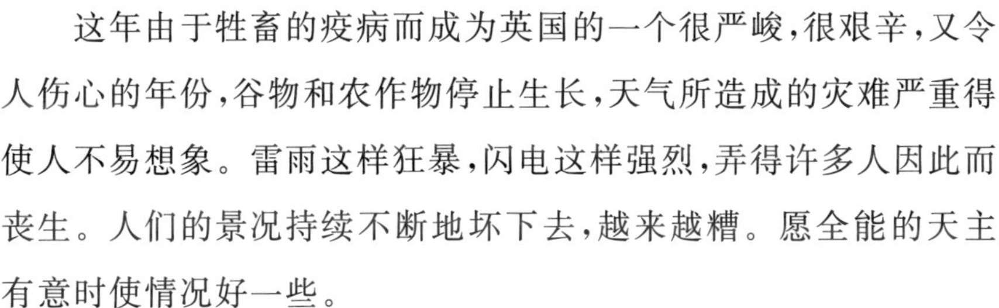

这年由于牲畜的疫病而成为英国的一个很严峻，很艰辛，又令人伤心的年份，谷物和农作物停止生长，天气所造成的灾难严重得使人不易想象。雷雨这样狂暴，闪电这样强烈，弄得许多人因此而丧生。人们的景况持续不断地坏下去，越来越糟。愿全能的天主有意时使情况好一些。

1087(1086E)　我们主耶稣基督诞生后 1087 年，即威廉依照

---

① E 本重复出现“1085”这个年代，因而此处 1085 年的纪事应属于 1086 年，这种情况继续到 1089 年。

② 加蒙斯韦编译本作“因而在圣灵降临节那天他业已到达威斯敏斯特”。——译者注

③ 8 月 1 日。

天主所赐统治并管理英国的第21年，这个国家的景况变得十分严峻，瘟疫流行。这样一种疾病降临到人们身上，那就是几乎每两个人就有一个人得最重的病，发高烧，而且烧得如此厉害，以至于许多人死于这种疾病。后来，由于我们前面所提到的狂风暴雨来临，全英国发生了如此严重的饥荒，乃至好几百人因饥荒而惨死。哎呀！那时候是多么凄惨和令人怜悯的时光啊！可怜的人们躺在那里，几乎被推到了死亡境界，严重的饥馑随之降临，将他们完全消灭了。谁能不哀怜这样的时日，谁又如此铁石心肠而不为这样的灾难而涕泣呢？可是这种事情之发生是由于人们的罪恶，罪恶就在于他们不敬爱天主，不爱正义。在那些日子里情况就是这样。当时这个国家里的任何一个人都没有多少正义之心，唯独修道士除外，他们的举止是良好的。国王和显要们都很贪婪，而且过于贪婪。他们贪图金银，只要金银到手，他们并不在乎它是通过怎样造孽而获得的。国王以十分苛刻的条件出售[①]他的土地，能多苛刻就多苛刻；接着又来了别的什么人，他出价比另外那个人高，国王就让土地落入出价较高的那个人之手；继而又来了第三个人，他出价还要高，国王就把土地交到出价最高的那个人手里。他并不在乎他的管事们是如何邪恶地从穷人那里弄到土地的，也不在乎他们干了多少不法勾当。可是，公正的法律越是谈得多，非法的事情越是干得多。他们征收不公正的捐税，做了许多其他不公正的事情，这些是难以算计的。

同年秋季以前，神圣的圣保罗大教堂，也就是伦敦的主教座

① 其他两种编译本作 granted，斯旺顿并注称意为“佃出”。——译者注

堂，又被烧掉，一同被烧毁的还有许多其他教堂和全城最庞大又最名贵的那部分区域。与此类似，与此同时，全英国的几乎每个主要市镇也都被烧毁了。哎呀！这年是个悲惨又令人哀叹的年头，它引起了如此多的灾难。

还有，同年的圣母升天节[①]以前，威廉国王率军从诺曼底进入法国，向他自己的封君腓力国王作战，杀了腓力的许多部下，烧毁芒特城，又烧毁了城里所有神圣的教堂；还有两名住在隐修者密室里崇敬天主的圣洁人士被烧死。

威廉国王这样干了以后，又返回诺曼底。他做了一件可悲的事情，他的命运则更悲惨。怎样更悲惨呢？他病了，而且深受其苦。我能叙述些什么呢？那既不放过有权势的人，又不放过低贱的人的可怕的死亡抓住了他。他在圣母圣诞节的第二天[②]在诺曼底逝世，安葬在卡昂的圣司提反修道院里。他曾经建造这所修道院，其后又曾经丰厚地给予赏赐。

哎呀！尘世的繁荣兴盛是多么虚假，多么不可靠啊！他这个曾经是一位强大的国王，又是许多土地的主人的人，当时在所有的土地当中却只占有 7 英尺之地；他这个衣服上曾经缀满黄金珠宝的人，当时却覆盖着泥土躺在那里。

他身后留下 3 个儿子，长子叫罗伯特，继他为诺曼底公爵[③]；次子叫威廉，继他为英国国王；三子叫亨利，他的父亲遗留给他难以数计的财物。

---

① 8 月 15 日。

② 9 月 9 日。

③ 原译作“伯爵”，此处从加蒙斯韦编译本译出，下同。——译者注

如果任何人想知道他是怎样的一个人,他有什么威严,他是多少土地的主人,那么我们这些曾经见到过他,又一度在他的宫廷里生活过的人,就按我们觉察到的他的情况来写他吧!

我们所谈论的这位威廉国王,是一个很聪明的人,又是一个很有权威的人,他比他的任何一位前人都享有更大的尊荣和更强大。他对敬爱天主的好人态度宽和,但对违抗他的意志的人则极其严厉,就在他承天主应许而征服英国的那个地方,他建立了一所著名的修道院①,为它派去修道士,而且给予厚赐。他在位时,修建了坎特伯雷那座著名的教堂,②还在全英国修建了许多其他教堂。当时这个国家充满了修道士,他们遵照圣本尼迪克的教规处身度日。在他统治时期,基督教的情况是这样的:每一个人只要自己情愿,他都可以对其所属的修道团体的有关事项奉行不移。③

他也十分威严,每次他在英国,每年都 3 次戴上王冠,复活节在温切斯特戴上王冠,圣灵降临周在威斯敏斯特戴上王冠,圣诞节在格洛斯特戴上王冠。届时全英国所有的有权势的人士都与他在一起:大主教和主教们、修道院院长和伯爵们、塞恩和骑士们。他又是个十分严厉和暴戾的人,因此没有人敢于做任何违抗他的旨意的事。他令人将违反其旨意而行事的伯爵们套上脚镣,他将主教们赶出他们的教区,将修道院院长们赶出他们的修道院,将塞恩们投入监狱。最后,他并没有宽恕自己的弟弟,这个弟弟名叫奥

---

① 即建于黑斯廷斯附近的巴特尔修道院(Battle Abbey)。——译者注

② 指兰弗朗克重建坎特伯雷的基督教堂一事。

③ 加蒙斯韦编译本此处作“不论他的品级如何,他都可以当修道士”。——译者注

多，是诺曼底的一个很有势力的主教（他的主教座堂在巴约），其地位仅次于国王，在英国领有伯爵辖区。国王在诺曼底的时候，他就是这个国家的主人。而他（国王）则将他投入监狱。在其他事情当中，我们也不要忘记他在这个国家所建立的良好的稳定局面，因而任何一个怀里揣满黄金的老实人都可以在国内旅行而不受到伤害，也没有人敢于殴打[①]另一个人，不管后者做了多少加害于他的事。如果谁与一个不情愿的妇女发生关系，他立刻就被阉割。

他统治英国。凭着他的机诈，他将英国作了如此仔细的调查，以致英国没有一海德土地他不知道归谁掌有，值多少钱，他将土地情况记录在案。威尔士在他的权力管辖之下，他在那里建造城堡，完全控制了那个种族。同样，由于他强大的力量，他将苏格兰征服而归于自己。诺曼底这块土地是根据天然继承而属于他的，他还统治叫做曼恩的那个伯爵辖区。要是他再多活两年的话，他会凭借他的精明审慎，不动刀兵而征服爱尔兰。肯定无疑的是，在他统治时期人民深受压迫，而且受到很多伤害。

他令人建造众多城堡，
穷人受的压迫非常之深。
国王是如此之心狠，
他剥夺了下属许多马克的黄金，
还有多出好几百磅的白银，
这些都是按照重量，极其不公正地夺自百姓，
而他并非出于需要而采取这般行径。

① 原注谓或作“杀死”，其他两种编译本即译为“杀死”。——译者注

他陷入了贪婪之中，
高于一切之上，他所爱的就是贪心。

他对猎物大加保护，①
并为此订立法律，
谁要是杀了公鹿或母鹿，
就要被刺瞎双目。
他保护公鹿和公猪，
也同样喜爱长大的公鹿，
犹如他是它们的生父。
更有甚者，他下令任野兔自由驰驱，
有势者对此抱怨，贫困者对此叹息，
但是他却如此凶狠，对这些怨怼一概置之不理。
然而他们为了求得生存并保有土地，
以及财产，地产，或他的重大恩赐，
他们就不得不全部贯彻国王的旨意。
啊！可悲的是，竟有人如此傲矜，
高抬自己，凌驾众人。
但愿全能的天主垂怜他的灵魂，
并将对罪愆的宽恕施诸其身。

关于他，我们写了这些事情，有好有坏，以便好人可以仿效其中的优点而完全避免劣迹，在引导我们通向天国的道路上行进。

① 加蒙斯韦编译本作“他划出了大片鹿苑”。——译者注

我们能够记述许多同一年发生的事情。丹麦的事态是这样的:曾经被认为是各个民族当中最可信赖的丹麦人,走上了邪路而达到最缺乏忠诚的境地,干下了可能发生的最严重的背叛行为。他们选择克努特为国王,服从于他,向他宣誓,后来又卑鄙地在一所教堂里将他杀死。[①] 在西班牙,异教徒向基督教徒作战,强行控制了许多地方。可是信奉基督教的国王——他叫阿尔方索[②]——派人前往各地,到每一个国家求援。援助从每一个信奉基督教的国家向他而来。队伍向前开进,杀死并驱逐了所有的异教徒,靠天主的帮助收复了他们的土地。

同年,这个国家还有许多有势力的人物逝世:奇切斯特主教斯蒂甘德[③]、圣奥古斯丁修道院院长[④]、巴斯修道院院长[⑤],还有珀肖尔修道院院长[⑥],以及所有他们这些人的封君英国国王威廉,关于他,我们在前面谈过了。他死后,他那袭用父亲名字而叫做威廉的儿子继位,米迦勒节前 3 天[⑦],在威斯敏斯特由兰弗朗克大主教为他举行加冕登基仪式,他在英国的下属全体都服从于他而向他宣誓。事过之后,国王前往温切斯特,仔细检查了国库和父亲所积聚的财宝。任何人都无法描述积存在那里的金银、器皿、值钱的袍服

① 克努特于 7 月 10 日遇害。

② 阿尔方索六世是摩尔人的对头。

③ 他将主教教座由塞尔西迁到奇切斯特。这个主教与坎特伯雷大主教同名,不宜混淆。

④ 斯科特兰。

⑤ 埃尔夫西耶。

⑥ 瑟斯坦。

⑦ 9 月 26 日。——加蒙斯韦编译本注

和宝石，还有许多其他难以细述的珍品有多少。国王按照他父亲死前的嘱咐办事，为了他父亲的灵魂，他将一部分财宝送给英国所有的大教堂，有的大教堂给 10 马克黄金，有的 6 马克；每个乡村教堂 60 便士；为了他的灵魂，给每个郡送去 100 镑现金，散发给穷人。他死之前，命令释放他管辖之下的所有被囚的人。圣诞节国王在伦敦。

1088(1087E)　这年这个国家十分动荡不安，充满了重大的谋反事件，因而国内最有势力的法国人打算出卖他们的封君国王，而让他的哥哥诺曼底公爵罗伯特当国王。这起阴谋为首的是奥多主教，同谋者有杰弗里主教①和达勒姆主教威廉。国王对待那位主教如此之好，乃至整个英国都是按照他的意见运行的，又完全是根据他的意愿办事的，而他想的则是像加略人犹大对待我们的主那样对待国王。罗杰伯爵②也参与了这起阴谋，另外还有许许多多的人参加进去，他们都是法国人。这起阴谋是在大斋节期间策划的。复活节一到，他们就出动了。他们抢劫，焚烧，摧毁了国王的自营地，破坏了所有的效忠于国王的人的土地。他们每一个人都去到自己的城堡，尽其所能在城堡里配置人员，储存给养。杰弗里主教和莫布雷③的罗伯特去了布里斯托尔，将抢劫的东西放进城堡，然后又走出城堡，去抢劫巴斯和周围各地，将整个伯克利④地区毁成一片荒芜。赫里福德的要人们，该郡全郡的人，以及什罗普郡的人，还有一大支威尔士军队来到，他们在伍斯特郡又抢劫又

① 法国库唐斯主教，英国大土地所有者。

② 蒙哥马利的罗杰，什鲁斯伯里伯爵。

③ Montbrai，其英文形式为 Mowbray。

④ 加蒙斯韦编译本作“伯克利哈尼斯”。——译者注

放火，直到一路来到伍斯特。他们打算烧城，抢修道院，强行占领国王的城堡。可敬的伍尔夫斯坦主教见到这种情况，真是忧心忡忡，因为城堡是委托给他掌管的。虽然如此，他家里的人却带着少数人从城堡出击，靠天主的帮助和主教的功德，杀死和俘获了500人，击散了其余所有的人。达勒姆主教在北方到处恣意制造祸害。其中有一个人叫罗杰[①]，他进了诺里奇城堡，在全国范围内他的行径总是最恶劣的。还有一个叫做休[②]的人，不论是在莱斯特郡还是在北安普顿，他都根本没有使事态有所改善。这些事情的肇事者奥多主教则前往肯特，去了他的伯爵辖区，在当地进行严重破坏，将国王和大主教的土地彻底糟蹋成一片荒芜，并且将财货都运到他在罗切斯特的城堡里去了。

当国王了解到这些事态，了解到他们正在干着什么样的背叛他的事时，他心中十分烦恼。然后他请来了英国人，向他们说明他的需要，请他们给予支援，并且向他们许诺他将施行这个国家曾经存在过的最良好的法律，禁止各种不公正的捐税，同意给予人民他们的树林和打猎权，——但是他的承诺并没有持续多少时日。然而，尽管如此，英国人还是前来帮助他们的封君国王。他们向罗切斯特进军，准备擒拿奥多主教。他们认为只要抓获策划阴谋的头目，就可以更容易地抓住全部其余的人。他们于是来到位于汤布里奇的城堡。当时奥多的士兵和许多支持他而反对国王的人都在这座城堡里面。英国人前去袭击城堡，里面的人与国王达成了停

① 罗杰·拜戈特，诺福克大土地所有者。

② 格兰特梅斯尼尔的休，在《土地清丈册》中是一个重要的土地所有者。

战。国王及其部众开往罗切斯特，以为主教就在那里。可是国王又获悉主教已经去了佩文西的城堡[①]，于是国王率军追逐，以一支庞大的军队包围那座城堡，整整包围了 6 个星期。

在此期间，国王的兄长、诺曼底公爵罗伯特集合起一支很大的军队，想借助这个国家里反对国王的人之力征服英国。他派遣了一些手下的人前来，他本人也打算随之而至。但是守卫海疆的英国人俘获了其中的一些人，被他们杀死和溺死的人谁也数不清。

后来，城堡里粮食告罄，里面的人请求停战，并且把城堡交给了国王。主教宣誓他将离开英国，除非国王召他前来，他再也不到这个国家来了。他并且要交出罗切斯特的城堡。主教为了献交罗切斯特城堡离开那里，国王也派人随他前去，那座城堡里的人却起来造反。他们抓住主教和国王的部下，将他们禁锢起来。城堡里有一些十分优秀的骑士——小欧斯塔斯[②]、罗杰伯爵的 3 个儿子[③]，以及出身于我国或诺曼底最高贵的家族的子弟。

国王了解到这些事态后，就率领他在当地的兵员追上去，并且派人到全英国下达命令：每一个人，包括法国人和英国人，只要不是歹徒，都应该从城里，从农村，到他这里集结。接着就有一大批人来到，他们前往罗切斯特，包围城堡，直到里面的人与他们议定停战，交出城堡。奥多主教连同城堡里面的人去了海外，这位主教放弃了他在这个国家所享有的尊荣[④]。

---

① 属奥多的兄弟法国莫尔坦伯爵罗伯特所有。——斯旺顿编译本注

② 布洛涅伯爵欧斯塔斯三世，1051 年反对戈德温的欧斯塔斯之子。

③ 蒙哥马利的罗杰的儿子：贝莱姆的罗伯特、休和罗杰。

④ 肯特伯爵辖区。

其后国王派遣一支军队去达勒姆，包围了那里的城堡。那里的主教与他们停战，交出城堡，放弃他的主教职务而去了诺曼底。许多法国人也放弃了他们的土地，渡海而去。国王将土地给予忠于他的人。

1089[①] 这年，可敬的院长、修道士的安慰者兰弗朗克大主教离开了现世的生活，[②]但是我们确信他去了天国。还有，8 月 11 日，全英国发生强烈地震。这年谷物和各种农作物的收成很晚，因此许多人在圣马丁节[③]前后或更晚的时候才收割谷物。

1090 小纪第 13 年[④] 有关国王、他的兄长和他的封臣的事情，发展到了正如我们前文所叙述的那种地步。国王在考虑如何向他的兄长罗伯特进行报复，给他造成最大的伤害，用武力将他的诺曼底夺过来。然而他靠精明谨慎或靠贵重财物取得圣瓦莱里的城堡和港口，又以同样方式取得欧马勒的城堡，将自己的随从[⑤]派驻进去。他们又肆扰又放火，对那片地区进行破坏。在此之后，他又在当地占有更多的城堡，在里面安置自己的骑士。

诺曼底公爵发觉向他宣誓效忠的封臣们已经背叛了他，交出了他们的城堡而有损于他时，就派人去报告他的封君法王腓力。这位国王率领一支大军来到诺曼底，他和那位公爵以庞大的兵力包围了英王的部下所在的城堡。英王威廉派人去见法王腓力。后

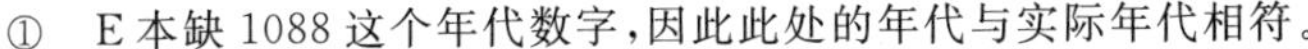

① E 本缺 1088 这个年代数字，因此此处的年代与实际年代相符。

② 兰弗朗克死于 5 月 24 日。

③ 11 月 11 日。

④ 小纪为中世纪一种计年单位。计算方法以公元 312 年为开始，每 15 年作为一个小纪，除余之数即是现行小纪之某年。——译者注

⑤ 其他两种编译本作“骑士”。——译者注

者或是出于对他的喜爱，或是为了他的大量财宝，竟然离开他的封臣罗伯特公爵和他的地域而去，他回到法国，由他们去了。

这些事情的整个发展过程中，这个国家由于不公正的捐税和许多其他灾难而深受其害。

1091　这年威廉国王于圣诞节[1]在威斯敏斯特临朝听政。后来在圣烛节[2]，他为了击败他的兄长，离开英国而进入诺曼底。他在那里的期间，他们之间达成协议，条件是那位公爵将费康、厄伯爵辖区和瑟堡移交给他，除此之外，国王的部下在他们违反公爵意愿而予以占领的城堡里不得受到干扰。作为回报，国王答应使他父亲所征服的曼恩顺服，当时曼恩已经叛离了那位公爵；还答应将其父此外所拥有的在海外的东西给他，只有已经赐予国王的那部分除外；凡在英国业已为了公爵的缘故而丧失土地的人，均将根据这项协议获得其原有的土地；公爵在英国拥有的土地，其数量以协议中所定的为准。如若公爵身死而无合法婚姻所生的子嗣时，国王即将成为整个诺曼底的继承人。根据同一项协议，如若国王身死，公爵即将成为整个英国的继承人。本协议由国王方面12名最高贵的人和公爵方面的12人共同宣誓遵守，虽然事后它只延续了很短的时间。

双方和解的过程中，埃德加王子被剥夺了他的土地，即公爵业已移交给他的土地。他从诺曼底去了苏格兰，到他的姐夫苏格兰国王和姐姐那里去了。

---

①　1090年圣诞节。（译者按：据加蒙斯韦编译本注，编年史编者以圣诞节为一年之始，以下大部分纪事均按此计年。）

②　1091年2月2日。

威廉国王离开英国期间，马尔科姆国王从苏格兰进入英国，蹂躏了很大一片地方，直到守卫这个国家的重臣们派遣一支军队去抵抗他使他退去为止。威廉国王在诺曼底听说这种情况以后，就做好上路的准备，来到英国，他的兄长罗伯特也随之前来。国王立即下令召集一支大军，海军和陆军都在内。但在米迦勒节前几天[①]，他还未能抵达苏格兰，海军就几乎全部惨遭覆灭。于是国王及其兄长率领陆军前往。但是马尔科姆国王听说他就要遭到一支军队的攻击时，就带着自己的军队离开了苏格兰，进入英国的洛锡安，就在那里驻下。威廉国王携军队逼近时，罗伯特公爵和埃德加王子充当了调解人，使两位国王达成了一项协议，因而马尔科姆国王来到我们国王跟前，当了他的封臣，其效忠于国王的程度与向他的父亲效忠时一样，[②]并且以宣誓为保证。威廉国王答应将其父在位时他所享有的土地和一切给他。

这次和解又使埃德加王子与国王也达成了一致。国王们十分和谐地分手。但是这种情况只持续了短短的时间。罗伯特公爵在国王这里几乎一直住到圣诞节的时候。他发现他们的协议中没有什么他可以指靠的内容，就在圣诞节前两天在怀特岛登船去了诺曼底，埃德加王子也随他前去。

1092　这年威廉国王携大军北上卡莱尔，收复该城，筑起城堡，将统治该地区的多尔芬[③]驱逐出去，由他的部下来驻守城堡，然后南下。他将许多农民遣送到那里去，他们带着妻子和牲畜在

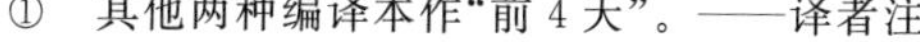

① 其他两种编译本作“前 4 天”。——译者注

② 参见 1072 年纪事。

③ 戈斯帕特里克之子。

那里定居下来，耕种土地。

1093　这年春天，威廉国王病得如此厉害，乃至到处都宣称他已经死亡。他在病痛之中多次向天主发誓要正正当当地生活，要保护天主的教堂，让它们很安全，绝不再为了钱而将它们出售，要在他的人民中间施行一切公正法律。他又将亲自控制的坎特伯雷大主教一职授予曾任勒贝克修道院[①]院长的安塞姆，对他的王宫总监罗伯特则授予林肯主教之职。[②] 他赐给许多修道院土地，但是当他康复之后，他很快又收了回去，而且将他许诺给我们的良好法律也一概免除了。

在此之后，苏格兰国王派人前来，要求履行业已向他作出过许诺的条件。威廉国王召请他来格洛斯特，并且给他往苏格兰送去人质，埃德加王子也随后前往。国王又派人去迎接他，他们以隆重的仪式将他带到国王那里。但是他来到国王那里时，却不能获准与我们的国王交谈，也不能使业已许诺给他的条件兑现，因此他们分歧很大而分了手，马尔科姆国王回苏格兰去了。可是他回国后不久，就集合军队来骚扰英国，从而投身于一桩愚蠢而不合宜的计划之中。诺森伯里亚伯爵罗伯特[③]及其部下出其不意地将他诱入圈套而杀了他。他是被班堡的莫雷尔杀死的，而莫雷尔是伯爵的总管，又与马尔科姆国王有着精神上的密切关系。[④] 与他一起被杀的还有他的儿子爱德华，要是他活着的话，他本该是继位当国王

① 在法国。——译者注

② 安塞姆受任于1093年12月4日。罗伯特受任于1094年2月12日。

③ 莫布雷的罗伯特。

④ 有一种说法是其中一人曾是另一人之孩子的教父，或两人同是孩子的教父。

的。当那位善良的王后玛格丽特闻知此事——她最亲爱的丈夫和儿子如此遭到叛卖——之后，她心中的忧郁使她濒临死亡。她带着她的神父去了教堂，领了圣礼。天主回应了她的祈祷，许其死去。其后苏格兰人推选马科尔姆之弟达芬纳尔[①]为国王，将马尔科姆国王身边的英国人一律驱逐出去。马尔科姆国王之子邓肯听说整个事态是这样一种发展情况时（当时他在威廉国王的宫廷里，因为他的父亲将他作为交给我们国王的父亲的人质，因此他一直留在这里），他就来到国王跟前，按照国王希望得自他的那种效忠方式向国王表示臣服。他于是经国王同意，带着他所能得到的英国人和法国人的支援人手去了苏格兰，剥夺了他的亲属达芬纳尔的王位，被接受为国王。但是一些苏格兰人再次聚集起来，将他手下的人几乎杀尽。他本人带着少数人逃走。后来他们达成协议，其内容大意是他永远不再带英国人或法国人到国内来。

1094　这年圣诞节[②]威廉国王在格洛斯特临朝听政，这时他的兄长诺曼底的罗伯特所派遣的使者来到。使者们通知他，他的兄长完全否认停战协定和所议的条款，除非国王全部履行他们通过协议而商定的条件。对这件事，他们还说他背弃誓言，不讲信义，除非他遵守这些协议，或者前往当初他们订立协议并立下誓言的地方，在那里洗刷他的罪嫌。

其后国王在圣烛节[③]前往黑斯廷斯。他在那里等候好天气的

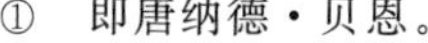

① 即唐纳德·贝恩。

② 1093年圣诞节。

③ 1094年2月2日。

时候，让人为巴特尔的修道院举行了奉献仪式，[①]剥夺了塞特福德主教赫伯特·洛辛加的牧杖，然后在大斋节中期渡海去了诺曼底。他到达那里之后，他和兄长罗伯特公爵同意和平聚首。他们这样做了，但是未能和解。后来他们再次相聚，当初制定那项解决办法并且也宣了誓的人也与他们同在。他们将破坏协议的罪责都推到国王身上。但是国王不予同意，也不再遵守协议，因此他们各自离去，分歧很大。

其后国王占据比尔斯的城堡，抓获其中的公爵部下，把他们当中的一些人送来我国。另一方面，公爵在法王的帮助下占据了阿让唐的城堡，在城堡里俘获普瓦图的罗杰[②]，还同时俘获了国王的700名士兵。后来他又攻占勒乌尔姆的城堡。他们时常互相焚毁对方的村落，俘虏对方的人民。

后来国王派人来到国内，命令召集两万英国人到诺曼底去援助他。但是他们到达海边时，却又奉命返回，而且为了国王的利益，每个人都要把所接受的钱交出来，[③]也就是每人半镑。他们这样做了。

在这之后，诺曼底公爵和法王以及他们所能召聚的人一起向厄城进发，当时威廉国王正在此地。他们想把他围困在里面，因此一直前进，直到抵达隆格维尔。在那里，诡计使法王改变了主意，整个远征队伍后来也因之而散伙。在此期间，国王召请他的弟弟亨利前去，亨利当时正在栋夫隆的城堡里。由于他不能平平安安

---

① 由安塞姆主持奉献仪式。——译者注

② 蒙哥马利的罗杰之子。

③ 该钱为各人所在地区分别为他们提供的费用。——译者注

地穿过诺曼底,国王为他和切斯特伯爵休派去了船。但是,他们本该前往国王所在的厄城,却反而去了英国,在万圣节前夕[①]在南安普顿登陆,此后就逗留在这里,圣诞节他们又在伦敦。

这年威尔士人又聚集到一起,开始与威尔士及其附近地区的夺走他们土地的法国人作战。他们还袭击了许多堡垒和城堡,杀了其中的人。他们在队伍扩增之后,又分成更多的支队。什罗普郡伯爵休[②]与其中的一支交锋,将它击溃。尽管如此,那年整年之间,其他队伍并未停止他们所能进行的一切破坏。

也是在这一年之间,苏格兰人诱捕了他们的国王邓肯,将他杀害。其后他们再次推选他的叔父达芬纳尔为国王,正是由于他的教唆邓肯才被出卖而致死的。

1095 这年圣诞节[③]节期的头 4 天,威廉国王在维桑,第 4 天之后来到国内,在多佛尔登陆。国王的弟弟亨利在我国一直逗留到春天[④],然后带着大量财宝渡海去了诺曼底,他效忠于国王而反对他们的兄长罗伯特公爵,他经常与那位公爵作战,在土地和人员两方面都给他造成了很大损害。

后来在复活节,国王在温切斯特临朝听政。诺森伯里亚伯爵罗伯特不肯到朝,国王因之大怒,派人前往,坚决命令他在圣灵降临周来到朝廷,如果他想有权受到保护的话。

这年复活节是 3 月 25 日,复活节之后,圣安布罗斯节——也

① 10 月 31 日。——加蒙斯韦编译本注

② 蒙哥马利的罗杰的次子,1094 年 7 月其父死,他继任什鲁斯伯里伯爵。

③ 1094 年圣诞节。

④ 1095 年春。

就是4月4日——前夕，[1]几乎全国各地，几乎整个夜间，都见到许许多多的星从天而降，不是一个两个地降落，而是如此密密麻麻地落下来，乃至没有人数得清。

此后，圣灵降临周[2]国王在温莎，他的全体议政大臣都与他在一起，只有诺森伯里亚伯爵除外，因为国王既不给他人质，又不出言担保许其根据安全通行许可往返。国王于是召集军队到诺森伯里亚去进攻那位伯爵。国王抵达该地之后不久，就在一座堡垒[3]里击败了伯爵的许多随从——几乎包括家中最精良的部下，——予以关押，又包围泰恩茅斯的城堡，直到将它攻占，制服城堡里伯爵的兄弟和与他在一起的人，[4]继而开向班堡，将伯爵围困在其中。但当国王看到他不能以武力加以袭取时，就下令在班堡前方盖起一座城堡，用他的语言称之为“马尔弗森”，在英语中就是“坏邻居”。他将自己的人派驻其中，对它严加防守，然后南下。国王南去之后不久，一天夜间，伯爵从班堡出走，朝泰恩茅斯而去。但是新建城堡里的守军觉察到了这种情况，就去追他，向他进攻，将他击伤，随即将他俘获。他们还杀了一些与他在一起的人，又活捉了一些。

其间国王得悉，在威尔士，威尔士人袭击了一座叫做蒙哥马利的城堡，杀了休伯爵的负责守卫它的人员，因此他命令立即召集另一支军队，并且在米迦勒节之后开进了威尔士。然后他将军队散

① 1095年4月3日。

② 其他两种编译本作“圣灵降临节”。——译者注

③ 纽卡斯尔。

④ 加蒙斯韦编译本谓将他们俘获。——译者注

开，穿越全境，这样，在万圣节那天，全体部队在斯诺登会合。但是威尔士人总是抢先转入山区和荒野地带，使人鞭长莫及，因此国王打道回国，因为他看出在当年冬天他不能再在那里有所作为。

国王回来后，下令拘捕诺森伯里亚伯爵罗伯特，将他押往班堡，并且要将他的双眼弄瞎，除非城堡里面的人放弃城堡，当时城堡是由罗伯特的妻子和他的总管及亲戚莫雷尔掌握着。经过这番策划，城堡被放弃了，莫雷尔入朝供职。通过他的关系，发现许多教俗两方面的人士都曾经是煽动叛乱反对国王的人，其中有些人在此前已由国王下令囚禁。此后，国王又命令向全国各地断然宣布，凡领有国王土地的人，若是他们想要有权受到国王保护的话，必须在恰当的时候来到朝廷。国王还命令将罗伯特伯爵带到温莎，关押在那里的城堡里。

同年临近复活节的时候，教皇的使节来到英国，他就是阿尔巴诺城的瓦尔特主教，是个立身行事完美的人。他代表教皇乌尔班[①]在圣灵降临周[②]将披肩授予安塞姆大主教，后者在他的教座所在地坎特伯雷接待了他[③]。事后，瓦尔特主教在那年之间在这个国家里住了很长一段时日。后来是通过他将彼得便士[④]送上去的，这件事已经多年未办了。

这年天气十分失调，因此遍及全国各地庄稼都没有怎么成熟。

---

① 乌尔班二世。

② 其他两种编译本作“圣灵降临节”。——译者注

③ 其他两种编译本作“接受披肩”。——译者注

④ 古时英国每户每年呈献给罗马教廷的一便士献金。——译者注

1096　这年圣诞节[①]，威廉国王在温莎临朝听政，达勒姆主教威廉在新年那天[②]在那里逝世。主显节后第8天[③]国王及其全体议政大臣在索尔兹伯里。在那里，杰弗里·贝恩纳德[④]控告国王的亲戚、厄城的威廉[⑤]曾参与反对国王的叛逆活动，他与他对打以一决雌雄，在由战斗作出裁决的过程中，他战胜了对手。后者战败以后，国王命令弄瞎他的双眼，以后再将他阉割。他的总管名叫威廉，是他母亲的外甥，国王命令将他在绞刑架上绞死。还有，国王的姑父香槟伯爵奥多[⑥]以及许多其他的人都被剥夺了土地。有些人被解往伦敦，在那里被残害。

这年复活节，由于号称教皇而在罗马并无教座的乌尔班[⑦]的缘故，全国各地出现很严重的骚动，许多其他国家亦复如此。一支包括妇女和儿童的庞大队伍出发了，因为他们想要向信奉异教的国家作战。借助这次远征，国王和他的兄长罗伯特公爵达成了一项协议，因此，根据他们达成的协议，国王去了海外，将整个诺曼底从他那里用钱赎买过来。[⑧] 公爵随后离去，一同离去的有佛兰德伯爵、布洛涅伯爵，[⑨]还有许多其他重要人物。罗伯特公爵和与他

① 1095年圣诞节。

② 1096年1月1日。

③ 1096年1月13日。

④ 可能是威廉一世时期的约克郡守。

⑤ 与该地伯爵威廉系两人，不宜混淆。

⑥ 阴谋者欲立其子斯蒂芬为王。

⑦ 反映乌尔班二世与敌对教皇克利门特三世早期之争。

⑧ 威廉借给罗伯特1万马克供其出征，罗伯特则以诺曼底作为借款之抵押。——译者注

⑨ 分别为罗伯特二世和欧斯塔斯三世。——斯旺顿编译本注

同行的人冬天住在阿普利亚。但是取道匈牙利前去的人们当中,好几千人惨死在那里和途中,许多人在冬日来临之际拖着脚步往回走,凄苦备至,饥饿已极。

对所有的英国人来说,这一年是个十分严峻的年头,这既是由于各种捐税,又是由于这年使国家深受其苦的严重饥荒。

另外,这年当中,统治这个国家的要人们经常派军队进入威尔士,从而使许多人饱受压迫。但是这种做法并不成功,只是损兵折将,浪费金钱而已。

1097　这年圣诞节[①],威廉国王在诺曼底,临近复活节时前来英国,因为他打算在温切斯特临朝听政,但是他被恶劣的天气所阻,直到复活节前夕[②]。因此他先在阿伦德尔登陆,接着又在温莎临朝听政。

这之后,他携大军去威尔士,靠着一些前来投奔又为他当向导的威尔士人之助,他在广阔的范围内横越了那个国家。他在那里从夏至差不多一直驻留到8月,人马和其他方面的损失都很大。

后来威尔士人叛离他们的国王,从自己人中间选出许多首领,其中之一叫卡杜甘,他是他们当中最可尊敬的一位,是格里菲思国王的侄子。但是国王看到他的目的丝毫也不能达到时,他就返回本国。不久之后,他令人在沿边界的地区筑起城堡。

其后,在米迦勒节之后,10月4日,出现了一颗奇异的星,它在傍晚闪耀光芒,不久落下。它出现在天空的西南,发出的光芒显

① 1096年圣诞节。
② 1097年。

得很长，射向东南。差不多整个星期之内它都是这样出现的，许多人说它是一颗彗星。

不久之后，坎特伯雷大主教安塞姆得到国王的许可——虽然国王并不情愿，人们是这样说的——去了海外。[①] 因为在他看来，在这个国家里没有多少事情是根据公理和根据他的命令去做的。此后在圣马丁节[②]，国王渡海前往诺曼底。但是当他正在等候好天气的时候，他的随行朝臣在他们驻留的地区大肆破坏，据人们说，在朝廷人员或军队在和平的土地上所曾制造的破坏中，这种破坏都是最严重的。

这年从各方面来说都是个十分严峻的年头。在该种地或是该收获的时候，气候都很恶劣，令人倍感辛劳，而过多的捐税又是照征不止。而且，由于建造伦敦塔周围的那道墙，由于修缮几乎已被一场洪水完全冲走的那座桥，又由于在威斯敏斯特建筑国王的大厅，来自许多郡的在伦敦承担劳役的人饱尝艰辛，许多人因此而深受其苦。

也在这同一年，米迦勒节后不久，埃德加王子在国王的支持下率领一支军队开进了苏格兰，在一场激烈的战役中征服了那个国家，赶走达芬纳尔国王，又将他的亲属、马尔科姆国王和玛格丽特王后之子埃德加立为国王，并使他效忠于威廉国王，然后返回英国。

---

① 国王和安塞姆之间产生的裂痕部分原因是国王抱怨后者所提供的分遣部队装备不全。

② 圣马丁节为 11 月 11 日，此处斯旺顿编译本作“圣马丁节之后”，并注称弗洛伦斯谓系 11 月 30 日前后。——译者注

1098　这年圣诞节[①]威廉国王在诺曼底。在此期间,温切斯特主教沃尔克林和圣埃德蒙兹[②]修道院院长鲍德温都逝世了。彼得伯勒修道院院长图罗尔德也在这年逝世。

这年夏季,在伯克郡的芬奇汉普斯特德,一个水池里冒出了血泡,许多可以信赖的人都这样说,据认为他们目睹过这种现象。

休伯爵[③]在安格尔西被海盗[④]所杀,其兄罗伯特[⑤]成为他的继承人,这正是他从国王那里得到的。

米迦勒节之前,天空看起来好像几乎整夜都在燃烧似的。由于各种过多的捐税,又由于整年大雨不止,这年十分艰辛,令人难以忍受。沼泽地带培植的作物差不多都死了。

1099　这年圣诞节[⑥]威廉国王在诺曼底,复活节[⑦]来到这个国家,圣灵降临周[⑧]他第一次在威斯敏斯特的新建筑物里临朝听政。在那里,他将达勒姆主教的职务授予他的教堂神父兰纳尔夫,这个人曾在全英国操持国王的御前会议,并且加以监督。不久之后他又去了海外,将埃利亚斯伯爵逐出曼恩,继而将它置于自己的控制之下,米迦勒节时又回到这个国家。

这年圣马丁节那天,潮水涨得如此之高,又酿成如此之大的灾

---

① 1097 年圣诞节。

② 即贝里圣埃德蒙兹。——译者注

③ 参见 1094 年纪事部分注。——译者注

④ 其首领为挪威国王马格努斯。

⑤ 贝莱姆的罗伯特。

⑥ 1098 年圣诞节。

⑦ 1099 年复活节。

⑧ 其他两种编译本作“圣灵降临节”。——译者注

害，乃至人们记不起来曾有过这样严重的情况。同一天出现了一轮新月。

索尔兹伯里主教奥斯蒙德在降临节[①]逝世。

1100　这年圣诞节[②]威廉国王在格洛斯特临朝听政，复活节[③]在温切斯特临朝听政，圣灵降临周[④]在威斯敏斯特临朝听政。

在圣灵降临周[⑤]，在伯克郡的一个村庄里，见到血从地里冒出来，这是许多据认为曾目睹这种现象的人说的。此后，收获节翌日上午[⑥]，威廉国王正在打猎时，被自己的一名部下所发的一支箭射中身死。他被运往温切斯特，安葬在那个教区里。当时是他继位以后的第13年。

他很强大，对他的国家、他的部下、他所有的邻人都很凶狠，也很可畏。由于坏人向他进言，而他们的建议又总合乎他的口味，又由于他贪婪，因此他总是以军役和过分的征课折磨这个国家，这样，在他在位期间，一切正义之事都被搁置一旁，一切不义之举则在教会和世俗事务中双双涌现。他压制天主的教会，在他在位期间，凡是其负责人死亡的主教管区和修道院管区，他都将其出售赚钱，或把持在自己手中出租，因为他有意当每一个人的继承人，教会和世俗人士都在内。因此他死的那天，他手中掌握着坎特伯雷大主教管区、温切斯特主教管区、索尔兹伯里主教管区，还有11个

① 该节期自圣诞节前第四个星期的星期日（11月30日前后）起，至圣诞节止。原注奥斯蒙德死于1099年12月3日。——译者注

② 1099年圣诞节。

③ 1100年复活节。

④⑤ 加蒙斯韦编译本均作“圣灵降临节”。——译者注

⑥ 1100年8月2日。

修道院管区，都是租出去的。虽然我再说下去是说得太长了，然而在他那个时候，凡是为天主和正直的人所恨之事，在这个国家里全都习以为常，因此他几乎为全体人民所痛恨，为天主所厌憎，正像他的末日所显示的那样，因为他是在他多行不义之际去世的，没有忏悔，也没有做出任何补偿。

他是在星期四遇难的，第二天上午就安葬了。他安葬后，近在左右的议政大臣们推举他的弟弟亨利为国王。亨利立即将温切斯特主教一职授予威廉·吉法德，[①]然后去了伦敦。此后的那个星期日，他在威斯敏斯特的祭坛之前向天主和全体人民宣誓，要消除其兄在位时的一切不公正之事，要保持以前的任何国王在位期间所遵行的最良好的法律。接着，伦敦主教莫里斯为他举行加冕登基仪式。[②] 这个国家的人全体臣服于他，向他宣誓，成为他的人。

此后不久，国王根据身边那些人的建议，下令逮捕达勒姆主教兰纳尔夫，[③]解往伦敦塔关押起来。其后，米迦勒节之前，[④]坎特伯雷大主教安塞姆来到我国，这是亨利国王根据御前会议的建议而请他来的，因为他当初是由于威廉国王十分不公正地对待他才离开这个国家的。

此后又过了不久，国王与苏格兰国王马尔科姆和好王后玛格丽特之女莫德[⑤]结婚，玛格丽特是爱德华的亲属，出身于纯正的英

① 直到1107年他才正式被授任。

② 8月5日。

③ 兰纳尔夫于8月15日被捕。

④ 9月23日。

⑤ 即马蒂尔达。——译者注

国王族。圣马丁节那天，在威斯敏斯特，莫德在隆重的盛典中嫁给了他，安塞姆大主教主持他们结婚的仪式，随后并加冕她为王后。

此后不久，约克大主教托马斯逝世。[①]

这年当中，在秋天的时候，罗伯特公爵从耶路撒冷回到了诺曼底，一同回来的还有佛兰德伯爵罗伯特、布洛涅伯爵欧斯塔斯。罗伯特公爵刚一进入诺曼底，就受到人们兴高采烈的欢迎，只有那些由亨利国王的部下所把守的城堡中的驻军除外。对此，他进行了许多斗争，打了许多次仗。

1101　这年圣诞节[②]亨利国王在威斯敏斯特临朝听政，复活节在温切斯特。不久之后，国内的重要人物对国王敌视起来，这种情况既起因于他们十分不忠，又起因于诺曼底公爵罗伯特，他正着手准备要把战争带进这个国家。国王于是派船出海，去伤害并阻碍他的兄长。但是当此紧急关头，其中的一些船却又打了退堂鼓，他们背弃了国王，投向罗伯特公爵。后来到了夏至时节，国王带着全部兵马开往佩文西去抵抗他的兄长，并且就在那里等他。然而在此期间，罗伯特公爵却在收获节之前 12 天[③]在朴次茅斯登陆。国王带领全部兵马前来抗击。但是重要人物则在他们之间往来调停，使两兄弟达成了和解，[④]其条件是：国王放弃在诺曼底强行据为己有而有损于公爵的一切；凡因公爵之故而在英国业已丧失其土地的人，应重新获得其土地；欧斯塔斯伯爵亦应享有其父在这个

① 11 月 18 日。

② 1100 年圣诞节。

③ 7 月 20 日。

④ 此即所谓《奥尔顿条约》。

国家的土地；罗伯特公爵每年应从英国获得3000马克白银；兄弟中无论哪一方活得比另一方长久，则他即应成为整个英国和整个诺曼底的继承人，除非死者有其合法婚姻的继承人。[①] 该协议由双方各12名最高贵的人士以宣誓加以认可。公爵后来在这个国家一直逗留到米迦勒节之后。公爵住在这里的时候，他的部下不管去到哪里，总要制造许多祸害。

也在这年之间，兰纳尔夫主教在圣烛节[②]夜间从他被囚禁的伦敦塔逃了出来，去了诺曼底。主要是由于他的策划和挑唆，罗伯特公爵才怀着作战的意图到这个国家来的。

1102　这年圣诞节[③]亨利国王在威斯敏斯特，复活节在温切斯特。此后不久，国王和贝莱姆的罗伯特伯爵之间产生分歧，后者在这个国家里领有他的父亲罗杰伯爵曾领有的什鲁斯伯里伯爵辖区，又对大海此岸和彼岸的广阔地域都行使着权力。国王去包围阿伦德尔的城堡[④]，然而他却不能以兵力快速加以占领，于是他就令人在城堡的前方另筑一些城堡，由自己的部下把守，然后又率领全军开往布里奇诺斯，在那里一直驻留到他取得那座城堡为止，而且剥夺了罗伯特伯爵的土地，又将他在英国所拥有的一切全部取消。于是伯爵去了海外，军队也回来了。

此后在米迦勒节，国王在威斯敏斯特，国内全体要人，包括教俗人士在内，也在那里。安塞姆大主教召开了一次圣职人员的宗

① 加蒙斯韦编译本作“设若死者没有合法婚姻的继承人”。——译者注

② 1101年2月2日。

③ 1101年圣诞节。

④ 属于贝莱姆的罗伯特，是由威廉一世给予蒙哥马利的罗杰的。

教会议，他们在那里制订了与基督教有关的许多教令，许多人丧失了他们的牧杖和权力，其中有法国人，也有英国人，他们或是当初曾靠不正当的途径获得权力，或是表现恶劣。

同年在圣灵降临周来了盗贼，有的是从奥弗涅来的，有的是从法国来的，有的是从佛兰德来的。他们闯进彼得伯勒修道院，抢走了其中许多值钱的金银器物——十字架、圣杯和烛台。

1103　这年圣诞节①亨利国王在威斯敏斯特。不久之后，威廉·吉法德主教离开了这个国家，因为他不愿意不合乎教规而接受约克大主教杰勒德为他授职。② 复活节国王在温切斯特临朝听政。在这以后，安塞姆大主教从坎特伯雷去了罗马，这是他和国王都同意的。

也是在这一年，诺曼底的罗伯特公爵来英国与国王面谈。他走之前，免除了亨利国王根据契约每年要向他交纳的3000马克。

也是在这一年，在伯克郡的芬奇汉普斯特德，人们见到鲜血从地里流出来。这年这个国家由于各种捐税，由于牲畜患染疫病，由于农作物——包括谷物和树木的产品——被毁，景况十分悲惨。圣劳伦斯节③早上，大风在国内对各种作物造成的破坏如此巨大，乃至没有人记得曾有过这样大的风灾。

同年，彼得伯勒修道院院长马赛厄斯逝世，他任修道院院长后

① 1102年圣诞节。

② 杰勒德性格不好，但此事真正的原因是国王和安塞姆大主教关于授职权的争执。

③ 劳伦斯为3世纪罗马殉教者，其节日为8月10日。斯旺顿编译本注称另有史料作该节日之后一日，即8月11日。——译者注

又活了不多于一年。他是在米迦勒节之后的10月21日，被人们以列队行进的仪式接受为院长的，第二年同一天他死于格洛斯特，就安葬在那里。

1104　这年圣诞节[①]亨利国王在威斯敏斯特临朝听政，复活节在温切斯特，圣灵降临周[②]又在威斯敏斯特。这年的圣灵降临节是6月5日，其后的星期二中午，太阳周围出现了四道晕圈，都呈白色，每一道都缠绕在另一道之下，好像是用油彩画的似的。[③]目睹者都感到惊异，因为他们记不起来过去有过任何像这样的东西。

在这以后，诺曼底的罗伯特公爵和被亨利国王剥夺土地并从英国驱逐出境的贝莱姆的罗伯特之间达成和解。由于他们取得一致，英王和诺曼底公爵互相敌视起来。国王派他的人前往海外的诺曼底，当地的重要人物则予以接待，他们背叛自己的封君公爵，将他们引进自己的城堡。这些人从城堡里出来抢掠纵火，使公爵遭到许多伤害。也是在这一年之内，莫尔坦的威廉伯爵[④]离开这个国家，去了诺曼底。可是他走后就进行反对国王的活动，为了这个缘故，国王剥夺了他的一切，没收了他在这个国家的全部土地。[⑤]

由于各种各样不公正的事情和既无止无休又从不削减的税

① 1103年圣诞节。

② 其他两种编译本作“圣灵降临节”。——译者注

③ 斯旺顿编译本作“好像是编在一起似的”。——译者注

④ 威廉一世的同母异父弟莫尔坦伯爵罗伯特之子。

⑤ 威廉为英国康沃尔伯爵。——斯旺顿编译本注

收，要描述这时候这个国家所经受的悲痛是不容易的。不论国王去到何处，他可怜的人民总要遭受他的随行朝臣所造成的彻底劫掠，而且在这个过程中经常出现烧杀之事。

这一切都触怒天主，

又折磨这些可怜的黎庶。

1105　这年圣诞节[①]亨利国王在温莎临朝听政，其后到了春天[②]他渡海进入诺曼底去对付他的兄长罗伯特公爵。他待在那里期间，从他兄长手中将卡昂和巴约夺取过来，[③]那个国家的几乎所有的城堡和重要人物都向他屈服。后来他在秋天又回到这个国家。他在诺曼底赢得的一切后来一直处于平静状态，顺从于他，只有那些居住在莫尔坦伯爵威廉附近一带的人除外，威廉由于丧失了在这个国家的土地，就经常压迫他们，能多厉害就多厉害。

圣诞节之前，贝莱姆的罗伯特来到这个国家，前往国王那里。

这个国家的这一年是十分令人悲痛的年份，这是由于农作物被毁坏，捐税繁多，屡征不止，在国王渡海之前，住在海外的时候，和重返本国之后，情况都是这样。

1106　这年圣诞节[④]亨利国王在威斯敏斯特，在那里临朝听政。节日之际，贝莱姆的罗伯特满怀敌意地离开了国王，出国去了诺曼底。此后在春天之前，国王在北安普顿，他的兄长诺曼底的罗伯特公爵去那里见他。由于国王不肯将他在诺曼底从罗伯特手中

① 1104年圣诞节。

② 1105年4月2至8日。

③ 巴约于4月13日被焚毁，卡昂接着投降。

④ 1105年圣诞节。

所赢得的一切放弃给他，他们没能达成一致就分了手，公爵当即再次返回海外。

大斋节的第一周，星期五，2月16日晚上，出现了一颗不寻常的星。此后很长时间之内每天晚上它都照耀一段时间。这颗星出现于西南，看去又小又暗，然而它所发射的光芒却十分明亮，看起来好像是向东北照射的一道粗大的光；一天晚间，这道光似乎又分成好多道又从相反的方向朝着那颗星闪射。有些人说，他们在这时候还见到更多的奇特的星，我们可不能更为明确地记述此事，因为我们没有亲眼看见。主的晚餐日——复活节前的星期四——前夕[①]，白天以前，天空中见到两轮明月，一个在东，一个在西，都是满月，而那天的月亮距朔日有两星期之久。

复活节国王在巴斯，圣灵降临周在索尔兹伯里，因为他不愿在出国在海外时临朝听政。此后，8月以前，国王前往海外，进入诺曼底。那个国家几乎所有的人都服从于他的意愿，只有贝莱姆的罗伯特和莫尔坦伯爵以及仍然赞同诺曼底公爵的其他少数重要人物除外。国王后来因此携带军队去包围莫尔坦伯爵的一个叫做坦什布赖的城堡。国王围困城堡期间，诺曼底的罗伯特公爵在米迦勒节前夕率领军队前来袭击国王，与他同来的有贝莱姆的罗伯特、莫尔坦伯爵威廉，还有所有与他们意见相一致的人。但是优势和胜利都在国王一方。诺曼底公爵在那里被俘，一同被俘的有莫尔坦伯爵和埃斯图特维尔的罗伯特。他们后来都被解往英国，监禁

① 3月21日。（译者按：1106年复活节为3月25日。晚餐指耶稣遇难前与门徒共进之晚餐。）

起来。贝莱姆的罗伯特则溃败逃窜。威廉·克里斯平[①]和许多人一道被俘。埃德加王子是不久前才离开国王而投奔公爵的，也在那里被俘，后来国王由他离去，不加阻挠。其后国王在诺曼底将一切都破坏殆尽，再按照他的喜好和权力重新整顿。[②]

也在这一年，萨克森皇帝和他的儿子之间发生激烈而罪恶的斗争，在这场斗争的过程中，父亲逝世，[③]儿子继位。

1107　这年圣诞节[④]亨利国王在诺曼底，他将它置于自己的控制之下，并且加以整顿。后来到了春天[⑤]他又来到国内，复活节在温莎临朝听政，圣灵降临周在威斯敏斯特。其后到 8 月初，他又在威斯敏斯特，他在那里对英国或诺曼底的缺少首脑或牧人的主教管区和修道院管区作了人事安排。[⑥] 这样的主教管区和修道院管区如此之多，以至于没有人能想起来曾有过这么多这种管区一道被给出去令人主管。就在这个时候，在得到修道院管区的人当中，曾在坎特伯雷任修道长的厄努尔夫[⑦]接任彼得伯勒修道院院长。这时恰是亨利国王登位大约 7 年之后，那就是法国人控制这个国家之后的第 41 年。许多人说在这一年之间见到月亮上的种种迹象，而且它的盈亏一反常态。

---

① 威斯敏斯特院长吉尔伯特·克里斯平的兄弟。

② 其他两种编译本作“其后国王征服整个诺曼底，使之服从于他的意志和统治”。——译者注

③ 神圣罗马帝国皇帝亨利四世死于 1106 年 8 月 7 日。

④ 1106 年圣诞节。

⑤ 1107 年。

⑥ 此举对授职权之争关系重大。

⑦ 他于 1114 年任罗切斯特主教。

这年当中，伦敦主教莫里斯逝世，[①]逝世的还有贝里圣埃德蒙兹修道院院长罗伯特，[②]伊利修道院院长理查德。[③] 也在这年当中，苏格兰的埃德加国王于 1 月 13 日逝世，[④]他的弟弟亚历山大在亨利国王的同意下继位。

1108 这年圣诞节[⑤]亨利国王在威斯敏斯特，复活节在温切斯特，圣灵降临周又在威斯敏斯特，其后 8 月之前他进入诺曼底。法国国王腓力于 8 月 5 日逝世，[⑥]其子路易继位。亨利国王在诺曼底期间，法王与英王之间发生过许多斗争。

这年约克大主教杰勒德在圣灵降临周之前逝世，[⑦]后来托马斯被任命继任此职。

1109 这年圣诞节[⑧]和复活节，亨利国王都在诺曼底，圣灵降临周之前来到这个国家，在威斯敏斯特临朝听政，在那里完成了将他的女儿许配给皇帝[⑨]的婚约，并宣了誓。

这年之间出现多次雷雨，势头十分猛烈。坎特伯雷大主教安塞姆于 3 月 22 日[⑩]逝世。复活节星期日正是大连祷日[⑪]那天。

① 9 月 26 日。
② 1107 年 9 月 16 日。
③ 1107 年 6 月 16 日。他死后伊利改为主教管区。
④ 1107 年。或谓埃德加死于 1 月 6 日或 8 日。
⑤ 1107 年圣诞节。
⑥ 腓力一世死于 7 月 29 日。
⑦ 5 月 21 日。
⑧ 1108 年圣诞节。
⑨ 亨利五世。
⑩ 应为 4 月 21 日。
⑪ 4 月 25 日。

1110　这年圣诞节①亨利国王在威斯敏斯特临朝听政，复活节在莫尔伯勒，圣灵降临周他第一次在新温莎临朝听政。

这年春天之前，国王将女儿送往海外去与皇帝成婚，给她带去了许多各式各样的财宝。

5月的第5个夜晚，月亮在傍晚出现，明光闪耀，然后它的光芒一点一点地暗淡下去，入夜以后不久就完全消退了，乃至既看不到月亮，又看不到光环，也看不到任何踪影，这种现象差不多一直继续到天亮，然后它又以明亮的满月出现，而那天的月亮距离朔日则是两个星期。那天整夜天空明朗，满天星光闪耀，十分明亮。当天夜里，果实由于霜害严重受损。后来到了6月，一颗星自东北出现，它的光芒从前方向西南射去。许多夜晚都见到它就是这个样子。在以后的夜间，当它升得高一点之后，又见到它往回朝着西北移去。

这年当中，布里尤兹的腓力、威廉·马利特和威廉·贝恩纳德被剥夺了土地。

也在这年当中，埃利亚斯伯爵逝世，他从亨利国王那里领有曼恩，并且承认这种封受关系。他死后，安茹伯爵②继续领有其地，而他与国王则是对立的。

这是个十分严峻的年份，因为国王为了嫁女儿而征税，又因为暴风雨使地里的物产严重损毁，全国各地树木上的果实差不多都死了。

---

① 1109年圣诞节。

② 富尔克五世。

这年当中，彻特西的新修道院动工。

1111　这年亨利国王在圣诞节[①]没有戴上王冠，复活节和圣灵降临周也没有戴。8月他去海外，到诺曼底，因为法国边境上有些人与他不和，而最重要的原因则是安茹伯爵据曼恩而与他作对。他去到那里以后，他们之间进行了许多次残酷的袭击，又纵火，又抢劫。

这年佛兰德伯爵罗伯特逝世，[②]其子鲍德温[③]继位。

这年冬季很长，日子艰难，寒气凛冽，结果地里的全部物产惨遭损害，而且又发生了人们记忆中的最严重的畜疫。

1112　由于亨利国王与法国不和，又与据曼恩而与他作对的安茹伯爵不和，这年他整年待在诺曼底。他在那里的期间，剥夺了埃夫勒伯爵[④]和威廉·克里斯平的土地，并且将他们逐出诺曼底，又将布里尤兹的腓力原先被剥夺的土地发还给他。他还令人逮捕贝莱姆的罗伯特，将他投入监狱。

这年是个好年头，树上和地里都丰产，但是由于瘟疫过多，日子还是十分艰苦。

① 1110年圣诞节。

② 10月4日或5日。

③ 鲍德温七世。

④ 埃夫勒伯爵威廉。

E

1113 这年圣诞节[①]、复活节和圣灵降临周亨利国王都在诺曼底。其后在夏天的时候，他将贝莱姆的罗伯特送进英国的韦勒姆城堡。不久之后他本人也回国。

H[②]

1113 ……因而他们说话艰难。此后，格洛斯特修道院院长彼得于7月17日逝世。10月5日国王任命威廉担任院长之职，他是这所修道院的修道士。

E

1114 这年圣诞节[③]亨利国王在温莎临朝听政，这年当中他没有再临朝。夏至之际，他率军进入威尔士。威尔士人前来与国王达成停战协定。他下令在他们的土地上建筑城堡。此后在9月间，他去了海外的诺曼底。

H

1114 这年圣诞节亨利国王在温莎，他在那里戴着王冠。他还将伍斯特主教的职位授予他的小教堂神父西奥博尔德[④]，又将拉姆西修道院院长之职授予卡昂的修道士雷恩诺尔德，将约克修道院院长之职

① 1112年圣诞节。

② H本短文是《盎格鲁-撒克逊编年史》一部已佚稿本的片断，见于不列颠博物馆所藏科顿稿本中。

③ 1113年圣诞节。H本有关部分同此。

④ 应作西奥伍尔夫。

这年临近5月底的时候，出现一颗奇异的星，光线很长，闪耀了好几个夜晚。也是在这一年，到处河水猛退，其退落的程度为人们记忆中所未有，乃至在伦敦桥以东人们是骑着马或步行越过泰晤士河的。这年10月多次刮起狂风，而从圣马丁节算起的第8天[1]夜里尤其刮得厉害，树林里和村庄里到处都是这样。

也是在这一年，国王将坎特伯雷大主教之职授予原任罗切斯特主教的拉尔夫。约克大主教托马斯逝世，曾任国王小教堂神父的瑟斯坦继任他的职务。

同年，国王前往沿海地方，想去大海彼岸，但是天气使他受阻。在此期间，他给彼得伯勒修道院院长厄努尔夫送去诏令，命令他授予该院的修道士理查德，将索尼修道院院长之职授予圣埃夫鲁尔[2]的修道士罗伯特。他又将北安普顿郡伯爵辖区给予王后的兄弟大卫[3]。此后在2月17日，约克大主教托马斯逝世。后来国王又将塞尔恩阿巴斯修道院院长一职授予卡昂的修道士威廉。

复活节他在北安普顿附近的索普[4]。此后他将坎特伯雷大主教的职位授予罗切斯特主教拉尔夫，此人是2月24日继任的。其后5月3日，伯顿修道院院长奈杰尔逝世。接着奇切斯特被烧毁，那里的大教堂也被烧掉，这是5月5日的事。

圣灵降临周[5]国王在圣奥尔本斯。夏至时节他率军进入

① 11月18日。

② 在法国。——译者注

③ 后为苏格兰国王大卫一世。

④ 即金斯索普。——译者注

⑤ 其他两种编译本作“圣灵降临节”。——译者注

快速到他这里来，因为他想与他私下有所交谈。他来到国王跟前之后，国王硬将罗切斯特主教一职加在他的身上，在英国与国王在一起的大主教、主教和显贵们都与国王一致。他拒绝了很长时间，但是毫无用处。然后国王命令大主教带引他去坎特伯雷，为他举行授任仪式，不管他愿意不愿意。这件事发生在叫做“伯恩”[1]的镇里，时间是 9 月 15 日。当彼得伯勒的修道士们听说此事的时候，他们的悲伤达到了前所未有的地步，因为他是一位很善良很温和的人。他在那里的时候，在院里和院外，都做了许多促成善举的事情。愿全能的天主永远与他同在！

在那之后不久，国王按照坎特伯雷大主教的愿望，将该院院威尔士，在那里建筑城堡。威尔士诸王来到他那里，成为他的封臣，向他宣誓效忠。随后他前往温切斯特，在那里将约克大主教的职位授予他的小教堂神父瑟斯坦，而将贝里圣埃德蒙兹修道院院长之职授予勒贝克的修道士奥尔博尔德。这是 8 月 16 日的事。此后在举荣圣架节[2]那天，他将穆切尔尼修道院院长一职授予该院的修道士埃杜尔夫。他还将伯顿修道院院长之职授予老教堂[3]的修道士杰弗里。同时拉尔夫大主教将罗切斯特主教的职位授予……

① 原注谓可能是萨塞克斯的韦斯特伯恩。加蒙斯韦编译本即译为韦斯特伯恩。——译者注

② 9 月 14 日。

③ 在温切斯特。

长之职授予塞埃[1]的一名修道士，他叫约翰。不久之后，国王和坎特伯雷大主教派他到罗马去领取大主教的披肩，与他同往的有一个叫做沃纳的修道士，还有大主教的侄子、执事长约翰。他们在那里一切都很好。这件事是在9月21日在一个叫做罗纳[2]的镇里发生的。同一天国王在朴次茅斯登船。

E

1115　这年圣诞节[3]亨利国王在诺曼底。在那里的时候，他使诺曼底的所有重要人物都向他的儿子威廉臣服，并且向他宣誓效忠，威廉是他的王后所生。事后在7月间他又来到这个国家。

这年冬季霜雪交加，气候如此严寒，以至于生活在当时的人没有人记得有过比这更寒冷的冬季。由于这个缘故，畜疫十分厉害。

这年帕斯卡尔教皇将披肩送到我国给予坎特伯雷大主教拉尔夫。拉尔夫在他的教座所在之地坎特伯雷极其隆重地接受披肩。

---

① 在法国。——译者注
② 在汉普郡。
③ 1114年圣诞节。

这是安塞姆大主教的侄子、修道院院长安塞姆[①]〔和彼得伯勒修道院院长约翰〕[②]从罗马带来的。

1116　这年圣诞节[③]亨利国王在圣奥尔本斯，他在那里令人举行大教堂的奉献仪式；复活节他在奥迪厄姆。

这年冬季对牲畜和一切事物来说都非常之不利，天气严寒，时间漫长。复活节之后不久，国王就渡海去了诺曼底。法国和诺曼底之间发生了许多次残酷的侵袭、抢掠、攻占城堡的行动。这种争端最主要的原因是亨利国王正在支持他的外甥布卢瓦伯爵西奥博尔德，而西奥博尔德正与他的封君法王路易作战。

这年从土地的生产情况来说，是个十分劳累又多灾多难的年头，就在8月之前不久，雨水过多，当圣烛节到来之际，这种情况弄得人们十分烦恼，又很辛苦。[④] 这年山毛榉和栎树等的果实[⑤]又如此短缺，乃至在全国，甚至在威尔士，都没有听说有什么果实。这年这个国家和人民又屡屡为国王在众多城市的里里外外所征的税而受着深深的折磨。

在同一年，彼得伯勒的整个修道院被烧毁，除了修道士的会堂和宿舍以外，所有的建筑物也都被焚。除此而外，城市的大部分也被烧了。这些都是在一个星期五发生的，那是8月4日。

1117　这年亨利国王整年都待在诺曼底，因为法国国王和其

---

① 罗马圣萨巴修道院院长，1121年任贝里圣埃德蒙兹修道院院长。

② 方括弧中语为后人所加。

③ 1115年圣诞节。

④ 此处加蒙斯韦编译本作“就在8月之前降下暴雨，令人厌烦，这种情况直到圣烛节到来为止”。圣烛节为2月2日。——译者注

⑤ 必需的猪饲料。

他邻邦与他存在争端。夏天时候，法王偕同佛兰德伯爵率军前来，进入诺曼底，在那里待了一夜，早上就回去了，没有交战。由于捐税，由于亨利国王为了抗击他们而召集起军队，诺曼底深受苦难。而我们的人民也由于同样的事情，由于多种多样的捐税而备受压迫。

这年12月1日的夜间，风雨狂暴，雷电交加，雨水冰雹齐下。12月11日夜深时分，月亮变得好像被鲜血染遍一般，然后就被遮掩了。12月16日夜间，天空显得很红，好像正在燃烧。从福音书作者圣约翰的节日算起的第8天[①]，伦巴第发生强烈地震，因此之故，修道院、塔楼、房屋坍塌，给人民造成很大祸害。对于谷物来说，这年多灾多难，因为整年几乎降雨不止。

威斯敏斯特的吉尔伯特院长于12月6日逝世。阿宾登修道院院长法里休斯于2月23日逝世。同年……[②]

1118　由于法王、安茹伯爵以及佛兰德伯爵所进行的战争，这年亨利国王整年都在诺曼底。佛兰德伯爵在诺曼底负伤，他虽然负了伤，还是回佛兰德去了。由于这些敌对行动，国王心中十分烦恼，钱财、土地两方面都损失很大，使他最感到心烦的人是他自己的臣属，他们经常抛弃他，出卖他，投到他的敌人方面去，将他们的城堡交给他们，从而危害、出卖国王。为此英国付出了高昂的代价，因为这年整年之间各种捐税从未间断。

这年在主显节那个星期，一天夜间闪电大作，继之而来的是隆隆的雷声。

---

① 1月3日。

② 此处原文有1行多空白。

5月1日,莫德王后在威斯敏斯特逝世,并安葬在那里。默朗伯爵罗伯特[①]也在这年逝世了。

也在这一年,在圣多马节[②]那天,大风如此狂烈,以至于生活在当时的人没有人想得起有比这更猛烈的风,它的后果在房舍和树上到处都明显可见。

这年之间,帕斯卡尔教皇逝世,[③]加埃塔的约翰,别名杰拉西乌斯,继任为教皇。[④]

1119　这年亨利国王整年都在诺曼底,而且时常感到十分烦恼,这是由于他与法王进行战争,又由于他自己的臣属背信弃义地抛弃了他,与他作战。最后两位国王各自带兵在诺曼底交火,法王溃逃,他最精良的部下被俘。[⑤] 于是亨利国王属下的许多人又回到他这边来,那些曾经利用他们的城堡反对过他的人又与他达成了协议,有些城堡他是用武力夺取的。

这年,亨利国王和莫德王后的儿子威廉到诺曼底他父亲那里去,在那里,安茹伯爵的女儿被许配给他为妻,并与他结了婚。

米迦勒节前夕,[⑥]这个国家的某些地方发生强烈地震,而在格洛斯特郡和伍斯特郡情况最为严重。

同年,教皇杰拉西乌斯在阿尔卑斯山的这一侧逝世,安葬在克

① 博蒙的罗伯特,曾在黑斯廷斯作战,他是博蒙的罗杰之子,莱斯特伯爵。

② 12月21日。

③ 帕斯卡尔二世死于1118年1月21日。

④ 杰拉西乌斯二世于1118年1月24日被选为教皇,3月10日正式授任。

⑤ 是为1119年8月2日布雷米尔战役。

⑥ 9月28日。——译者注

吕尼。在他之后，维埃纳大主教被选为教皇，他叫卡利克斯图斯[①]。后来在福音书作者圣路加的节日[②]那天，他来到法国的兰斯，在那里召开了一次宗教会议，约克大主教瑟斯坦前往与会。由于他当初是从教皇那里接受教职的，这违背了正道，又与坎特伯雷大主教管区相抵触，而且违反了国王的意愿，因此国王拒绝他回英国。他因而失去了他那大主教的职位，随教皇到罗马去了。

也在这年，佛兰德的鲍德温伯爵死于他在诺曼底所受的创伤，他姑母的儿子查理继他之后掌握政权，他是丹麦国王圣克努特的儿子。

1120　这年，英王与法王和解。随着他们的和解，国王在诺曼底的臣属与他完全达成了一致，佛兰德伯爵和蓬蒂厄伯爵[③]也是这样。此后，亨利国王按照自己的意愿将他在诺曼底的城堡和土地作了安排，于是他就在降临节[④]之前来到了这个国家。

在那次旅途中，国王的两个儿子威廉和理查德溺水身亡，[⑤]与他们一起淹死的还有切斯特伯爵理查德和他的兄弟奥图埃尔以及国王的宫廷人员多人——总管、管事人员、斟酒人、执掌各种职务的人以及数量庞大的优秀人士。他们的死使他们的朋友倍感忧伤，一方面是他们如此突然地丧失了生命，另一方面是后来他们当中没有几个人的尸体被找到。

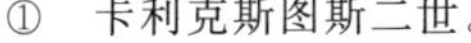

① 卡利克斯图斯二世。

② 10月18日。

③ 威廉一世。

④ 见前1099年纪事部分注。——译者注

⑤ 此次船难发生于11月25日至26日之间的夜晚。

这年之间，耶路撒冷的圣墓上两次照上了那种光，——一次在复活节，一次在圣母升天节[①]，这是来自那里的可以信赖的人说的。

通过教皇的关系，约克大主教瑟斯坦与国王和解，来到这个国家，接受了他的主教职位，虽然坎特伯雷大主教对这件事十分不乐意。

1121　这年圣诞节[②]国王在布兰普顿。以后在圣烛节之前他在温莎，阿德拉[③]嫁给他成为他的妻子，其后并加冕为王后，她是卢万公爵[④]的女儿。

4月5日前夜出现月食，当时的月亮距朔日有两星期之久。

复活节国王在伯克利，后来在圣灵降临周[⑤]他在威斯敏斯特举行了一次大型的临朝听政。夏天他率军进入威尔士，威尔士人前来见他，他们按照国王的意愿，与他达成了一项协议。

这年之间，安茹伯爵从耶路撒冷来到他的国家，后来又派人来英国，把他的已经嫁给国王之子威廉为妻的女儿领走了。

圣诞节前夕之夜，全国刮起大风，其多方面的后果是很明显的。

1122　这年圣诞节[⑥]国王在诺里奇，复活节他在北安普顿。

在那之前，在春天的时候，修道士们正唱着弥撒时，格洛斯特的镇城被烧毁，火势蔓延到塔楼上部的时候，执事已经开始宣读

① 8月15日。

② 1120年圣诞节。

③ 又名阿德莉莎、阿德莱德。——译者注

④ 戈弗雷七世，下洛林公爵，卢万伯爵。

⑤ 其他两种编译本作圣灵降临节。——译者注

⑥ 1121年圣诞节。

"耶稣过去的时候"[①]了。整个修道院被烧掉，保藏在那里的财物也都被烧，只有少数几部书籍和 3 件作弥撒时穿用的圣衣幸免。那天是 3 月 8 日。

此后在棕枝主日[②]后的星期二，即 3 月 22 日[③]，刮起狂风，风后在英国的广大地域出现许多迹象，又见到和听到许多朕兆。7 月 25 日夜间，在整个萨默塞特郡和格洛斯特郡都发生强烈地震。其后在 9 月 8 日——那是圣马利亚的节日[④]——又刮起了狂风，从上午 9 时刮起，一直刮到深夜。

同年坎特伯雷大主教拉尔夫逝世，那天是 10 月 20 日。此后，许多在海上和内陆水面上的水手都说，他们在东北方向见到靠近地面之处有一道巨大宽阔的火焰。火焰不断朝着天空伸长，天空则在四边敞开，[⑤]与火焰抗衡，好像要扑灭它似的，火焰就不再向天空延伸。人们是在晨光初曦时见到这道火焰的，它一直持续到各处都亮起来的时候。那天是 12 月 7 日。

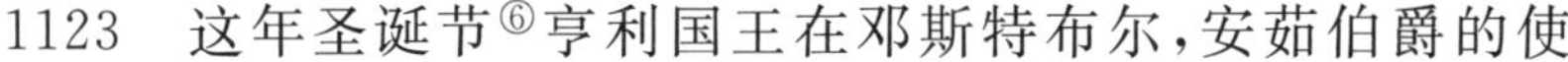

1123　这年圣诞节[⑥]亨利国王在邓斯特布尔，安茹伯爵的使

① 《圣经·约翰福音》第 9 章，第 1 节。这是在大斋节第 4 个星期的星期三所读的福音书。——斯旺顿编译本注

② 据《圣经·新约》记载，耶稣蒙难前不久，骑驴最后一次进耶路撒冷城，群众手执棕枝欢迎。为纪念此事，教会规定在复活节前一周的星期日举行仪式，届时教堂多以棕枝为装饰，有时教徒手持棕枝绕堂一周。——译者注

③ 此处有一日误差，1122 年棕枝主日后的星期二为 3 月 21 日。

④ 即圣母圣诞节。

⑤ 加蒙斯韦编译本作"天空敞开为 4 个部分"。——译者注

⑥ 1122 年圣诞节。

臣们来到国王那里。① 国王从那里去了伍德斯托克，众主教和他的宫廷随员与他同往。

某星期三(1月10日)，国王正在他的鹿苑里骑马，索尔兹伯里主教罗杰在他的一侧，林肯主教罗伯特·布洛特在他的另一侧。他们在那里一边骑着马，一边谈着话。这时林肯主教倒了下去，他对国王说，“国王吾主，我快死了。”国王下马，用手臂搂住他，令人将他抬回他的住处。不多时候他就死了。他十分体面地被运往林肯，葬在圣马利亚祭坛前方，他是由切斯特主教罗伯特·佩切思安葬的。

不久之后，国王向全国发出诏令，命令他的主教们、修道院院长们、塞恩们都来参加在圣烛节那天在格洛斯特召开的御前会议。他们这样做了。他们在那里聚会的时候，国王命令他们自己选出一位坎特伯雷大主教，他们愿意选谁就选谁，他将认可他们的选择。主教们互相谈论了一下，说他们不愿意再有个修道士在他们的上面当大主教，可是他们一起去见国王，表示希望他们可以从世俗的圣职人员当中选出一位他们中意的人，不管是谁，当大主教。国王对此表示同意。那件事完全是经由索尔兹伯里主教以及林肯主教在他逝世之前干的，因为他们从来都不喜欢修道院的院规，而总是在反对修道士和他们的规章。坎特伯雷的修道长和修道士，以及那里所有的其他修道士整整两天反对此事，但是无济于事，因为索尔兹伯里主教有势力，他控制着整个英国，他竭尽其权力和能

① 安茹伯爵曾将曼恩作为其女的陪嫁。未几亨利之子威廉死于海难，安茹伯爵派使臣来索还其居孀的女儿的嫁妆。——译者注

力加以抵制。然后他们选出一位圣职人员，他叫科贝尔的威廉，是一所叫做圣奥西斯的修道院[①]的团体的会员。他们将他带到国王面前，国王就将大主教的职位授给了他，全体主教都接受他。众修道士、伯爵、塞恩，几乎在那里的所有的人则反对他。

与此同时，伯爵的使臣们没有与国王达成协议就离去了，他们一点也不在乎他的赐赠。[②]

与此同时，一位教皇使节自罗马来，他叫亨利[③]，是圣让当热利修道院的院长，是来收彼得便士[④]的。他对国王说，将一个世俗的圣职人员安置在修道士之上是不合乎教规的，何况修道士们原先已经按照教会规章在他们的会堂里选出了大主教，这样做就尤其不合乎教规了。但是国王出于对索尔兹伯里主教的喜爱，不肯撤销他的做法。不久大主教就去了坎特伯雷，他在那里被人们所接纳，虽然这是违反他们的意愿的。他在那里立即由伦敦主教、罗切斯特主教厄努尔夫、温切斯特主教威廉·吉法德、威尔士主教伯纳德[⑤]，索尔兹伯里主教罗杰授任为主教。又过了不久，在春天，大主教赴罗马去领披肩，与他同往的有威尔士主教伯纳德、格拉斯顿伯里修道院院长西弗里德[⑥]，圣埃德蒙兹修道院院长安塞姆[⑦]、

① 在埃塞克斯。

② 此处意思不甚明确。据加蒙斯韦编译本注，其意或为“关于嫁妆事宜并未得到满足”。——译者注

③ 普瓦图的亨利、阿奎丹公爵威廉七世之子。

④ 见1095年纪事部分注。——译者注

⑤ 圣戴维兹主教。

⑥ 拉尔夫大主教的兄弟。

⑦ 即原来罗马圣萨巴修道院院长。

坎特伯雷执事长约翰，以及国王宫廷小教堂的神父吉法德。

与此同时，约克大主教瑟斯坦奉教皇之命去了罗马，他比坎特伯雷大主教早3天到达，在那里受到隆重的接待。随后坎特伯雷大主教来到，他在那里整整过了一个星期才得以与教皇谈上话，那是因为已经有人让教皇了解到他接受大主教之职是违反修道院里众修道士的意见的，也是不合乎教规的。然而，那征服整个世界的东西也征服了罗马——那就是金银。教皇心软了，将披肩给了他。大主教对着圣彼得和圣保罗的祭坛[①]宣誓，凡是教皇责成他去做的一切事情，他都顺从教皇，于是教皇将他送回国去，并且给他带去了自己的祝福。

大主教在国外的时候，国王将巴斯主教之职授予王后的宫室总监，他叫戈弗雷，出生于卢万。这件事是在圣母领报节那天[②]在伍德斯托克发生的。不久之后，国王去到温切斯特，整个复活节季节[③]他都在那里。在那里的期间，他将林肯主教之职授予一个名叫亚历山大的圣职人员，[④]他是索尔兹伯里主教的侄子，国王做这一切都是出于对那位主教的喜爱。

随后国王又从那里去了朴次茅斯，整个圣灵降临周他都在那里。接着他一等到起了风就去了诺曼底，把整个英国都托付给索

---

① 原译“头像”，与其他两种编译本一致。原编译者认为可能对原词误读，第二版中改为“祭坛”。——译者注

② 据《圣经·新约》记载，圣母马利亚领受天使向她传报天主的旨意，她将由圣灵感孕而生耶稣。为纪念此事，教会规定3月25日为圣母领报节。——译者注

③ 其期限自复活节起或至耶稣升天节之间的40天，或至圣灵降临节之间的50天，或至三一主日之间的57天。——译者注

④ 亚历山大于1123年7月22日正式受任为林肯主教。

尔兹伯里主教罗杰照料管理。

随后国王整年都在诺曼底。他和他的塞恩之间接着就产生了很深的敌意，因而默朗的瓦勒朗伯爵、阿莫里、[1]蒙福尔的休、鲁马尔的威廉，以及许多其他的人都弃他而去。他们据守自己的城堡来反对他。国王坚决予以抵抗，就在这同一年里，他攻占瓦勒朗的蓬托德梅尔城堡和休的蒙福尔，此后他越是坚持下去就越顺利。

在这同一年里，林肯主教还没有到他的主教管区，几乎整个林肯城就被烧毁了，为数众多的人被火烧死，有男人也有妇女，火灾所酿成的损害之大，是没有人能向别人描述得了的。那天是 5 月 19 日。

1124　这年亨利国王整年都在诺曼底，那是因为他与法王路易，与安茹伯爵，而最主要的是与他自己的臣属相互之间敌意很深。

圣母领报节那天发生了一件事。默朗伯爵瓦勒朗从他的一座叫做博蒙[2]的城堡去了他的另一座叫做瓦特维尔的城堡，与他同去的有法王的总管阿莫里、杰维斯的儿子休、蒙福尔的休，还有许多其他优秀的骑士。

于是国王的骑士们从那一带所有的城堡里前来抵抗他们，与他们作战，将他们击溃，俘获瓦勒朗伯爵、杰维斯的儿子休、蒙福尔的休，以及 25 名其他骑士。他们将这些人带到国王面前，国王命令将瓦勒朗伯爵和杰维斯的儿子休囚禁在鲁昂的城堡里，而将蒙福尔的休遣送到英国，送进格洛斯特城堡，置于可悲的囚禁之中，

① 瓦勒朗是博蒙的罗伯特之子、莱斯特伯爵罗伯特的孪生兄弟，阿莫里为其岳父。

② 博蒙-勒-罗歇。

其他的人则遣送到他在南北各地的城堡里关押起来,他想送多少就送多少。后来,国王又去攻占了瓦勒朗伯爵在诺曼底的所有的城堡,也攻占了他的对手所据守的用来反对他的全部城堡。

这一切敌对行为都是由于诺曼底公爵罗伯特之子威廉的缘故。就是这个威廉与安茹伯爵富尔克的小女儿结了婚,因此法国国王和所有的伯爵,还有全体有势力的人物,都与他态度一致。他们说国王将他的兄长罗伯特关押在监是错误的,他又弄得罗伯特的儿子从诺曼底出走,这是不公正的。

在这同一年里,英国的气候对谷物和所有的作物来说,都很恶劣,因此在圣诞节和圣烛节之间,据说 1 英亩土地的小麦种子——即 2 筐——上涨到 6 先令,1 英亩土地的大麦种子——即 3 筐——上涨到 6 先令,1 英亩土地的燕麦种子——即 4 筐——上涨到 4 先令。那是因为谷物短缺,而便士又如此贬值,乃至如果有人在市场上拿出 1 镑的钱,他怎么也得不到值 12 便士的东西。

在同一年当中,圣洁的罗切斯特主教厄努尔夫逝世,他原先是彼得伯勒修道院院长。他死的那天是 3 月 15 日。其后苏格兰国王亚历山大于 4 月 23 日逝世。他的弟弟大卫当时是北安普顿伯爵,他继承了王位,而且两者兼而有之——苏格兰的王权和英国的伯爵地位。12 月 14 日,罗马教皇逝世,他叫卡利克斯图斯。霍诺里乌斯[①]继任为教皇。

在同一年当中,圣安德烈节[②]之后,圣诞节之前,拉尔夫·巴

---

① 霍诺里乌斯二世。

② 11 月 30 日。——译者注

西特[①]和国王的塞恩们在莱斯特郡的亨德霍开了一次会，在那里绞死了比过去绞死的窃贼为数还多的窃贼，在那短短的时间之内，一共绞死了44人，有6人被弄瞎了眼睛，并被阉割。许许多多诚实可靠的人都说，好些人是十分不公正地在那里被消灭的。但是看到而且知道一切秘密的我们的主、全能的天主，他看到可怜的人民遭到彻底不公正的对待，他们先是被夺去了财产，然后就被处死。这年是个十分动荡不安的年头，有点财产的人被苛重的捐税和严厉的法庭剥夺了财产，身无分文的人就饿死了。

1125　这年圣诞节[②]之前，亨利国王从诺曼底派人前来英国，命令将英国的所有铸造钱币的人断肢，那就是说，每个人都要丧失右手，并被阉割，那是因为手里有一镑的人，在市场上买不到值一便士的东西。索尔兹伯里主教罗杰派人到全英国各处命令他们都要在圣诞节来到温切斯特。他们到达那里之后，就一个个被抓起来，人人都被切去右手，并被阉割。这一切都是在主显节[③]之前的12天之内干的。这样做是十分公道的，他们大肆弄虚作假，毁了整个国家。他们都得到了报应。

在同一年之间，罗马教皇派遣一位枢机主教来到这个国家，他叫克雷马的约翰。[④] 他先去见当时在诺曼底的国王，国王极其体面地迎接他，并且把他推荐给坎特伯雷大主教威廉。大主教带领

① 重要朝臣，此处身份是巡回法官。

② 1124年圣诞节。

③ 原文Twelfth Night之前，该日系圣诞节以后的第12夜，如以圣诞夜为开始，则指1月6日主显节前夜，如从圣诞节第2夜开始，则指主显节之夜。加蒙斯韦编译本作“圣诞节和主显节之间的12天之内”。——译者注

④ 约翰此来与司法审判方面的争议有关。

他去到坎特伯雷，在那里他受到极为隆重的、伴有盛大队列的迎接。复活节那天，他在耶稣祭坛前面唱大弥撒。然后他走遍全英国访问国内所有的主教管区和修道院管区，到处都受到隆重的接待，他们都送给他又多又精美的礼品。接着在 9 月圣母圣诞节那天，他与众位大主教、主教管区主教、修道院院长、圣职人员和世俗人士，在伦敦举行宗教会议，会议整整开了 3 天。他在会上宣布了安塞姆大主教以前宣布过的那同样的宗教法规，还宣布了更多的规章，但是都没有多少作用。米迦勒节以后，他去了海外，一路去了罗马，坎特伯雷大主教威廉、约克大主教瑟斯坦、林肯主教亚历山大、洛锡安主教约翰[1]、圣奥尔本斯修道院院长杰弗里也随同他前往。他们在那里受到霍诺里乌斯教皇极为隆重的接待，他们整个冬天都在那里。

在这同一年里，圣劳伦斯节[2]那天，洪水如此凶猛，以致许多村庄被水所淹，许多人被溺死，桥梁断塌，谷物和草地悉遭损毁，人畜饥饿多病，所有的作物季候都反常，这种情况比过去好多年都严重。

在这同一年里，彼得伯勒修道院院长约翰于 10 月 14 日逝世。

1126　这年亨利国王在诺曼底一直待到收获时节之后。然后他在圣母圣诞节和米迦勒节之间来到这个国家，[3]与他同来的有王后和他的女儿，他在此前已经将女儿嫁给了皇帝，即洛林的亨

① 格拉斯哥主教。

② 8 月 10 日。

③ 亨利于 9 月 11 日抵达英国。

利[①]。他还带来了瓦勒朗伯爵和杰维斯的儿子休，他将那位伯爵送往布里奇诺斯囚禁，后来又从那里将他送往沃灵福德，而将休送往温莎，严加监押。

其后在米迦勒节之后，苏格兰人的国王大卫从苏格兰来到这个国家，亨利国王以极为隆重的礼仪接待他，他整年都待在这个国家。

在同一年之间，国王命令将他的兄长罗伯特从索尔兹伯里主教罗杰的管束之下转到他自己的儿子格洛斯特伯爵罗伯特的手下监管，并且将他解往布里斯托尔，关进那里的城堡。这一切都是由于他的女儿和她的舅父、苏格兰人的国王大卫的建议而这样做的。

1127　这年圣诞节[②]亨利国王在温莎临朝听政，苏格兰人的国王大卫也在那里，在那里的还有在英国的全体重要人物，包括圣职人员和世俗人士。国王使当时在那里的众大主教、主教、修道院院长、伯爵，以及全体塞恩立下誓言，在他死后，要将英国和诺曼底交到他的女儿埃塞莉克[③]手里，她原来是萨克森皇帝[④]的妻子。然后他将她送往诺曼底，与她同去的有她的兄弟格洛斯特伯爵罗伯特、阿朗·费尔冈伯爵[⑤]之子布赖恩。国王将她嫁给安茹伯爵的儿子，他叫杰弗里·马特尔。这件事使全体法国人和全体英国人都同样感到不愉快，但是国王这样做是为了与安茹伯爵建立和平，又为了取得帮助来反对他的侄子威廉。

① 亨利五世。

② 1126 年圣诞节。

③ 即莫德(马蒂尔达)。

④ 亨利五世。

⑤ 加蒙斯韦注为布列塔尼伯爵，斯旺顿注为公爵。——译者注

在这同一年里，在春天的时候，佛兰德伯爵查理在一所教堂里在举行弥撒时，正俯伏在祭坛前面向天主祈祷，这时他被他的下属所杀。于是法王将诺曼底公爵之子威廉推举出来，将该伯爵辖区给了他，那里的人也接受了他。这同一个威廉早先曾与安茹伯爵之女[①]结婚，后来，由于他们的亲属关系属于禁止通婚的亲等，他们又分离了，之所以如此，那是英王亨利一手搞出来的。后来他又与法王的姊妹[②]结婚，由于这个缘故，法王将佛兰德这个伯爵辖区赐给了他。

在同一年之间，亨利国王将彼得伯勒修道院院长一职授予一位院长，他叫普瓦图的亨利，此人当时已经握有圣让当热利修道院院长的职务，于是大主教和全体主教都说，这是不合乎教规的，他不能兼掌两处修道院。但是这个亨利向国王解释说，他已经离开了他的修道院院长的职位，因为那个国家局面十分骚乱，而且他这样做是出于罗马教皇和克吕尼修道院院长的劝告，并获得他们的允准；也还因为他是与彼得便士[③]有关的教皇使节。然而，这些话说是这么说，却根本不是那么一回事，而正相反，他是想两者兼而有之。他也得到了那两份职位，并在天主旨意所许的期限内兼领两职。当他还以世俗人士任圣职的时候，他就是苏瓦松主教，其后他成为克吕尼修道院的一名修道士，再后他当上了这所修道院的修道长，后来又当上了萨维尼修道院的修道长。后来，因为他是英国国王和普瓦图伯爵的亲戚，伯爵将圣让当热利修道院院长的职

① 富尔克五世之女莫德，后来当了修女。

② 法王路易六世的王后的异父姊妹。

③ 见1095年纪事部分注。——译者注

位授给了他。

后来，他靠大要手腕又将贝桑松大主教的职位弄到手，但是这个职务他只掌握了3天，因为他取之不义，也就公道地失掉了它。再后来，他又取得桑特主教之职，该地距离他任修道院院长的地方5英里。[①] 他执掌这个职务差不多有一星期，随后克吕尼修道院院长就把他撵了出去，就如同他此前将他撵出贝桑松一样。于是他就想到，要是他能在英国扎根，那么他所希冀的一切样样都能得到。他向国王提出要求，对他说他是个又年迈又衰竭的人，他对他们国家所存在的那种极不公道又极其骚乱的状况无法容忍。于是，他通过个人和他所有的朋友的关系，特别企求得到彼得伯勒修道院院长的职位。[②] 国王遂将该职授赐给他，因为他是他的亲戚，又因为诺曼底公爵之子威廉和安茹伯爵之女因属于禁止通婚的亲等而离异时，他是主要的宣誓人和见证人。就这样，在圣诞节和圣烛节之间，在伦敦，这个院长职位就被授给了他，可悲可鄙。于是他随国王去了温切斯特，他从那里来到彼得伯勒。他住在那里，恰似雄蜂在蜂巢里一般。蜜蜂运进来的东西，雄蜂全都吃了，运出去了。他也这样，凡是他在里里外外能从圣职人员和世俗人士的手中取走之物，他都运往海外，他在那里一点好事也没有做，一点好东西也没有留下。

我们说真话时，别以为它离奇，因为这是全国各地人们所熟知的事情，那就是他刚一来到那里——那是个星期日，当时正唱着

① 实际距离相当于此数的3倍。——斯旺顿编译本注

② 加蒙斯韦编译本作“他恳求国王通过本人和所有的朋友——他列举了他们的名字——的作用，让他得到……”。——译者注

"主啊！求你睡醒，为何尽睡呢"[1]，——过了不多时候，许多人就见到而且听到好多猎人在打猎。这些猎人又黑又魁梧又使人厌恶，他们的猎犬也是黑的，眼睛很大，样子可厌。他们骑在黑色的马和黑色的公羊上。这种景象恰恰是在彼得伯勒城的鹿苑里见到的，也在该城至斯坦福之间的整个丛林里见到。修道士们听见他们在夜间吹的号角声。诚实可信的人在夜里注意到他们，他们说在他们看来可能有 20 或 30 个左右吹着号角的人。这种现象从他来到那里的时候起，经过整个大斋节的斋期，一直到复活节，始终为人们所耳闻目睹。他到来的情况如此，关于他离去的情况，我们还一点也说不上来。那就按照天主的旨意吧！

1128　整个这一年亨利国王都在诺曼底，那是因为他与他的侄子佛兰德伯爵之间存在敌意。可是那位伯爵在一次战斗中被他的一名随从所伤。他虽然受了伤，却去了圣伯坦修道院，当即在那里当了修道士。他在那里生活了 5 天，然后逝世，就埋葬在那里。愿天主怜悯他的灵魂。那是 7 月 27 日的事。

在同一年之间，达勒姆主教兰纳尔夫·帕塞弗兰巴德[2]逝世，9 月 5 日他就安葬在那里。

在这同一年里，上述那位修道院院长亨利经国王许可回去了。他回到普瓦图自己的修道院里。他让国王知道他要全部放弃那所修道院和那片土地，而和他一道居住在英国，住在彼得伯勒修道院里。但是情况根本不是那么一回事，他这样做是因为他打算凭着

① 这是大斋节前第 2 个星期日作弥撒时的人祭文。1127 年该日为 2 月 6 日。（译者按：引文见《圣经·诗篇》第 44 篇，第 23 节。）

② 一般以兰纳尔夫·弗兰巴德的名字为人所知。

他高度的诡诈在那里住上 12 个月或更长的时间，然后再回来。全能的天主垂怜于那不幸的地方吧！

也是在这同一年之内，圣殿骑士团的休[①]从耶路撒冷来到诺曼底国王那里，国王极其隆重地接待他，还送给他大量的财物，都是黄金和白银。然后国王将他送到英国，在那里他受到全体上层人士的接待，他们都送给他财物，在苏格兰也是这样。他们还通过他，将大量的、全都是金银的财富运往耶路撒冷。他叫人们外出到耶路撒冷去，于是如此一大群人就随同他一道前往或者在他走后再去，其人数之众多是乌尔班教皇在任时第一次远征以来所从未有过的，虽然这并没有什么结果。他说，基督教徒和异教徒之间一场决定性的战争已经准备好了。他们到了那里，却发现只不过是谎言而已。所有的人就这样悲惨地吃了苦头。

1129　这年国王派人来英国把瓦勒朗伯爵和杰维斯之子休叫去，他们为自己交了人质。休返回他的故乡法国；瓦勒朗仍旧留在国王那里，国王又将他的土地都给了他，只有他的城堡除外。

后来到了秋天，国王来到英国，伯爵也跟随他前来，他们又成为要好的朋友，好得简直就像他们过去互为敌人的程度那样。

其后不久，坎特伯雷大主教威廉根据国王的建议并经他许可，派人到英国各地去命令众多主教、修道院院长、执事长和英国的所有密室里的全体修道长、修道士和修道团体的会员，以及全体必须爱护和关切基督教的人，一律在米迦勒节那天齐集伦敦，在那里讨论天主的一切当然权利。他们抵达那里以后，会议于星期一开始，

① 圣殿骑士团的创建者。

一直连续开到星期五。当讨论结果整个出来时，其内容却原来都是关于执事长的妻子和神父的妻子的，那就是说，截至圣安德烈节为止，他们都要将他们的妻子抛弃，无论是谁，要是他不愿这样做，他就将失去他的教堂、他的房子和他的家[①]，而且再也无权提出这方面的要求。这是坎特伯雷的威廉，即大主教，和当时在英国的所有主教管区的主教下的命令。国王准许他们全都回家，他们于是就回家了，而所有的命令却一点没有生效，他们都经国王许可一如既往地保留着他们的妻子。

在这一年，温切斯特主教威廉·吉法德逝世，并于1月25日葬于该地。米迦勒节过后，亨利国王将这个主教职位授予格拉斯顿伯里修道院院长、他的外甥亨利[②]，亨利于11月17日由坎特伯雷大主教威廉正式授任为主教。

这年之间，霍诺里乌斯教皇逝世。他还没有完全死亡，那里就选出了两个教皇，一个叫彼得[③]，他是克吕尼修道院的一名修道士，是罗马最有权势之家的后裔，罗马人和西西里公爵[④]支持他。另一个叫格雷戈里[⑤]，他是个世俗身份的圣职人员，他被另外那个教皇及其亲属赶出罗马，支持他的有萨克森皇帝[⑥]、法国国王[⑦]、英国国王亨利和阿尔卑斯山这一边的所有的人。

---

① 此处的“家”在加蒙斯韦编译本中作“教会附属地”。——译者注

② 这是布卢瓦的亨利，布卢瓦伯爵斯蒂芬之子，其母为亨利一世之姊阿德拉。

③ 他是敌对教皇，其称号为安纳克莱图斯。

④ 罗杰二世。

⑤ 即后来的英诺森二世。

⑥ 洛塔尔二世。

⑦ 路易六世。

这时兴起了以前从未有过的异端。愿基督给他的不幸的人民以忠告吧！

在这同一年里，圣尼古拉节前夕[①]，黎明之前不久，发生了一次强烈地震。

D

1130(1080D)[②]

这年安格斯[③]被一支苏格兰军队所杀，他那一边的人伤亡很重。天主的正义在他的身上得到了报复，因为他发的誓完完全全是假的。

E

1130 在这一年里，坎特伯雷的教堂于5月4日由威廉大主教为它举行献堂仪式。出席的有下列主教：罗切斯特主教约翰、伦敦主教吉尔伯特·尤尼弗塞尔、温切斯特主教亨利、林肯主教亚历山大、索尔兹伯里主教罗杰、伍斯特主教西门、考文垂主教罗杰、巴斯主教戈弗雷、诺里奇主教埃弗拉德、奇切斯特主教西弗里德、圣戴维兹主教伯纳德、来自诺曼底的埃夫勒主教奥东[④]、塞埃主教约翰。

其后的第4天，亨利国王在罗切斯特，这时这个城几乎被烧光。威廉大主教为圣安德

① 12月5日。

② 这段是结束于1079年的D本的增补文字，原来作为1080年的纪事排在1079年之后，原编译者断定这显然是书写者将MCXXX误写为MLXXX所造成的错误。或许可以由此联系到一种说法，即D本可能代表用于呈献给苏格兰朝廷的编年史稿本。加蒙斯韦指出，这段文字的字体和文字的拼写方式，均属于相当靠后的时期。——译者注

③ 马里伯爵，1130年反叛大卫一世失败。

④ 他是约克大主教瑟斯坦的兄弟。

烈大教堂举行献堂仪式，上述各位主教出席。秋天，亨利国王前往海外的诺曼底。

在这同一年里，昂热利[①]的修道院院长亨利在复活节之后来到彼得伯勒，他说他已经完全放弃了那所修道院。继他之后，克吕尼修道院院长彼得经国王的准许来到英国，所到之处他都受到极为隆重的接待。他来到彼得伯勒，在那里，亨利院长向他许诺，要为他把彼得伯勒修道院弄到手，让它从属于克吕尼。但是谚语有云：“划分田界的篱笆还存在。”[②]全能的天主摧毁一切邪恶的计划吧！不久之后，克吕尼修道院院长返回本国去了。

E

1131　这年圣诞节后，一个星期日的晚上，刚过上床睡觉的时间，北边的天空好像整个是一团燃烧的火焰，因此所有见到的人都感到害怕，因为他们从来没有见过，那天是 1 月 11 日。在这同一年里，英国全国出现一场畜疫，疫情如此严重，乃至在任何人的记忆中都是未曾有过的。疫病发生在牛和猪身上，结果是，一个曾经有 10 或 12 张犁操作的村子，现在 1 张也没有剩下，曾经有 200

---

① 即圣让当热利。——译者注

② 诺尔斯在所著《英国修道士会》(Dom David Knowles, *The Monastic Order in England*)中，将此句解释为“民族感情和喜爱独立证明是不可超越的障碍”。——加蒙斯韦编译本注

或300头猪的人,现在1头不剩。在这之后,母鸡死了,接着肉、干酪、黄油短缺。愿天主有意时改善这种情况吧!

秋季以前,较早的圣彼得节[①]之后,亨利国王返回英国。

在这同一年里,复活节之前,修道院院长亨利自彼得伯勒前往海外,去了诺曼底。他在那里与国王交谈,他告诉国王,克吕尼修道院院长命令他去见他,并且要他将昂热利修道院管区移交给他,然后如经国王许可,他将返回英国。因此他回到了自己的修道院,在那里一直住到夏至那天。而在圣约翰节的第2天[②],修道士们从自己内部选出了一位院长,他们列队行进,将他带进教堂,唱起"我们赞美你,啊天主",[③]敲起钟,将他安置在院长坐席上,向他表示他们向自己的院长所应当做到的一切服从于他。伯爵[④]和全体重要人士,以及修道院的众修道士将另外那个院长亨利赶出了修道院。他们非这样做不可,在25年里,他们没有过一天好日子。现在他所有的重大诡计都失灵了,现在他迫不得已只好爬进他的大袋子里,到每个角落去察看是不是至少还有一条拙劣的诡计剩下在那里,好让他得以再一次蒙骗基督和基督的人民。然后他去了克吕尼,他被扣留在那里,因此他既不能东行,又不能西去。克吕尼修道院院长说,由于他和他的极大愚蠢,他们才丧失了圣约翰修道院[⑤]。他想不出更好地为自己补救的办法,就只好答应他们,

① 6月29日。

② 6月25日。——加蒙斯韦编译本注

③ *Te Deum Laudamus*,这是拉丁文赞美颂的开头诗句,这种颂诗在早祷和其他感恩的场合歌唱。——译者注

④ 加蒙斯韦编译本作公爵,并注明为阿奎丹公爵。——译者注

⑤ 即圣让当热利修道院。——译者注

而且手按圣物宣誓，说要是他能够访问英国，他要为他们把彼得伯勒修道院弄到手，从而给它派去一名克吕尼修道院的修道长，还要派去圣器看管人、司库和衣室管理人，修道院里里外外的东西，他都交给他们。然后他却进入法国，[①]整年都住在那里。愿基督给彼得伯勒可怜的修道士和那个不幸的地方做主吧！现在他们需要基督的帮助和全体基督教徒的帮助。

1132　这年亨利国王来到这个国家。修道院院长亨利随后到达。他向国王控告彼得伯勒的修道士，因为他想把这所修道院置于克吕尼的管辖之下，结果国王几乎受了骗，他让人去把修道士叫来。由于天主垂怜，又由于索尔兹伯里主教、林肯主教和当时在那里的其他有势力的人的作用，国王看出他在玩弄背信弃义的手法。当他再也无计可施时，他又希望自己的侄子当上彼得伯勒修道院院长，但是基督并不希望如此。事过不久之后，国王派人把他找来，使他放弃彼得伯勒修道院院长的职位，叫他离开英国。国王把这个院长职位给予圣尼茨修道院的一位叫马丁的修道长。他在圣彼得节那天非常庄严地进入修道院。

1135　这年亨利国王在收获节去了海外。第二天，当他正睡卧在船上时，大地上各处的天色都暗下来，在中午的时候，太阳变得好像距离朔日只有 3 天之久的月亮，周围都是星。

人们非常惊讶，非常害怕，他们说这种现象之后，必定会有什么重要的事情发生。果然如此，因为就在那一年，国王在圣安德烈

① 克吕尼修道院在勃艮第境内。——译者注

节之后的第二天[①]在诺曼底逝世。然后大地当即昏暗无光，因为每一个能行抢的人都立即去抢劫别人。其后他的儿子和朋友领走他的遗体，将它运到英国，安葬于雷丁。他是好人，人们都非常敬畏他。在他那个时期，没有人敢伤害另一个人。他给人和野兽建立和平。凡是携带大量金银的人，不管是谁，没有人敢对他说什么，除了好话。

其间他的外甥布卢瓦的斯蒂芬来到英国，去了伦敦。伦敦人接受了他，并把大主教科贝尔的威廉请来，他在圣诞节那天为他举行了加冕登基仪式。

这位国王在位期间，有的只是动乱、邪恶、抢夺，别无其他，因为那些有权势的变节分子立即起而反之。[②] 首先是勒维埃的鲍德温据守埃克塞特来反对他。国王包围该地，鲍德温与他达成了协议。继而另外一些人又据守他们的城堡反对他，苏格兰国王大卫开始对他作战。事虽如此，他们的使者们还是在中间来来往往，他们又走到了一起，达成协议，虽然这种协议并没有多少用处。

1137　这年斯蒂芬国王前往海外的诺曼底，在那里受到人们的接纳，因为他们指望他会恰如他的舅父，又因为他还掌握着他舅父的财富。但是他像个傻瓜一样将财富散发出去，挥霍掉了。亨利国王积聚了数量巨大的金银，[③]可是它没有用于对他的灵魂有益的事情。

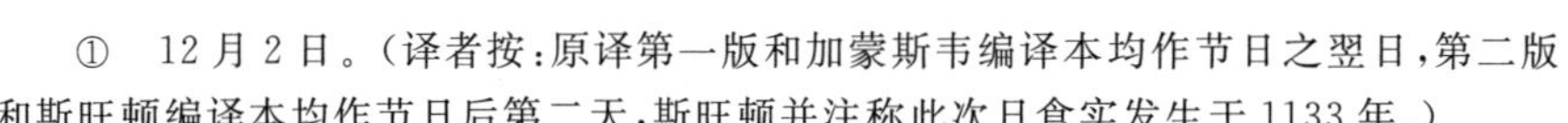

① 12月2日。（译者按：原译第一版和加蒙斯韦编译本均作节日之翌日，第二版和斯旺顿编译本均作节日后第二天，斯旺顿并注称此次日食实发生于1133年。）

② 1136年。——其他两种编译本注

③ 马姆斯伯里的威廉谓斯蒂芬得自亨利一世的财富几达10万镑。——斯旺顿编译本注

斯蒂芬国王来到英国时，在牛津举行御前会议。[①] 他在那里将索尔兹伯里主教罗杰、他的侄辈子弟、林肯主教亚历山大、王宫总监罗杰抓了起来，全都投入监狱，直到他们交出了他们的城堡。当那些叛徒们了解到他是个温厚的人，又和蔼又善良，并没有对他们严格施以法律的全套惩罚时，他们就干起了各种无法无天的事。他们已经向他臣服，又宣了誓。但是他们没有遵守誓约，他们发的都是伪誓，他们的誓约都作废了，因为有势力的人个个都在筑城堡，他们据守城堡与他抗衡，弄得国内城堡充斥。他们因建造城堡而使这个国家不幸的人民深受压迫。城堡建成以后，他们将恶棍和坏蛋充塞其中，然后就日日夜夜地捉拿他们认为有点财物的人，有男有女，将这些人投入监狱，以难以形容的酷刑折磨他们，以此勒索金银，没有哪个殉教者曾受过他们所受的那种酷刑。他们由拴在拇指或头部的绳索吊挂起来，[②]脚上坠着胸甲，头上缠绕着打结的绳子，绳子拧得紧到穿入脑髓为止。他们还把这些人关进里面有蝰蛇、蛇和蟾蜍的监狱，就这样把他们害死。有的人他们送进"酷刑室"[③]，那是个又短、又窄、又浅的箱子。他们往箱子里放尖利的石块，再挤压里面的人，这样，他的四肢就全都断裂了。在许多城堡里有一种"套索加圈套"[④]的刑具，它由若干链条组成，这种链条两三个人搬一根还是够费力气的。这种刑具做成这样一种形状：它固

① 时为 1139 年 6 月。——斯旺顿编译本注

② 其他两种编译本此处尚有"将他们的脚拴上绳索，将人吊起，用烟熏他们"之语。——译者注

③ 该词在加蒙斯韦编译本中为 crucethus。——译者注

④ *lof and grin*。——加蒙斯韦编译本注

定在一根杠子上,而他们惯常的做法是在那人的喉部和颈部围上一块锋利的铁,[1]因此他无论朝哪个方向都是坐也不行,躺也不行,睡也不行,只好肩负着那块铁。好几千人是让他们给饿死的。

我既没有能力,也没有力量来描述他们在这个国家里对不幸的人民所施加的全部恐怖和全套折磨,那种现象在斯蒂芬当国王的19个年头里一直延续下来,而且情况总是越来越坏。他们时时向村庄征税,称之为“保护金”[2]。当可怜的人民再也交不出税金时,他们就抢劫和烧掉所有的村庄,因此你可以轻松地走一整天的旅程而决然找不到一个住在村子里的人,也找不到一块耕种过的土地。谷物昂贵,肉类、黄油、干酪也贵,因为国内一点也没有了。可怜的人民饿死了;有些人曾经是富人,现在则靠乞求施舍为生;有些人逃离了这个国家。

直到那时为止,这个国家还不曾有过更大的苦难,异教徒的所作所为也不曾比他们当时的行径更糟糕。他们一反惯例,既不尊重教堂,也不尊重教堂庭院,反而把里面的财产抢光,然后把教堂和一切东西付之一炬。他们既不尊重主教的土地,又不尊重修道院院长的土地,也不尊重神父的土地,反而掠夺修道士和圣职人员。每一个比别人权力稍大一点的人,都去掠夺别人。如果两三个人骑马来到一个村庄,村民都望风而逃,因为他们预料这些人是强盗。主教和有学识的人士总是将他们逐出教会,但是他们丝毫不以为

① 此处原意不甚明确,加蒙斯韦编译本作“一根杠子上拴着重物,这根杠子又拴附在那人喉部和颈部围着的锋利铁块上”。——译者注

② *tenserie*。

意，因为他们都是彻底遭人诅咒，发了伪誓，注定要毁灭的。[1]

不管哪里种了作物，地上也不长谷物，因为土地都被这种行径糟蹋了。他们[2]公然说基督和他的圣徒们都睡着了。这些事情多得我们难以一一描写。我们为我们的罪恶受了 19 年的苦。

在整个这个罪恶的时期，修道院院长马丁以极大的精力执掌他的院长职务达 20 年半零 8 天，他为修道士和来客提供他们所需之物，[3]在会堂里举行盛大的节日庆祝活动，虽然如此，他仍然下工夫整修教堂，他为它拨出土地和收入，对它厚加馈赠，又给它铺了屋顶。圣彼得节那天，他以盛大仪式带领修道士们进入新修道院，——那时是主历 1140 年，即大火以后 23 年。他去了罗马，在那里受到尤金尼乌斯教皇[4]的优厚接待，并在那里得到特殊权利，一种权利与修道院的全部土地有关，另一种与圣器看管人职务的全部土地有关。要是他能活得更久的话，他本打算在司库[5]这个职务方面也这样做。他收回有势力的人强行据有的土地。从据有罗金厄姆城堡的威廉·莫迪特手中，他收复科廷厄姆和伊斯顿，从瓦特维尔的休的手中，他收复厄斯灵伯勒和斯坦尼克，每年还从阿尼克尔获得 60 先令。他使许多人当了修道士，种了一片葡萄园，

---

① 加蒙斯韦编译本作“主教和圣职人员总是诅咒他们，但是他们毫不在乎，因为他们已被逐出教会，发了伪誓，前途无望”。——译者注

② 此处“他们”不甚明确，据本书上下文，当指肆害者，据加蒙斯韦编译本，则指受害者。斯旺顿亦存疑。——译者注

③ 其他两种编译本此处尚有“慷慨施舍”之语。——译者注

④ 尤金尼乌斯三世，1145 年继任为教皇。

⑤ 加蒙斯韦编译本作“管事人员”，并注明系指负责存储修道院的衣服和床上用品之人。——译者注

搞了许多修建工程，使那个村子比以往任何时候都好。[①] 他是个好修道士和好人，因此天主和好人都爱他。

现在我们想将斯蒂芬国王在位时的事情作一定程度的叙述。在他那个时期，诺里奇的犹太人在复活节之前买了一个信奉基督教的孩子，将我们的主受过的酷刑全都施加在他身上，而且由于我们的主的缘故，在耶稣受难日那天将他吊死在十字架上，然后将他埋掉。他们以为事情会瞒得住，可是我们的主昭示他是一位神圣的殉教者。修道士们将他的尸体取走，在修道院里为他举行了隆重的葬礼。通过我们的主他完成了各种各样令人惊异的奇迹，他被称为圣威廉。

1138　这年苏格兰国王大卫率领一支庞大的军队来到英国，意在征服这个国家。受国王的付托守卫约克的伯爵欧马勒的威廉，以及其他可靠人士带领少数人员前来迎战，与他们交锋，在军旗附近击败苏格兰国王，打死众多他的部下。[②]

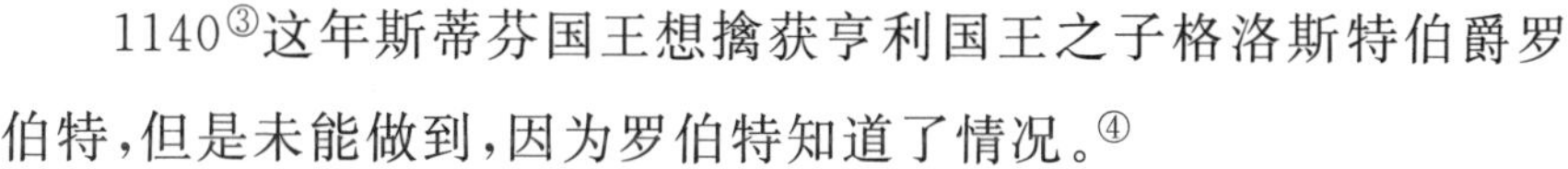

1140[③]这年斯蒂芬国王想擒获亨利国王之子格洛斯特伯爵罗伯特，但是未能做到，因为罗伯特知道了情况。[④]

此后，在春季的时候，一天中午时分人们正在吃饭，太阳变暗，天色也暗下来，因此他们点着蜡烛吃饭。那是 3 月 20 日。[⑤] 人们

① 加蒙斯韦编译本作“将市镇的地点转移到比过去更好的位置”。——译者注

② 英军前往迎击苏格兰军队途中，竖起一根桅杆，称之为军旗，杆顶挂着一个装有圣饼的银圣饼盒以及圣彼得、贝弗利的约翰、里彭的威尔弗里德等人的旗帜，以求耶稣基督率领他们作战。该战役发生于 1138 年 8 月 22 日。——译者注

③ 这部分内容属于斯蒂芬统治期间的一些事件，时间顺序十分混乱。

④ 原注 1137 年 4 月，斯旺顿编译本注为 1139 年。——译者注

⑤ 1140 年 3 月 20 日曾发生日食。

非常惊慌。

此后，坎特伯雷大主教威廉逝世，[①]国王让西奥博尔德当大主教，[②]他是勒贝克修道院院长。

此后，国王和切斯特伯爵兰纳尔夫之间发生了一场大战，这并不是由于国王没有将他所可能要求的东西全都给他(就像他对待别人那样)，而是他对他们给得越多，他们对他越坏，总是这样。那位伯爵据守林肯反对国王，剥夺他本应得到的一切。国王前往该地，将他和他的兄弟鲁马尔的威廉[③]围困在城堡里。伯爵溜出城堡，去找格洛斯特伯爵罗伯特，然后带着他和一支大军来到那里。他们在圣烛节那天[④]与他们的封君激烈交锋，将他俘获，因为他的部下弃他而逃。他们将他带到布里斯托尔，套上脚镣，关进监狱。于是整个英国骚扰动乱更甚于前，各种坏事国内应有尽有。

此后，曾经是德意志皇后，现在是安茹伯爵夫人的亨利国王之女来到伦敦。伦敦居民想捉拿她，她逃走了，[⑤]在那里她遭到很大损失。

此后，斯蒂芬国王的弟弟、温切斯特主教亨利与罗伯特伯爵和那位皇后交谈，并且向他们宣誓，说他再也不支持他的国王兄长了。他将支持国王的人一律开除教籍，他还对他们说要将温切斯特交给他们，从而使得他们来到温切斯特。他们在城里的时候，国

---

① 1136 年 11 月 21 日。

② 1139 年 1 月 8 日被授任。

③ 林肯伯爵。

④ 1141 年 2 月 2 日。

⑤ 莫德于 1139 年 9 月抵达英国，1141 年 6 月进入并逃离伦敦。(译者按:其他两种编译本均注明莫德于 1139 年进入伦敦。)

王的妻子率领她的全部兵马来到，将他们包围起来，[①]因而城里发生严重饥荒。当他们再也无法忍受时，他们就偷偷溜了出来，抽身逃走。城外的人获悉情况以后就去追赶他们，将格洛斯特伯爵罗伯特俘获，将他带往罗切斯特，关进监狱。皇后逃进了一所修道院。后来贤明人士在国王的朋友和伯爵的朋友之间斡旋，终于达成协议，条件是将国王放出监狱，以他交换伯爵，并以伯爵交换国王，他们这样做了。[②]

在此之后，[③]国王和兰纳尔夫伯爵在斯坦福达成协议，他们彼此宣誓，牢牢约定任何一方都不出卖另外一方，但是此事终成泡影，因为后来国王听从了别人的坏主意，在南安普顿将他擒住，投入狱中，后来国王又听从了更坏的主意，放他出狱，条件是他要手按圣物宣誓，还要找到人质，〔以此保证〕交出他的那些城堡。[④] 有些城堡他交了出来，有些他没有交，他在这里的所作所为比他过去做的更坏。

当时英国严重分裂，有些人支持国王，有些人支持皇后，因为国王在狱中时，众伯爵和有势力的人物预料他再也出不来，他们就与皇后达成协议，将她带进牛津，[⑤]将这座城市交给了她。国王出狱以后闻知此事，就率领军队将她围困在塔楼里。夜间她缒楼而下，溜出逃走，徒步去到沃灵福德。[⑥]

① 1141 年 8 至 9 月。
② 斯蒂芬于 1141 年 11 月 1 日获释。
③ 1142 年。
④ 1146 年。——加蒙斯韦编译本注
⑤ 1141 年。——其他两种编译本注
⑥ 1142 年 12 月。

以后她去了海外。[①] 诺曼底的人都离弃国王而投向了安茹伯爵，有些是出于自愿，有些并非自愿，因为伯爵将他们包围起来，直到他们交出城堡为止，而他们从国王那里又得不到援助。[②]

国王的儿子欧斯塔斯去了法国，娶法王的姊妹为妻，[③]他指望靠这桩婚事取得整个诺曼底，但是他成事不多，这是理所当然的，因为他是个坏人。无论他到了哪里，他做的坏事都比好事多。他掠夺土地，征收重税。他将妻子带来英国，将她安置在坎特伯雷的城堡里。她是个好女人，但是她跟着他没有多少幸福。基督无意让他长久统治，他死了，[④]他的母亲也死了。[⑤]

安茹伯爵逝世，[⑥]他的儿子亨利继承他的领域。法国王后与国王离异，来找年轻的亨利伯爵。他娶她为妻，[⑦]还取得了她拥有的整个普瓦图。然后他携大军进入英国，[⑧]攻占一些城堡。国王率领一支大得多的军队去抵抗他。虽然如此，他们还是没有交战。然而大主教和贤明人士则在他们中间往来穿梭，达成一项协议：国王在他有生之年当封君和国王，他死后由亨利当国王，他们应该情同父子；他们之间以及英国全境，都应和平常在，和谐永存。[⑨] 这

① 1148 年 2 月。

② 1141—1144 年。

③ 1140 年 2 月。

④ 1153 年 8 月。

⑤ 1152 年 5 月。

⑥ 1151 年 9 月 7 日。

⑦ 法王路易七世之妻埃莉诺于 1152 年 3 月与法王正式离异，1152 年 5 月与亨利二世结婚。

⑧ 1153 年 1 月。

⑨ 《温切斯特条约》订立于 1153 年 11 月 6 日。

项条款以及他们所议定的其他条件，都由国王、亨利伯爵、主教、其他伯爵和重要人士宣誓予以遵守。亨利伯爵在温切斯特和伦敦都受到极为隆重的接待，大家都向他行臣服礼，宣誓遵守和平协议。这种和平很快就成为一种以前从未有过的良好的和平局面。此后国王比他以往任何时候都更强大。伯爵去了海外。人人都喜欢他，因为他执法严正，又建立了和平。

1154　这年斯蒂芬国王逝世，[①]安葬在他妻子和儿子在法弗舍姆的埋葬之地，也就是他们建立的修道院里。国王死时，伯爵正在海外，当时人们只敢对别人做好事，谁也不敢再做什么，因为他们都非常畏惧他。他来到英国时，受到极其隆重的迎接。他在圣诞节前的星期日在伦敦举行国王加冕登基典礼。[②] 他在那里举行了一次大规模的临朝听政会议。

就在彼得伯勒修道院院长马丁要去赴会的那一天，他病了，他于1月2日逝世。[③] 修道士们当天就从他们内部选出另一位院长，他叫瓦特维尔的威廉，是个好圣职人员和好人，深受国王和一切好人的喜爱。早上他们在教堂里为院长举行了葬礼。不久之后，被选中的院长在修道士们的陪同下到牛津去见国王，国王授予他院长的职位。他立即去了林肯，在他返回之前在那里接受了院长授职仪式。然后他在彼得伯勒受到礼仪盛大、伴有列队的迎接。他在拉姆西、索尼、克罗兰、斯波尔丁、圣奥尔本斯，……[④]都受到

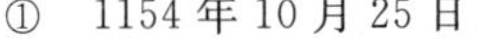

① 1154年10月25日。

② 1154年12月19日。

③ 1155年。

④ 原稿此处残缺不清。

同样的迎接。他现在是院长，已经有了个良好的开端。愿基督赐给他这种结局。[①]

① 威廉于1175年被免职。——加蒙斯韦编译本注

韦塞克斯国王和英王世系表（约802—1066年）

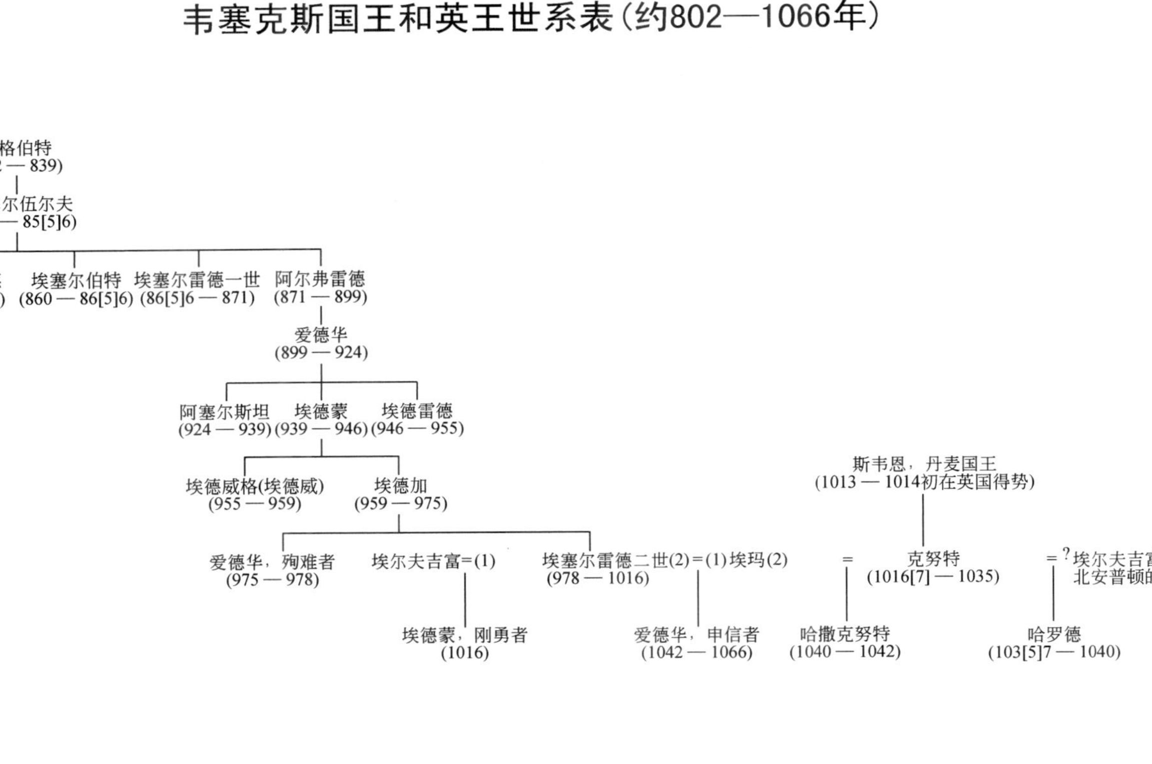

人名索引

（数字指各词出现的年代）

地名和民族名称索引

（数字指各词出现的年代）

图书在版编目(CIP)数据

盎格鲁-撒克逊编年史/寿纪瑜译.—北京:商务印书馆,2017
(汉译世界学术名著丛书:120 年纪念版:珍藏本)
ISBN 978-7-100-14421-6

Ⅰ.①盎… Ⅱ.①寿… Ⅲ.①英国—编年史—中世纪 Ⅳ.①K561.3

中国版本图书馆 CIP 数据核字(2017)第 151077 号

汉译世界学术名著丛书
(120 年纪念版·珍藏本)
盎格鲁-撒克逊编年史
寿纪瑜 译

商 务 印 书 馆 出 版
(北京王府井大街 36 号 邮政编码 100710)
商 务 印 书 馆 发 行
北京通州皇家印刷厂印刷
ISBN 978-7-100-14421-6

2017 年 12 月第 1 版 开本 710×1000 1/16
2017 年 12 月北京第 1 次印刷 印张 24½
定价:120.00 元